职业技能培训系列教材

职业口才
实训教程

ZHIYE KOUCAI SHIXUN JIAOCHENG

（修订版）

主编 刘良军 黄启良 郭海君

广西科学技术出版社

图书在版编目(CIP)数据

职业口才实训教程/刘良军,黄启良,郭海君主编. —
2版. —南宁:广西科学技术出版社,2011.7(2017.2重印)
ISBN 978-7-80763-352-5

Ⅰ.职… Ⅱ.①刘…②黄…③郭… Ⅲ.①口才学—教材
Ⅳ.①H019

中国版本图书馆 CIP 数据核字(2011)第 125944 号

职业口才实训教程

总 主 编	黄干才
主 编	刘良军　黄启良　郭海君
出版发行	广西科学技术出版社
	(南宁市东葛路 66 号　邮政编码 530022)
电 话	0771—5842790
网 址	http://www.gxkjs.com
印 刷	广西万泰印务有限公司
	(南宁市经济开发区迎凯路 25 号　邮政编码 530031)
开 本	787mm×1092mm　1/16
印 张	10.5
字 数	190 400
印 次	2017 年 2 月第 2 版第 8 次印刷
书 号	ISBN 978-7-80763-352-5/G·210
定 价	22.00 元

本书如有倒装缺页等问题,请与出版社联系调换。

职业技能培训系列教材编委会

编写说明

口才能力，是指善于用口头语言表达事理的能力。从本质上说，口才是人们运用自己的讲话能力解决实际问题的一种能力。职业口才是人们从事职业活动最经济、最有效、最常用、最重要的技能。作为一种解决实际问题的能力，口才训练实际上是贯穿我们一生的学问，人一辈子都得学，都得练。口才作为一个人有效表达思想、话语的能力，是一个人智慧的集中反映，是一个人综合素质和能力的体现。口才训练不仅训练一个人的口语表达能力，而且还包括了一个人的气质、个性、思想、情感、记忆、观察、想象、逻辑、修辞、表演、交际、情绪控制、应变能力、创造能力以及同情心和责任感等在内的综合素质和能力的训练。口才训练是素质教育的一种良好形式。时下，当人们注重于计算机、英语、职业资格证书培训等"硬培训"时，一种针对个人形象、谈吐、气质的"软培训"开始显山露水，并日益受到职场人士和将要迈进职场的青年学生的关注和青睐。你纵有"三寸不烂之舌"、"伶牙俐齿"、"铜牙铁齿"这些不错的天赋"硬件"，还得进行口才训练，练胆量，练技巧，练修养，把自己的"软件"搞上去。搭建一个创新型、实用型、复合型的职业口才训练平台，提升个人的讲话能力，为个人的全面发展创造条件，为个人的职业发展和成功创造机会，推动社会的进步和发展，是我们编写的目的，也是本书写作上的基本要求。

即将踏上社会、走上工作岗位的毕业生，在当前激烈的就业竞争中，要想使自己立于不败之地，仅有一点口语交际的知识和技能是不够的，更重要的是了解、掌握并熟练运用行业的岗位口语，只有这样，才可能走上工作岗位后，在最短时间内熟悉自己的业务，赢得同事和领导的赞许，走好职业生涯发展的第一步。为此，本书从当前职业院校毕业生接触较多的工作领域精选出生产、服务、管理等第一线的岗位口语，进行有针对性的训练，培养学生相应的职业口语会话能力。

"职业口才实训教程"是一门实用口语能力训练课程，只重视理论学习而忽视实际训练，尽管满腹经纶，却于事无补，背离本课程的目的和任务，是不可取的。只有以理论为指导，讲究训练方法，以训练为中心，经过反复严格的训练和实践，才有可能掌握实用口语的表达技巧，增强口语表达能力，为今后顺利走上工作岗位、做出成绩打下良好的基础。

本书具有以下特点：

1. 训练内容和方法职业化、多样化，实用性、操作性强。职业口才训练是一种综合素质和能力的训练，训练的内容和方法要多样化。在训练内容上，既有一般的交际口语训练，又有职业岗位口语训练；既有表达能力和心理素质、有声语言和态势语言、思维和控场训练，又有听与看、语境训练和语体训练。在训练方法上，有口语水平自测、语言游戏、案例分析、听讲故事、小组讨论、角色扮演、场景模拟、演讲论辩、自我争论、对峙"抬杠"、综合训练等。本书从基本功训练(思维、思路、心理、倾听、语音、演讲、论辩、朗诵、快语、应对、体态语等)、场景训练(推销、谈判、餐旅、柜台、管理等)和沟通技巧训练(社交、职场交际、求职等)多方面不同层次、有分有合地对提高职业口才能力作了综合性说明，同时还提供了经过长期教学实践证明有效、科学的训练方法和丰富的训练材料。这种训练方法不仅实用有效，而且不会占用太多的时间，是一种高效、省时、简便、易学的训练方法，相信它会给你带来巨大帮助。

2. 学练结合，以练为主，切忌以学代练，似练非练。好人才是磨出来的，好口才是练出来的！巧舌赢天下，功到自然成。职业口才训练是以练为主的教学活动，练习者是活动的主体，要充分发挥练习者的主体作用，让练习者在较短时间内取得阶段性成效，达到愿讲、敢讲、会讲、想讲的效果。练习者应树立成功的信心，经常练口，注意表达，不放过任何一次练习的机会。本书每章由导入、导训、案例(含点评)、训练四个部分组成，内容以案例和训练题为主。导入部分故事生动,引入正题,发人深省,引人入胜;导训部分是训练知识要点,简明通俗,易学易懂,贴近生活和职场实际;案例部分精彩经典,鲜活典型,娓娓动人,启人心智,趣味性和可读性强;点评画龙点睛,一目了然,让人举一反三,触类旁通;训练题设计科学合理,操作方便,形式多样,生动活泼,"真枪实弹",并给予必要的指导与提示,具有实训、实用、实效的特点。

3. 日常言谈交际和演讲论辩相结合,以改善日常的言谈交际为重点。人是社会的人,都需要社会和职场交往。世界上没有任何一个正常人是不需要说话、不需要和别人交流的,也没有任何一种工作是不需要和别人打交道,更没有任何一种事业是不需要与别人合作而"单干"出来的。信息社会就是要提高信息的价值,人际交往频繁和现代生活就要提高口语水平和交际能力,对于人才来说,更需要如此,而不分文科类、理工科类,或是其他类的。激情澎湃的演讲、语惊四座的雄辩……当然属于口才的范畴,但口才的内涵不仅限于此。现在有些学生只重视当众演讲的技巧,忽视了如何坐下来与人平等交流的本领,进而陷入口才训练的一个误区。演讲论辩当然值得研究和训练,但从普遍性、社会性来看,我们还是以改善日常说话、学会有效交流、提高社会与职场纵横交际沟通能力为重点,正是从这一点上说,职业口才和每个人都有关系,是人生的无价之宝,是影响每一个人事业成功、人际和睦、生活幸福的重要因素,也是每一个人随身携带的永不过时的基本功。

4. 综合素质能力与口语方法技巧相结合,以提高人的综合素质和能力为主。口才与做人之间有着极密切的关系,学好口才必须同时学好做人。口才不仅仅是"口"上之才,更是"耳"才、"眼"才、"脑"才、"心"才。"巧妇难为无米之炊",口才的基础是人的德识才学,所表达的内容包罗万象,如果只是在技巧上下工夫,而忽略了自身素质的培养和知识的积累,只能是舍本逐末,徒有一副空架子,说起话来无非"巧言令色"而已。

本书可作为职业院校职业口才实训教材,亦可作为在职员工岗位培训手册及社会青年自学参考书。在教学中,除基础篇的五章外,各校可根据实际情况选择职业篇的有关章节作为教学重点,其余章节供学生自学使用。教师要创造性地施教,教学要生动活泼,训练要落到实处,让学生终身受益。

在编写过程中,我们得到了广西人力资源和社会保障厅技工教育研究室和有关职业院校专家、教授的具体指导和大力支持。本书还参考了许多国内外相关的专著、教材和论文等,也吸收了一部分国内外专家、学者的研究成果,引用了一些作者的精辟见解和实例,这些都为本书增辉不少,特此说明,并致谢忱。

在编写过程中,我们按照"以就业为导向、以服务为宗旨、以学习者为中心、以能力为本位"的职教理念,构建理论与实践一体化的语文教学模式,努力做到专业知识和语文知识相结合、口语表达能力与职业岗位要求相结合、学练结合以练为主,并有所突破和创新,但毕竟属于探索与初创阶段,不完善和疏漏之处在所难免,敬请读者批评指正。

编者

2011 年 7 月

目　　录

 基础篇

职业篇

基础篇

第一章　知识是财富　口才是资本

求同存异打动人心

1955 年 4 月，周恩来总理率团出席在印度尼西亚万隆召开的亚非会议。会上，伊拉克代表团团长贾马利大肆诬蔑共产主义，一些国家则直接攻击中国会搞渗透和颠覆活动。会议宗旨一下被扭转。轮到周恩来发言时，他丢开事先准备好的发言稿，针对现场开始即兴发言，第一句话就是："中国代表团是来求团结而不是来吵架的。"既表明了立场又扭转了气氛。接着直言不讳地指出中国信仰共产主义，但并不要求别国也信仰，中国是为求同而来不是为求异而来，我们中国完全有求同的基础。他态度真诚，口气温和，几句话便吸引住听众，使听众纷纷露出满意的笑容。他在阐述了中国的外交政策后，提高声音说："16 万万亚非人民期待着我们的会议成功。全世界愿意和平的国家和人民期待着我们会议能对扩大和平区域和建立集体和平有所贡献。让我们亚非国家团结起来，为亚非会议的成功努力吧！"全场爆发起经久不息的掌声。

针对紧张的会议气氛，周恩来临危不乱，从容有致，几句话便缓和了周围的气氛，吸引并打动了听众，使代表们纷纷露出了满意的笑容，从而使不利的形势立即得以扭转。

口才是一门学问，是一种技巧性很强的艺术，其重要作用直接影响到我们生活、工作的方方面面。从这个实例可以看出，口才确实奇妙而非凡，它虽看不见，摸不着，但举手投足之间，可以令风云变幻，这就是其特有的魅力及其非凡的作用。当今社会已进入一个高速发展的信息时代，人与人之间交流频繁，口才的作用越来越重要。可以说，它能体现一个人的素质，也是一个人实现精彩人生的重要资本和威力无比的利器。

第一节　口头语言与书面语言的比较

口头语言作为人与人交际的重要工具，具有自身独特的特点和规律，与书面语言存在着很大的不同。

一、口头语言比书面语言有很多便利之处

（一）口头语言表情达意更直接

书面语言印在纸上，是无声的、静止不动的。而口头语言是用灵活多变的声音去传达内容，使静止在纸上的人和事活跃起来，由平面变为立体。俗话说"十分诗要有七分读"，讲的就是这个道理。

（二）口头语言表达时可以借助体态姿势加强效果

除有丰富多变的声音外，说话时还可以借助手势、姿态、动作特别是面部表情传情达意，其感染力大大超过了书面语言。

（三）口头语言可以大量省略

由于说话时的语言环境已经为交际双方提供了许多信息，如时间、地点、人物关系、特定场景及讲话条件等，所以说话时可以直接进入内容，不必每个句子都要在语法和修辞上准确到位。

（四）口头语言停顿自由

说话时可以说说停停、断断续续，并不要求一口气把话说完。可以根据说话者的具体情况自由停顿，说到哪儿都可以，只要听者能明白就行。

（五）口头语方的对象针对性强

人际交流时，说话的对象是相当具体的，因而讲话可以做到有的放矢，可以对不同的人说不同的话，可以将话说得极有特色，哪怕是极微小的差别，你也能准确地控制把握。

二、口头语言比起书面语言来也有许多不足之处

（一）口头语言在组织上比书面语言难度更高

说话是现想现说，边想边说，想完了也就说完了，想与说是同步进行的。说出来的词句总是随着内容表达的需要自然而然吐露出来并同时加以调节的，几乎没有等待的时间。若"说"跟不上"想"，或"想"跟不上"说"，那现场就会出现"卡壳"现象，就会出洋相了。如果事先没有准备或准备不充分，"想"与"说"的速度不同步或不协调，就会在讲话时出现漏洞。而书面语言在时间上是从容不迫的，它可以在反复思考、琢磨之后，待构思成熟时才动笔，这样也就使语言的表达更准确。

（二）口头语言不能修改

说话是口耳相传的过程，一旦发出声音，对方就听到了，如同泼出去的水，想收也收不回来了。如果你发觉说错了，当场立即纠正，重新又说了一句正确的话，可对方还是听到了你前面那句不妥的话并留下了印象。而书面语言则可以做到周密、准确，无论错多少次，从语法结构到字句段落，甚至全篇作品，都可以有充足的时间将所有的错处改正，直到自己认为全无问题为止，读者永远不会发现写作过程中出现的差错。

（三）口头语言易受外界影响

说话不是单方面的活动，而是说者与听者之间双向的交流活动。说话时要察言观色，要根据听话人的反应随时调整说话的内容和方式，甚至结束讲话还是继续讲话都要由听众和客观条件决定，说话人的情绪和说话的质量也直接受到所处环境的影响。而书面语言的阅读对象不固定，读者也不介入到写作过程，不管看作品的将是什么人，看的时候态度如何，评价如何，都不会影响写作人，作者自己写自己的，可以完全不受干扰，可依照自己的心愿意图写下去，直到完成。

（四）口头语言易暴露语病

说话的即时性与现场性往往使说话者来不及修饰，因而会在讲话中夹杂着许多的语病和语言杂质，如口头语、粗话、脏话、反复词、啰唆语等。如果平时不注意克服这方面的缺陷，正式场合这类不合时宜的语言就会脱口而出，往往使说话人后悔莫及。而书面语言就不会出现下意识的语言垃圾，因为在写作时会随时发现随时删除而不让它暴露在读者面前，除非是写作内

容的需要。从这一角度上说,书面语言可以藏拙,说话却是一览无余。

了解了口头语言的优势和劣势,使我们更加清楚了良好的口才在交际活动中的重要性。我们需要做的就是发扬口语的长处,避免口语的短处,在此过程中使自己的口才获得长足的进步。

第二节　口才是现代社会人人必备之才

口才是指人的口头表达能力,是人们善于用口语准确、生动、贴切地表达自己思想感情的一种能力。在人们诸多的能力和才干中,口才是最基本、最主要、最实用的才能,也是一种必备的才能。

"二战"时期,美国人把"舌头、原子弹和美元"作为三大武器,当今美国人又把"舌头、电脑和美元"誉为新的三大战略武器。从中我们可以看出口才是多么的重要。确实,语言是人类思维和表达的工具,是人与人之间达成相互理解和感情交流的必要手段,语言能力是人们最重要的一种交际能力。

列宁说:"语言是人类最重要的交际工具。"

孔子说:"一言可以兴邦,一言可以丧邦。"

我国南朝时的文学理论家刘勰在《文心雕龙》中指出:"一人之辩,重于九鼎之宝;三寸之舌,强于百万雄师。"

富兰克林说:"说话和事业的进展有很大的关系,是一个人力量的主要体现。你如出言不逊,跟别人争辩,那么你将不可能获得别人的同情、别人的合作、别人的助力。"

历史上许多名人、伟人正是凭借着杰出的口才成就了他们的事业。春秋战国时的苏秦,以辩才名震天下,游说各国,佩戴六国相印;三国时的诸葛孔明,到东吴舌战群儒,说服孙权联合抗曹,终致三国鼎立;美国人林肯,以真诚、犀利、充满激情的演讲征服了万千听众,登上总统宝座……这样的事例举不胜举。在现代社会中,随着人们交流的日益频繁与密切,口才越来越显示出它不可替代的巨大作用。

一、口才是展示完美形象的名片

现代社会的基本特征之一是开放。社会越开放,交流越频繁,竞争越激烈,对人才的交际能力和表达能力的要求也就越高。在开放的社会中,人们更追求个性的表达。而口才就成了衡量一个人才能的标准,更成为了展示一个人个性魅力、综合素质的大舞台。

口才是素质的集中体现。"闻一言而知贤愚",口头交际是最直接、最及时、最省事、最经济、最有效地了解人的志趣才能的"窗口"。在口头交际中,人的才、学、胆、识等都能显示出来。

当你在社交场合时,如果做到应付自如、谈笑风生、幽默风趣,你一定会成为众星捧月般的耀眼人物;

当你在求职应聘时,如果做到相时而动、言必切中、用语得体、谈吐文明,你一定会获得用人单位的青睐;

当你在紧张激烈的商业谈判中,能用严密周详的说明、机敏有力的回驳、进退有度的表述与对方洽谈,成功将离你越来越近;

当你向意中人表白时,能用情意绵绵的话语、真诚热烈的感情、坚定有力的誓言,你必能赢得水晶之恋;

当你在娱乐晚会上,做到出口成章、妙语连珠,你一定会赢得满堂喝彩、交口称赞!

当你的口才在你的生活、学习、工作中充分展示出来,你就在众人面前塑造了完美的形象。

"话如其人",口才是展示自己完美形象的名片!

二、口才是创造机遇的敲门砖

口才,不仅是人们运用语言的一种本能,也是现实社会生活的需要,还是谋职成功的金钥匙。口才,既是心智才气最生动的角逐、人格修养最彻底的较量,又是人的思想和观点最集中的体现、文化底蕴和知识积累的重要检测。因此,口才是能力的一种标志,口才是人才的一种标志。

戴尔·卡耐基说的一个故事广为流传:在费城的大街上,常踯躅着一个衣服破旧的失业青年,不论是清晨或者夜晚,他总是惹人注目地经过,据说他想找一个职业!有一天,他突然闯进了该城著名巨贾鲍尔·吉勃斯先生的办公室,请求鲍尔·吉勃斯先生牺牲一分钟时间接见他,容许他讲一两句话。也许是出于好奇,吉勃斯先生竟答应与他一谈。原想与他说一两句话,可是说了一个多小时还没有停止。结果呢? 吉勃斯先生立刻打电话给著名的金融家泰勒先生,向他推荐这位青年。最后这个青年获得了一个优越的职位。这个青年之所以获得成功,就在于他过人的口才给吉勃斯先生留下了良好印象,他的口才给自己创造了就业的机遇。

口才,是知识的标志,是能力的表现,是事业成功的阶梯。有时口才甚至能决定一个人的命运,所以孔子说:"言以足志,文以足言。不言,谁知其志?"

中央电视台"东方时空"栏目曾做了一个"杨利伟怎样成为我国进入太空第一人"的节目,被采访的航天局领导说了三个原因:一是杨利伟在五年多的集训期间,训练成绩一直名列前茅;二是杨利伟处理突发事件的能力特别强,在担任强击机飞行员时曾多次化解飞行险情;三是他的心理素质好,口头表达能力强,说话不慌不忙,条理清晰,逻辑性强。有以上三个优势,杨利伟最终通过了 1600 人→300 人→14 人→3 人的淘汰考验。

航天局领导还透露了这样一个细节:在最终确定三人中谁为首飞候选人时,三个人各方面都很优秀,难分高下,考虑到作为我国第一个进入太空的宇航员,将要面对全世界的瞩目,接受新闻媒体的采访,还将进行巡回演讲,最后才决定让口才好的杨利伟首飞。因此,当口头表达能力作为选择的一个重要依据时,天平就偏向了杨利伟,使他从三名候选人中脱颖而出,成了全球瞩目的"中国进入太空第一人"。

三、口才是营造和谐人际关系的润滑剂

俗话说:"良言一句三冬暖,恶语伤人六月寒。"请看下面的例子:

一次,一个司机开着一辆崭新的别克轿车到加油站加油,加油员给他加了个满满当当,一下子加了 65.80 升。司机一看表急得直嚷嚷:"你们的加油机肯定有问题,我这油箱只有 60 升的容量,怎么加了 65.80 升? 我要告你们!"加油员一听立即找出质量技术监督局出具的检定书说:"你乱说,这才检定几天的加油机怎么会有问题?"两个人一个拿着汽车说明书,一个拿着加油机检定书互不相让,争得面红耳赤。

这时计量员拿了一瓶可乐解释说:"师傅,您看这瓶上标明的是 500 毫升,您再看这瓶里还有这么大一截空隙呢,如果要装满它是不是还需要一些汽水才行? 这截空隙叫安全空间。这是给汽水留了一定的可膨胀的空间。汽油也是一样,受热膨胀更明显,油箱也要留有一定的安

全空间。所以说汽车油箱标志的安全容量要比实际容量小。"

计量员话锋一转,又接着说:"我们中国石化加油站绝对不会发生克扣、虚报顾客汽油数量的事,您看我们的加油机又刚刚经过检定,计量绝对正常。如果您怀疑也可向质量技术监督局举报,这是电话号码。如果检测结果加油机的计量正常,检定费用就得您自己出了。"司机恍然大悟,和颜悦色地说:"他要早解释清楚我们也不会吵了嘛,你不说我还真不明白这个理儿。"

正确运用口才能拉近彼此之间的距离,能化解彼此之间的矛盾,避免纠纷的产生,建立和谐的人际关系。

四、口才是事业成功的基石

美国人类行为研究者汤姆斯指出:"说话的能力是成名的捷径。它能使人显赫、鹤立鸡群。能言善辩的人往往令人尊敬,受人爱戴,得人拥护。它使一个人的才学充分拓展,熠熠生辉,事半功倍,业绩卓著。"他甚至断言:"发生在成功人物身上的奇迹,一半是由口才创造的。"

美国口才教育专家戴尔·卡耐基说:"一个人的成功,15%取决于知识和技术,85%取决于沟通——发表自己意见的能力和激发他人热忱的能力。"

口才,是知识的标志,是能力的表现,是事业成功的阶梯。从某种意义上说,有时口才甚至决定一个人的命运。现代社会是一个竞争与合作的社会,有的人在合作中成功,有的人在竞争中败北,其中奥妙何在?生活中常有"生死荣辱系于一言"之说,政治场上有"一言定升迁"之说,文化界有"破题之语"、"点睛之笔"之说,生意场上有"金口玉言"之说。可见,在现代社会交际中,是否能"言",是否会"说",以及与言谈交际相关知识能力的多寡,实在影响着一个人的成功和失败。诚然,事物都是辩证的,口才好,并非就一切都好,应当说素质实力是成功的根本,而建立在这一基础上的出色口才,将使你的成功如虎添翼。

孔子运用口语艺术开展教育,晏子出使口才不凡,张仪四处游说建功立业,范雎说秦王,触龙说赵太后,蔺相如完璧归赵,诸葛亮舌战群儒……到了近代和现代,更是出现了梁启超、孙中山、鲁迅、毛泽东、周恩来、闻一多等许多能言善讲的大师巨擘。他们凭借口才在推动中国历史前进的政治斗争中都起到了不可磨灭的作用。另一方面,一生失败于口才的人颇多,日本前首相森喜朗的被迫辞职不可否认与他多次在公开场合的失言有关。可见口才是人们驾驭生活、改善人生、追求事业成功的一个举足轻重的条件,也是人们职业生涯中必备的基本素质。

第三节 打造说话高手的绝技

一、言之有礼

我国素称礼仪之邦,古往今来,和气待人,和颜悦色,被视为一种美德。《礼记·仪礼·少礼》中说:"言语之美,穆穆皇皇。""穆穆"是恭敬的意思,"皇皇"是指正大。汉代刘向在《说苑》中说:"辞不可不修,说不可不善。"言之有礼,就是说我们在与别人交谈的过程中,礼貌要周到,态度要诚恳,言辞要文明。

1. **言辞文明,切忌粗俗**。话如其人,一个人的语言体现了他的道德修养、品质个性。因此,为了在众人面前树立良好形象,我们说话必须文明高雅,礼貌友好。融洽友好的气氛是谈话得以顺利进行的重要条件,而语言表达文明礼貌、分寸得当,是营造融洽气氛的重要条件。要注意做到:

①多说礼貌用语。"你好"、"谢谢"、"打搅了"、"承蒙关照，谢谢"、"拜托您了"……这些礼貌用语将成为沟通谈话者双方的桥梁。

②杜绝粗话脏话。骂人的话、带"色"的话、粗俗的话等，不要出现在交谈当中。

③杜绝挖苦揭短。挖苦揭短是人际关系之大忌，不但容易造成矛盾纠纷，而且还自贬形象。

④语气亲切，语调柔和，说话自然。这不但是礼貌的表现，也使谈话对方感到愉悦，容易接受你的观点，使你的说话更具感染力和征服力，从而达到很好的交流效果。

2. **真诚谦逊，切忌张狂**。拉里·金是美国著名的电视节目主持人，曾多次获奖，被国际广播电视协会评为最佳节目主持人。他总结成功的谈话的四条基本原则中第一条就是真诚。日本松下公司创始人松下幸之助在总结他成功推销产品的经验时，也把"以诚待人"放在了首位。确实，真诚能拉近彼此之间的感情距离，赢得信任，为进一步的沟通奠定基础。所以，我们在与别人交流谈话时，要真诚，要真心实意，讲真话，讲实话，这既是对对方的尊重，也是交流合作成功的基础。假话、大话、空话也许能蒙蔽一时，但绝对长久不了。

富兰克林说："在谈话的时候，即使是自己确信无疑的事情也应该采用谦虚的态度表现出来，傲慢的词语最容易遭到别人的攻击，傲慢的词语除了树敌之外没有任何好处。"谈话的目的是为了交流思想，交换信息，增进感情，因此谈话的态度很重要。如果你讲话时过于自信，态度武断，妄自尊大，目中无人，趾高气扬，咄咄逼人，高高在上，盛气凌人，听不进不同意见，那么别人就不会与你推心置腹讲真话，你也会失去真正的朋友。

3. **多说好话，切忌刁难**。俗话说："话好也值钱，义好水也甜。"从心理学的角度看，人人需要赞美，犹如种子需要阳光，因为赞美满足了人渴望得到尊重的需要。赞美是人际关系中的一种润滑剂，是现代社会沟通感情、赢得理解和信任的方式，它能使人融洽地进入一个沟通的频道，使自己在人际关系处理方面达到事半功倍的效果。如果说话冷酷淡漠，故意刁难，语中带刺，讽刺挖苦，落井下石，必然拒人于千里之外，轻则话不投机半句多，重则矛盾激化起纠纷。

赞美别人的原则：一是赞美要有根据才能让人信服。如果凭空捏造就会让人怀疑你的诚意与动机。二是赞美要适度，恰到好处。正如一个气球，吹得太小不好看，吹得太大容易爆炸。三是赞美要有新意。正如海鲜大餐吃得过多也会发腻一样，好话重复多次也会平淡无味，令人心烦。四是赞美要因人而异。有的人喜欢委婉含蓄，有的人喜欢直露明白，要根据每个人的个性差异采用不同的赞美方式。

赞美别人要讲究方法和技巧：

陌生人赞印象，老熟人赞变化。初次见面，印象最重要，要多赞美对方过去的成就和行为；老朋友交流，要多赞美现在的变化。

"好"字当头，"是"字应对，"对"字作答。赞美对方的家乡，认同对方的爱好，肯定对方的表态，夸奖对方的选择……最后再表明自己的立场。

赞美不光是说好话、表扬的话，问候、商量、关心、敬重的口吻同样是赞美。

二、言之有情

"如果大家问我有多少财产，那么我告诉大家，我有一位妻子和三个女儿，都是无价之宝。此外还有一个租来的办公室，室内有桌子一张、椅子三把，墙角还有大书架一个，架子上的书值得每人一读。我本人又穷又瘦，脸很长。我实在没有什么可依靠的，我唯一依靠的是你们！……"

这是美国前总统林肯当年的竞选演说词,凭着这质朴的语言和真挚的情感,他击败了当年的强劲对手道格拉斯。道格拉斯至今还不明白,林肯坐着一辆耕田用的马车去选民中演讲,自己坐着精心准备的专列去竞选,并在车后边安装了一门礼炮,所到之处,都要鸣礼炮 32 响,最后却让林肯这穷小子当选了美国总统。其实,林肯获胜的关键就在于语言的魅力。语言不在乎多华美,而在于是否能说服人打动人。人都是感情动物,只要你能引起他感情上的共鸣,就能得到他的认同与信任。

三、言之有文

孔子说:"言之无文,行而不远。"说的是语言如果没有文采,流传不会广泛久远。所以一个人说话除了要有实际内容、真情实感之外,还要注意说话的方式、词语的运用、说话的逻辑、说话的语气等,要把话说得准确、流畅、生动、精彩,才能取得好的说话效果。注意以下几点:

1. **遣词造句的准确生动**。一是用词适当得体,准确表情达意;二是句式完整多样,陈述句、疑问句、感叹句等交错运用;三是恰当运用成语、俗语、术语乃至方言,增加语言的鲜活度。

2. **表达方式的综合运用**。在说话过程中,可以根据需要综合运用叙述、描绘、抒情、议论、说明等多种表达方式,增强表达效果。

3. **修辞方法的灵活使用**。比喻、夸张、引用、对偶、双关、排比、顶真等修辞方法使你的说话更形象生动、文辞优美。

4. **逻辑结构的严密有力**。一是要做到语意完整,二是要做到层次分明,三是要做到衔接自然;四是要做到内在联系紧密。

5. **语气语调的抑扬顿挫**。说话的效果不仅取决于说什么,还取决于怎么说。因此,要做到吐字清晰、语速适中、语调恰当、节奏富于变化,通过抑扬顿挫的语气、语调把喜怒哀乐表达出来。

四、言之有物

说话是为了传播信息、交流感情,因此说话要言之有物,有实实在在的内容,那种华而不实、空洞无物的夸夸其谈、油嘴滑舌、哗众取宠、强词夺理、诡言狡辩不是真正的口才。什么是真正的口才呢?带领复旦大学取得 1995 年国际华语大专辩论赛冠军的俞吾金教授说:"我觉得一个人具有口才,从外在形式看有一口流利而又符合逻辑且生动形象的话语,但从深层次看,应该具有广博的知识和驾驭这些知识的能力。"这句话一语中的,说明开启口才之门的钥匙只有一把,就是必须具备广博的知识。要做到言之有物,一要加强学习,强闻博记,积累丰富多彩的素材,做到厚积薄发;二要培养敏锐的观察力,做生活的有心人,世事洞明皆学问;三要在说话中引用相关事例,用事实说明问题;四要用自身经历增强说服力。

五、言之有形

说话要取得好效果,除了嘴巴的有声语言外,还要注意运用无声的"体态语"。体态语是辅助有声语言进行有效交际的重要手段,包括表情、眼神、手势及人体各部位在传情达意时的姿态动作。在人际交往中,语言传达的信息只是一小部分,而非语言因素传达的信息占很大比重。优美的体态语具有审美价值,可以吸引注意力,提高说话效果。体态语主要是指表情、眼神、首语、手势。

1. **表情**。在说话时,要结合所讲内容通过脸上的肌肉运动把喜怒哀乐表现出来。但在运用表情时要注意:一要真诚,忌矫饰;二要灵敏,忌呆滞;三要鲜明,忌晦涩;四要适度,忌夸张;五要丰富,忌单调。

2. **眼神**。"眼睛是心灵的窗户",透过眼神就能体察到一个人的内心世界,就能体会到说话人的态度与感情。例如目光闪烁,会让人觉得你故弄玄虚;目光游移,会使人觉得你意马心猿;眼睛眨个不停,会使人觉得你言不由衷。

3. **首语**。所谓首语就是通过头部活动传递信息,它包括点头、摇头、侧头、昂头、低头等。点头可以表明同意、致意、肯定、承认、赞同、感谢、应允、满意,也可以表示理解、顺从等意思。摇头表示不满、怀疑、反对、否定、拒绝、不同意、不理解、无可奈何等。歪头(侧头)可表示思考、天真等。昂头可以用来表示充满信心、胜利在握、目中无人、骄傲自满等,头一直向后仰,还表示陶醉。低头表示的情绪有顺从、听话、委屈,也可以表示另有想法等。

4. **手势**。手势语是一种表现力很强的体态语,它通过手和手指的活动变化使所要表达的思想和情感内容更加丰富、更加具体、更加形象,因此有人称"手势是口语表达的第二语言"。第二次世界大战期间,英国首相丘吉尔在结束电视演讲时,举起右手握紧拳头,然后伸出食指和中指构成"V"字形,以象征英文"胜利"一词的开头字母,结果引起全场欢呼。至今人们还用这一手势表示祝愿和信心。手势包括情意手势(使某种情感形象化,如握紧拳头)、形象手势(以手势状物,如大小高低)、指示手势(指点具体方位和对象,如你我他、前后上下)、对象手势(以手势表现抽象事物)等。

体态语运用的原则:一是自然,二是简洁,三是适度,四是得体,五是生动,六是与有声语言配合使用。

第四节　职业口才的基本原则

一、话由旨遣

说话是一种有意识的言语交际活动,是一个信息交换的过程,必须明确说话的"旨",也就是说话的目的。

说话的目的,大致有以下五种:

1. **传递信息或知识**。如课堂教学、学术报告、现场报道、产品介绍、展览解说等。

2. **引起注意或兴趣**。此类说话多是出于社交目的,或为了接触,或为了沟通,或为了表明自身的存在,或为了取悦于人,如打招呼、应酬、寒暄、提问、导游、介绍、主持人讲话等。

3. **争取了解和信任**。如交谈、叙旧、拉家常、谈恋爱,往往意在交流思想感情,增进友谊,密切交往。

4. **激励或鼓励**。如赞美、广告宣传、洽谈、请求、就职演说、鼓动性演讲,以及聚会、毕业典礼和各种纪念活动的讲话。

5. **说服或劝告**。如谈判、推销、论辩、批评等。

坚持话由旨遣的原则,明确说话的目的,是说话取得成功的首要条件。如果目的不明,说话天马行空、东拉西扯,必然使人一头雾水、不知所云,达不到交谈的效果和目的。在职业口才中要注意：

第一，"凡事预则立，不预则废。"在谈话之前要明确谈话的目的，说什么，怎么说，要做好充分准备。

第二，有的放矢。在谈话过程中，要围绕目的说话，不可偏离主旨，万变不离其宗，主旨贯穿始终。

第三，调控语言。言语交际过程是一个动态变化的过程，是双方接受和发出信息的过程。要达到自己的目的，就要想方设法控制谈话的方向与进程，让谈话按照自己的思路进行下去，最终达到预期的效果。因此，一定要善于察言观色，见机行事，随机应变，巧于周旋，不管是直言不讳，还是迂回曲折，还是正话反说，都要把话题紧紧控制在自己手中，并且一步步靠近目标。

二、话因人异

春秋时的邓析说："夫言之术，与智者言，依于博；与博者言，依于辩；与辩者言，依于要；与贵者言，依于势；与富者言，依于豪；与贫者言，依于利；与勇者言，依于敢；与愚者言，依于锐。"就是强调针对不同的对象和对象的不同情况，采取不同的策略，要话因人异，区别对待。俗话说，"见人说人话，见鬼说鬼话"，就是这个道理。

在交际中，我们要根据说话对象的不同采用不同的说话方式，要因男女性别、身份地位、知识水平、职业特点、年龄大小、关系亲疏、兴趣爱好、个性脾气等而异。

1. **因性别而异**。男女有别，男性与女性在思维模式、情感追求、行为习惯、兴趣爱好、审美标准、性格气质等方面都有所差异，在交流过程中要注意这些差异，尽量寻找共同的话题，让大家都能畅所欲言，保证交谈的和谐流畅。如同性之间交谈，可谈些共同感兴趣的内容，如女性谈美容、时装，男性谈军事、足球；女性之间可亲热点，男性之间可豪爽些。异性之间交谈，要把握分寸，说话文明，切忌谈男女之间的敏感话题。

2. **因身份而异**。对待领导、上级要恭敬尊重，对待同事要热情大方，对待下属要信任宽容，对待宾客要礼貌周到，对待朋友要轻松愉快。

3. **因年龄而异**。对待长辈要谦逊恭敬，对待晚辈要关心爱护，对待小孩要善于启发和引导。一个五六岁的小朋友见妈妈留客人吃饭，便拉着客人的衣角不让走，客人就问小朋友："你有什么好招待的？"小朋友瞪着眼睛不知所云，客人忙改口说："你有什么好吃的？"小朋友这才明白过来，"巧克力、旺旺饼、口香糖……"一口气数开了。这里用"好吃的"取代"好招待的"正是适合了小朋友的知识水平与理解能力。

4. **因知识水平而异**。对文化程度高一些的人，语言可以文雅一些，太俗气了他会觉得你没有品位；对文化层次低一些的人，语言可以通俗一些，太文雅了，可能他会听不懂，甚至会觉得你在故意显摆、耍弄他。

5. **因个性而异**。

有一天，子路问孔子："听到了一件事情，是不是应该马上就行动呢？"孔子回答："有父亲、哥哥在，你怎么能不向他们请求就贸然行事呢？"不一会儿，另一个学生冉有也来问："听到了一件事情，是不是应该马上就行动呢？"孔子回答说："是的，听到了，当然要马上行动。"这两次谈话都被学生西华听见了，他就疑惑不解地问孔子："同一个问题为什么会有两个截然相反的答复？"孔子说："子路勇气十足，性子急躁，办事莽撞，所以我叫他征求父亲兄长的意见，是想约束他一下；而冉有性格懦弱，办事畏缩，犹豫不决，所以我鼓励他办事果断，叫他看准了马上就去办。"

这就是因材施教、说话因个性而异的典型例子。我们在生活中，对性格孤僻、心胸狭窄的人，使用的语言要柔和一些、亲切一些；对心胸豁达、直爽开朗的人，应该把话说得坦率而富有情趣；对讷于言辞、见闻少、思路窄的人，要善于启发引导；对冷静沉着、思想深邃的人，必须审慎行事、有理有据等。

三、话随境迁

所谓话随境迁，就是指说话要顾及环境、场合，根据不同的场合说得体的话。"上什么山唱什么歌"，如果说话与环境场合不协调，无异于穿着短裤走在繁华都市的大街上，或者是穿着高跟鞋漫步在海滩上。

1. **根据场合确定说话的内容与方式。**在不同的场合，面对不同的人、不同的事，从不同的目的出发，就应该说不同的话，用不同的方式说话，这样才能收到理想的说话效果。否则，再好的话题、再优美的话语也收不到好的效果，有时甚至会适得其反。试想，在跟朋友谈心时，像作报告那样拿腔拿调，在悲哀肃穆的葬礼仪式上讲话，像相声演员那样通篇幽默之语，将会产生什么后果？所以一定要注意公众场合与个别交流、工作场合与生活交往、隆重仪式与一般场合的区别。

2. **根据语境确定说话。**说话要充分利用谈话过程中的语言环境，根据对方的言语确定自己说话的内容及方式。一个具有较好口才的人，都有一套适应和善于利用环境的本领，利用交际语境的一切有利条件，充分调动一切语言表达手段，达到预期的交际目的。鲁迅在厦门大学任教时，校方曾召开一次专门会议，无端削减一半经费，遭到与会人员的反对。校长林庆文不但不理睬，反而阴阳怪气地说："关于这件事，不能听你们的。学校的经费是有钱人付出来的，只有有钱人才有发言权！"他刚说完，鲁迅立即从口袋里摸出两个银币，"叭"的一声拍到桌上，铿锵有力地说："我有钱，我有发言权！"此举致使林庆文措手不及，狼狈不堪。鲁迅讲的"有钱"和林庆文说的"有钱"是两个概念，二者所包含的语意相差甚远，鲁迅正是巧妙地利用交际环境造成的歧义，给林庆文当头棒喝，打乱了他的阵脚，实现了当众讲话的目的。

3. **根据特定场景随机应变。**1993年底，香港宝莲禅寺天坛大佛举行开光大典。新华社香港分社社长周南、港督彭定康均应邀做主礼嘉宾。仪式结束后，彭定康在答记者问中指责我港澳办关于香港问题的声明"并不是一份有特别吸引力的圣诞礼物"。记者以此请周南发表意见，周南以"佛教的日子"为由不予评论，因为在宗教圣地，参加宗教仪式，双方展开外交争论是不合时宜。无奈记者再三追问，周南就顺口答道："谁搞'三违背'定会苦海无边，罪过罪过！谁搞'三符合'自是功德无量，善哉善哉！"末了一句"阿弥陀佛"，引来在场者阵阵掌声和笑声。周南选用佛家语作答，应情、应景、应时、应人，又表明了自己的原则立场，随机应变之十分适当，令人击节赞叹。

4. **利用环境增强表达效果。**一是利用时间。郭沫若在1978年全国科学大会上的书面发言中，就恰当地结合自然节气来组织语言形式，将自然界的春天与科学的春天融为一体，抒发了老一辈科学工作者的炽热情怀："春分已经过去，清明即将到来。日出江花红胜火，春来江水绿如蓝。这是革命的春天，这是人民的春天，这是科学的春天！让我们张开双臂，热烈地拥抱这个春天吧！"取得了很好的表达效果。

二是利用地点。说话的地点不同，给人的感受是不同的，所达到的说话效果也是不同的。

比如领导发现问题,往往把下属请到自己的办公室谈话。办公室是上级办公的地方,下属来到这里,很容易联想到上下级关系,于是产生了一种"必须服从"的心态。就如同学生被叫到老师办公室一样,心里难免会有恐慌感。以此类推,如果顾客与营业员发生纠纷,经理应巧妙地把顾客带到自己势力所能影响的范围——经理办公室,这样既可以避免事态扩大,也可以使顾客的激动情绪缓解下来,利于问题的解决。反之,如果为了加强联络,增进信任和友谊,领导人员应走出"领导效应区",到职工宿舍、食堂、俱乐部等地方去,以便放开话题,无拘无束。这类非语言因素,有时正像看不见的磁场,有着极其强大的特殊效应。

三是利用景物。李瑞环任天津市委书记期间,适逢中国足球甲级联赛在天津举行,天津足球队参赛前正赶上下雨,李瑞环前去鼓励队员们说:"下雨了,你们要'浑水摸鱼',要快传多射,千万别拖泥带水。"这里巧借下雨这一自然情境因素,或仿拟,或双关,话语风趣幽默,很好地发挥了鼓舞士气的作用。

四、话如其人

在职业言语交际过程中,要达到预期的目的,就要求口语表达能够保持自我本色,使人听后感到亲切自然,乐于接受。每个人的言语本色是由自己的身份、经历、职业、文化教养、思想性格等一系列自我因素在语言运用上综合体现出来的。

1. **符合身份**。任何人进行言语交际时,总是以一定的身份向别人表达自己的思想感情。一个人用什么身份说话,很容易反映出他的思想境界和对人对事的态度。因此,为了达到预期的交际目的,不但要力求准确地表达意思,还得考究话语形式能否与自己和对方的身份相符。合乎身份,说话就得体,否则就会"失体",交际就会失败。

2. **符合职业特点**。俗话说:"三句不离本行。"由于人们职业不同,每个人都有其习惯的职业用语。每个行业、职业也都有其言语特点及规律,教师的言语具有规范性,军人的言语具有指令性,外交口才具有含蓄性,律师说话具有思辨性,导游解说具有即兴性,推销员推销产品具有说服性等。据说,民国初年,有风水先生、中药店主、无业游民三人在小茶楼品茶。饮完茶后发觉大家都没有带钱,不由得面面相觑。茶馆老板就说:"我出一个哑谜,对通者可免收茶水费用。"只见他用手指一指天,指一指地,前后左右各指一下,然后伸出三个手指,再伸出五个手指。风水先生头脑机敏,马上答出:"我上识天文,下识地理,前山后土,左边青龙,右边白虎,不出三年,五子登科。"中药店主朗声接道:"上有天冬,下有地骨,前胡厚(后)补,冬(东)菇西角,三碗水煲埋五分。"无业游民听罢,站起来说道:"我上无片瓦,下无立足之地,前不能顾兄,后不能顾弟,右边云烂(南)左边四穿(川)。今日三人来饮你五钱茶都无钱给,要坐茶监。唉,放我们走吧!"掌柜听罢大笑,无可奈何地感叹:"这三位真是三句不离本行啊!"

3. **体现个人魅力**。一个人说话有自己的风格,才容易吸引别人,并产生应有的魅力。同样,如果你想成为说话高手,那么你的说话风格必须有某种独特的地方,才能引起人们的注意,使人们容易记住你。人云亦云,东施效颦,只能让人生厌。因此,我们要充分展示自己最优秀、最擅长的一面,形成自己的说话风格。或旁征博引,或幽默风趣,或热情洋溢,或严谨缜密,让人留下深刻印象。

案例

【案例一】罗斯福巧语保密

罗斯福在当选美国总统之前,曾在海军里担任过要职。一天,一位朋友向他打听海军在加勒比海一个小岛上建立潜艇基地的有关计划,这显然是一个不准任何人泄露的军事秘密。

罗斯福听后,故意向四周看了看,然后压低了声音问:"你能保守机密吗?"

"当然能。"那位朋友答道。

"那么,"罗斯福微笑着说,"我也能。"

点评:罗斯福利用"保守机密"的不同指向,起初给朋友制造一种错觉,好像是他说出来以后要求朋友不得外传似的。可是待到朋友上钩以后,"保守机密"却变成了罗斯福拒绝回答的原因。这是请君入瓮幽默法,能出奇制胜地在幽默之中拒绝了对方的要求,既达到目的又不得罪人。

【案例二】不同国家的人的态度

在餐厅的啤酒杯里发现了一只苍蝇。不同国家的客人的反应是这样的:

英国人会很绅士地吩咐侍者:"请你换一杯啤酒,好吗?"

法国人会将这杯啤酒倾倒一空。

西班牙人不喝它,只留下钞票默默走开。

日本人会令侍者把经理叫来,训斥对方:"你们就是这样做生意的吗?!"

沙特阿拉伯人则会把侍者叫来,说:"你把这杯酒喝掉!"

美国人会向侍者微笑着说:"以后请把啤酒和苍蝇分别放置,由喜欢苍蝇的客人自己把苍蝇放到啤酒里,你觉得怎么样?"

点评:同一事物,不同的人对待它的态度是不一样的,说出的话也是不一样的。以上的例子就可看出不同国家的人的性格特征,英国人很有礼貌,法国人讲究卫生,西班牙人不爱惹事,日本人喜欢凡事必究,沙特阿拉伯人以牙还牙,美国人生性幽默。因此,我们在跟不同民族、职业、性别、性格、年龄等的人打交道时,要注意选择不同的词汇及方式。

【案例三】温总理妙用名言答记者

2006 年 9 月 5 日,在访问欧洲前夕,国务院总理温家宝在中南海紫光阁接受了五家欧洲媒体的联合采访,就中国政治、经济、社会发展情况、中欧关系及当前重大国际和地区问题回答了记者的提问。在回答记者提出的"你最喜欢读什么书"和"你经常思考什么问题"时,温总理巧妙地引用中外名家的诗词著作回答:

"身无半亩,心忧天下;读破万卷,神交古人。"(左宗棠)

"为天地立心,为生民立命,为往圣继绝学,为万世开太平。"(张载)

"长太息以掩涕兮,哀民生之多艰。"(屈原)

"衙斋卧听萧萧竹,疑是民间疾苦声。"(郑板桥)

"有两种东西,我对它们的思考越是深沉和持久,它们在我心灵中唤起的惊奇和敬畏就日新月异,不断增长,这就是我头上的星空与心中的道德定律。"(康德)

"为什么我的眼里常含着泪水？因为我对这土地爱得深沉。"（艾青）

点评：诗言志，言为心声。口才是德才学识的综合反映，在温总理答记者问中得到充分体现。温总理引用屈原、郑板桥、艾青等名人诗词回答记者，抒发了自己爱国爱民、"先天下之忧而忧，后天下之乐而乐"的情怀，让我们体会到党和国家"以人为本"、"立党为公"、"执政为民"的执政理念。中外媒体交口称赞温家宝是"平民总理"、"亲民总理"，此言不虚。通过温总理的言语就能感受到他的道德情操、人格魅力和学识水平。

【案例四】初入职场的惨痛教训

江苏仪征市职业教育中心校 2001 届机电班两位同学潘某、李某被中日合资仪征威龙活塞环厂录用。一天，李某推着装满活塞环半成品的工具车不小心撞上了潘某。潘某立刻嚷道："你没长眼睛啊！"李某回答道："屁话！撞了你一下怎么样？撞伤哪儿了？"一来二去，两人脸红脖子粗地吵开了。老板过来后开除了这两名学生。从此以后，再也不到该校录用毕业生。

该校 2002 届汽车维修与制造专业的郑某被某汽车维修厂聘用。在厂里该同学一不怕苦，二不嫌脏，认真钻研技术，深得老板喜爱。但他有一个毛病，总是脏话不离口，顾客常问："你骂谁呢？"他说："这是我的口头禅。"顾客时常窝着一肚子火，把这种情况反映到老板那里。最后老板不得不辞退了他。

2002 届机电专业班的张某到征贝电机集团工作。刚一个月，就被辞退了。学校去了解情况时，管理人员说："这个学生啊，见到人从不打招呼，厂里给他安排个师傅，他从不主动向师傅请教，在工作中也不跟同伴沟通交流。这样的学生不能用。"

点评："口才助你成功，沟通改变人生。"这是一句至理名言。连话都说不了，还能干什么？连话都说不好，还能干好什么？上述几位学生或因言语粗俗丑陋，或因木讷寡言，以至于初入职场就遇到障碍，教训可谓惨痛。语言是人们表达和交流思想感情的重要工具，文明用语、礼貌用语不仅是人与人关系的润滑剂，更是一个人文明素养的具体表现。学练职业口才，文明用语、礼貌用语是提高每个人人文素养的需要，是提高职业竞争力的需要，也是构建和谐社会的需要，不可等闲视之。

训练

【训练一】词语训练

（一）歌曲《中国话》中包含了四则绕口令，练习这四则绕口令，比比谁念得更快更准。

1. 扁担宽还是板凳长

扁担宽板凳长，扁担想绑在板凳上，板凳不让扁担绑在板凳上，扁担偏要绑在板凳上，板凳偏偏不让扁担绑在那板凳上，到底是扁担宽还是板凳长。

2. 哥哥弟弟坡前坐

哥哥弟弟坡前坐，坡上卧着一只鹅，坡下流着一条河，哥哥说宽宽的河，弟弟说白白的鹅，鹅要过河河要渡鹅，不知是那鹅过河，还是河渡鹅。

3. 小杜打醋

有个小孩叫小杜，上街打醋又买布，买了布打了醋，回头看见鹰抓兔，放下布搁下醋，上前去追鹰和兔，飞了鹰跑了兔，洒了醋湿了布。

4. 嘴和腿

嘴说腿腿说嘴，嘴说腿爱跑腿，腿说嘴爱卖嘴，光动嘴不动腿，光动腿不动嘴，不如不长腿和嘴，到底是那嘴说腿还是腿说嘴。

提示：

绕口令是民众智慧的结晶，作为一种语言游戏流传民间，也为许多说唱艺人口传心授训练口舌之功的段子。绕口令是用声、韵、调极易混淆的字交叉、重叠，变成内容活泼、和谐押韵的句段，要求一口气快速流畅说完，一要发音准确，吐字清晰，速度由慢而快、声音由小到大，段子由易到难，调动情绪，用气发声，持之以恒达到情、气、声、字结合。

为了配合以上内容，加深对技巧的理解及训练，要经常进行绕口令练习，将会有助于技巧提高。

(二)积累词语，看谁说得多，说得快。

1. "滚雪球"：先确定储词范围，平时有意识地进行收集，定期分类积存于"储词本"上。例如确定积累用"ABB"的三词形式表达欢乐和喜悦的词，如喜洋洋、喜滋滋、乐呵呵、兴冲冲、乐悠悠、乐陶陶、乐融融、笑呵呵、笑眯眯、笑哈哈、笑吟吟……

2. "堆宝塔"：各小组进行竞赛，就一个储词范围各组说一个词，看哪组说得更多。比如要求每组讲一个带"步"的成语或短语，如步伐矫健、步入疑阵、大步流星、步履蹒跚、健步如飞、闲庭信步、步人后尘、亦步亦趋、一步登天、步步为营、举步维艰、五十步笑百步……

3. "成语接龙"：分小组进行竞赛，以前一个成语最后一个字为后一个成语的开头，看哪一个小组接得更长更多。如春风得意→意外之喜→喜出望外→外柔内刚→刚柔相济→济济一堂→堂而皇之……

【训练二】态势语训练

1. 揣摩下列神态，看看透露了什么？

(1)听着听着，目光凝滞住了。(　　　　　)

(2)听着听着，眼睛忽然湿润了。(　　　　　)

(3)听着听着，身子不停地扭动起来。(　　　　　)

(4)听着听着，忽然眼睛闪动了一下，向别处看去。(　　　　　)

(5)听着听着，眼珠转动，不自觉地搓着双手。(　　　　　)

(6)听着听着，一面点头，一面打起哈欠来。(　　　　　)

2. 手势练习，边说边做。

(1)"大家安静，安静！"(手掌向下，有力度)

(2)"我讲的这个问题非常重要！"(竖食指，右手抓握)

(3)"这么一讲，我们不就完全明白了吗？"(两手掌向上并向两边分开)

(4)"注意，有一点切不可大意！"(三指捏合，前伸定位)

(5)"有人想这么办，不行，这是触犯刑律的，是绝对不行的！"(握紧拳头，用力向一侧挥动)

3. 结合下列语段，设计出恰当的态势语，进行"配形"演讲。

(1)请相信我——一个新兵的誓言吧，让我们扬起生命的风帆，乘风破浪，奋勇前进！

(2)同学们，让我们与父母坦诚相处，共同享受其乐融融幸福无比的家庭生活吧！从我做起，从现在做起，用我们的孝心，用实际行动来报答父母的养育之恩！

（3）十八岁，我们脚踏大地，头顶青天；十八岁，我们仰望明月，追赶太阳；十八岁，我们不畏艰难，不畏险阻，敢踏破荆棘泥泞；十八岁，我们倾热血为江，以信心筑船，证明自己便是远方的航标灯。

（4）同学们，我的同龄人，我的朋友们！不为别人，就为自己，就为岁月赐给我们年轻的臂膀和这一腔热情，伸出你年轻的双手吧！擎起希望的火炬，让我们劈波斩浪，走向辉煌的明天！

【训练三】情景说话训练

按照"时间"、"地点"、"人物"、"事件"、"结果"分组拟定若干词语，写在纸条上，然后由学生从每一组中随机抽出一个词，根据抽出的"时间"、"地点"、"人物"、"事件"、"结果"组织语言讲一个小故事，如从"时间"中抽出"2035年7月21日晚上12点钟"，从"地点"中抽出"原始森林"，从"人物"中抽出"鲁智深"，从"事件"中抽出"烛光晚餐"，从"结果"中抽出"死了"，那么学生就要根据"2035年7月21日晚上12点钟、原始森林、鲁智深、烛光晚餐、死了"这些词语编造一个小故事。

提示：

练习时间需要三天即兴演练；

毫不相关的词语，在很短的时间里，串成一个有趣的故事，有画面，有意境，锻炼在台上的思维能力；

设定主题，限制时间和内容，锻炼台上即兴思维的发挥、概括总结及现场创作。

【训练四】说话实践训练

根据下列情境，作即兴演讲（或写即兴演讲词）：

1. 你的同学要举行生日晚会，请你结合他本人特点，发表简短的讲话，表示祝贺。

2. 你作为班里组织的新年晚会节目主持人，写一个简短的讲话稿，内容包括：向大家致以新年的祝贺，介绍晚会内容，预祝晚会成功。

3. 写一篇竞选学生干部的演讲词，并参与竞选。

4. 你所在的班级要举行"我的选择没有错"主题班会，作为主持人请你说一段不少于一分钟的开场白。

【训练五】遣词造句练习

班上每个同学准备四张小纸条，每张纸条随意写上一个词（词组），然后集中在一个纸袋里，训练时学生随机抽出四张小纸条，如抽出"酱油"、"榕树"、"潘金莲"、"航天员"四个词，学生就要把这个词连缀成句，词序可以变化，但要求表述内容句式完整，合乎语法逻辑规范。

提示：如有的同学这样造句，"瑞光大伯到商店买了酱油，坐在镇边的大榕树下休息，他开微型收音机听了一段武松怒杀淫妇潘金莲的山东快板，又听了我国'神六'航天遨游太空的新闻。"

【训练六】语言适用得体练习

话是否说得好，说得妙，能否达到顺利交流沟通的目的，不在于说得多么优美动听，关键在于遵循语言运用的规律和原则，适用得体。要适用于说话的对象、说话的场合、说话的背景等，说话要谈吐得体，恰到好处，礼貌适度，尤其不要惹对方生气。下面是几个生活中的实际例子，请你给予点评，辨别其优劣，如果你是当事人，会怎么个说法？

1. 有位乘客购买机票,问售票员:"这趟飞机可以购买回程票吗?"售票员答:"这趟飞机有去无回。"乘客听后,很不高兴,票也不买就走了。

2. 有个移动通讯的用户问客服人员:"这项优惠服务的时间有多长?"客服人员答:"优惠到你死为此。"用户听后,发火了,并进行投诉。

3. 傍晚时分,有个老师从洗手间出来,在门口碰到一个学生,这位学生很憨厚,主动打了这样的招呼:"×老师,你吃饭了吗?"这位老师不便说话,微笑着走开了。

4. 有位女生上课时低头全神贯注看小说,老师走过来,见是一本书名为《嫁不出去的姑娘》的小说。老师没有当面斥责这位学生,而是委婉地说:"姑娘,不要急,会嫁得出去的!"说得这个女生不好意思收起小说,班上的同学也会意地笑了起来。

【训练七】自我测试

主动征求别人对自己口才的评价。

日常生活中,可经常主动地向旁人了解他们对自己口头表达能力的看法。最好要有所选择,向不同年龄、不同身份、与自己有不同关系的人征求意见,这样得来的看法会比较客观。征求意见后,对这些意见一定要实事求是地加以分析和判断,既不可因为别人说自己口才好而忘乎所以,也不可因别人提的意见过于尖锐而妄自菲薄,从而丧失信心。要本着"有则改之,无则加勉"的态度,虚心听取意见,不作申辩,但心中要有数,要对自己有尽量准确的把握,将别人的看法作为自己不断提高口才水平的动力。

征求意见提纲:

1. 你喜欢和我在一起聊天吗? 为什么?

2. 你认为我在讲述一件事时,条理是否清楚? 是否能让你很轻松地听明白?

3. 你认为我说话啰唆吗? 重复的句子多吗? 口头语多吗?

4. 你愿意和我争论某个问题吗? 你认为我好"抬杠"、认死理儿吗?

5. 我是不是有时话太多,太过显示自己或太想说服别人?

6. 谈话中我是否不太尊重他人的讲话? 常有打断别人,抢别人话头的毛病?

7. 我讲话的口齿清楚吗? 语音语调有特色吗? 语气具有感染力吗?

8. 我说话的速度是过快、过慢还是适中? 你听我说话感觉乏味、累,还是愉快?

9. 你认为我在讲话中带给你的新信息、新知识多吗? 我讲话内容的智慧含量你满意吗?

10. 请给我口才能力打个优、良、中、差的成绩。

第二章　职业口才基本技能训练

导入

让出丑习以为常

英国戏剧大师、批评家和社会活动家萧伯纳的口才是有口皆碑的。但是,他在年轻时却胆小、木讷,连拜访朋友都不敢敲门,常常在门口徘徊20多分钟。后来他鼓起勇气参加了一个"辩论学会",不放过任何一个机会同对手争辩,练胆量、练机智、练语言,经过千锤百炼,终于成为演讲大师。他的精彩演说和论辩,至今仍脍炙人口。有人问他是怎样练口才的,他说:"我是以自己学溜冰的办法来做的——我固执地、一味地让自己出丑,直到我习以为常。"

萧伯纳的故事告诉我们,通过训练,一个胆怯的人也可以勇敢地说话,也可以成为口才大师。

说话才能,不是天生的,而是在现实中锻炼出来的,是一分天才九分努力的结果。我们要坚信一点:嘴皮子都是磨出来的。因此,要把话说得准确、恰当、生动,我们就要不断训练、训练、再训练! 好口才是练出来的,那么,我们要练什么呢?

一是练胆量。敢不敢说是心理问题,连话都不敢说,还能干什么;连话都敢说了,还有什么干不了。克服说话恐惧,作好充分准备,提高说话热情,选择恰当话题,说话的胆量就练出来了。

二是练技巧。会不会说话是能力问题。希望把话说得滴水不漏,就必须丰富语言,理清思路,揣摩对象,把握时机——能说会道,这就是说话的技巧。

三是练修养。口若悬河,能言善辩,不是说话的理想境界。说话的理想境界是,恰如其分,以少胜多,谨言慎行,多听少说——正如老子所说"大辩若讷",这就是口才的修养。

导训

第一节　思维训练

人类思维的发展和语言能力的发展是同步的,这就决定了口才与思维密不可分的关系。口才是思维的外壳,思维是口才的基础。思维如果不敏捷、不清晰、不严密,语言的表达也就不可能流畅清楚。很难想象,一个思维迟钝而又混乱的人,能够口若悬河又条理清晰地表达自己的思想。由此看来,口才表述水平的高低与一个人的思维能力的强弱密切相关。口才表述水平的提高,取决于表述者思维素质和能力的提高。因此,要提高语言表述能力就必须要训练思维能力。

一、快速思维训练

在讲话当中,反应灵活、随机应变、对答如流是思维敏捷的表现。要做到这一点,需要加强训练思维的灵活性、敏捷性。就是要求在限定的短暂时间里训练快速感应的能力,在快速进行概括、分析、推理、想象的基础上做到快速而有效地表达与交流。快速思维训练在平时的学习、工作和生活中可以随时进行,比如当别人递上名片时,要求看上两三秒钟就能记住并叫出对方的姓名。在马路上看一闪而过的汽车牌照,马上说出号码。又如,在限定时间内,快速对某种智力测验题作出解答,与朋友或同学进行词语(成语)接龙游戏,或临时出题即兴演讲等。总之要在一种较为紧张的情境氛围之中完成快速构思和快速表达的练习,从而锻炼自己的快速思维能力。

二、灵感触发训练

灵感是人们思维过程中认识飞跃的心理现象,是人们大脑中产生的新想法,是一种新的思路突然接通,它具有突破性、新颖性。如苹果掉地引发了牛顿的灵感,从而诞生了牛顿运动第三定律。在口语表达中,灵感的触发有时会语出惊人、富有创造性,取得意想不到的效果。有一次,北京电视台著名主持人元元在"第七日"栏目主持关于北京市民灭蟑螂的一个节目时,她突发灵感,在节目开始前以蟑螂的口吻自述了蟑螂从一开始悠然自得的生活到遭到蟑螂药灭杀的恐慌经历,将一个本来枯燥的话题讲得有声有色,提高了观众的兴趣。

灵感的引发不是一蹴而就,它是思维长期的积累而瞬间迸发的。要引发灵感,就要多用脑。就是喜欢对问题进行独立思考,遇事多问几个"为什么",多提几个"怎么办"。而且还要运用科学的方法去探索和发现问题,去寻找新的方法、新的答案、新的结论。只有经常思考、思考、再思考,才能把人脑的创新潜能充分地挖掘出来。

三、逆向思维训练

所谓逆向思维,是指人们从相反的角度来思考问题,从中引导启发思维的方法。比如,有人在一张白纸上倒了一小点墨水,将这张纸拿给 A、B 两个人看,问他们看到了什么。A 说看到了一点黑色,B 则说看到的是一片白色。同样,有一座庙,庙外有一棵树,叫 C、D 两人用一句话写出庙和树的位置,C 说树在庙的前面,D 说庙在树的后面。那么,A 和 C 是运用传统思维模式,而 B 和 D 是以逆向思维来思考和看待事物。传统思维是墨守成规,而逆向思维往往会有奇思妙想。口语表达中,逆向思维训练的目的是培养逆向思考问题的能力,以及对传统观念的批判、继承能力,善于发表独立见解的能力。一个水平较高的表述者,能从一般人认为是正确的观点、现象中发现谬误和不足,或能从传统认为是错误的观点和现象中发现真理的成分。

四、辐射联想训练

辐射联想指对某一问题从不同的方向、途径和角度去设想,探求多种答案,最终使问题获得圆满解决。如英国著名前首相丘吉尔思维敏捷而广阔,当有人向他提出一个问题时,他能立即说出解决这个问题的十几种办法。辐射联想训练是要培养对同一个问题找出尽可能多并出人意料的新奇答案,以及主动灵活地转换问题的思考角度的能力。

五、延伸思维训练

延伸思维是指对思考的问题向纵深开掘,使思维走向深刻,即透过人所共知的表层现象,探寻事物的内在原因,从而产生新的观念,提出创造性解决问题的办法的思维方式。延伸思维训练就是要培养对问题作深入思考的能力,以及培养"透过现象看本质"的能力,能从一般人认为不值得一谈或无须再作进一步探讨的事物中,发现更深一层的被现象掩盖着的事物本质。

第二节 思路训练

思路是思维的线索和脉络。无论叙事还是说理,必先确立一条思路。思路正确,反映了客观事物运动的程序性和规律性,口语表达才能层次清晰、组织严密。因此,讲话之前要组织好思路,也就是要对讲述材料作顺序方式的构思。以下介绍几种常用的思路形式。

1. **并列关系式**。即围绕一个统一的中心,一条一条分项列举主要内容,讲述材料各层之间的并列关系。如推销员在向客户介绍××品牌电视机的优点时,从以下几个方面讲述:(1)画质清晰;(2)音质纯正;(3)健康环保;(4)价格优惠。就采用了这种方式。

2. **时间顺序式**。即按事件发生发展的先后顺序排列材料,反映出事物运动过程的自然状态。如介绍自己的经历,就可以按照这种方式来讲述:(1)我的童年时期;(2)我的少年时期;(3)我的青年时期;(4)我的中年时期。

3. **空间顺序式**。即按空间布局的方式一层一层加以介绍,有从外到内、从近到远、从下到上、从左到右等顺序。如导游员向游客介绍某一景观时,就可采用此法。

4. **因果关系式**。有两种方式:由因及果和由果溯因。由因及果是先说明事件的原因,而后讲述由原因导致结果的过程。由果溯因则与之相反,即先摆出结果,然后追溯导致这个结果的原因。

5. **总分关系式**。有先总后分式和先分后总式。先总后分式是先讲解整体,然后逐一分解它的部分,常用于对事物的分类或复杂理论的分述。先分后总式则是先讲解局部,再总结出整体情况。

6. **提问解答式**。即先提出问题,然后经过分析,陈述见解,举例证明,予以解答;或阐述解决问题的根据、理由和方法。

第三节 心理训练

大凡不善于在众人面前讲话的人,在其诸多原因之中,最主要、最根本的原因是由于心理上的障碍。有人经常会问,在日常生活中,可以自如地与家人、朋友、同窗谈天说地、说古道今,可为什么一到正式的场合,或是在陌生人面前,就会有语塞、语顿、语无伦次、表情僵化甚至张口结舌、手足无措等失常情况呢? 其实这都是因为心理的恐惧、焦虑所造成的。

一、恐惧心理产生的原因

恐惧是一种常见的心理状态,出现这种心理状态有多方面的原因,概括起来,有以下几种因素:

第一,天生胆小。有的人天生胆子就小,日常生活中做事就缩手缩脚,沉默寡言,更何况是要和陌生人讲话或当众讲话,心理肯定会恐惧不安。

第二,对自己没有信心。有的人是在学识方面对自己没有信心,怕说出话来错误多,会惹来别人的嘲笑或蔑视,从而不敢轻易开口说话;而有的人是满腹经纶,但性格内向,担心自己的口才不如别人,因此告诫自己尽量少发言,以免影响个人形象。

第三,生理因素。有的人生理有一些缺陷,如天生声音嘶哑、口吃、一说话就眨眼。这些人唯恐一说话就暴露了自身的毛病,也最怕在众人面前讲话。

二、克服恐惧心理的方法

事实上,大多数人在当众讲话时都会产生恐惧心理。卡耐基曾说:"许多职业演说家都从来没有完全祛除登台的恐惧。"同时他也指出:"即使登台的恐惧一发而不可收拾,造成心灵的滞塞、言辞的不畅、肌肉过度痉挛无法控制,因而严重减低了你说话的效力,你也无须绝望,只要你多下工夫,就会发现这种上台恐惧的程度,很快便会减少到某一地步,这时它就是一种助力,而不是阻力了。"要克服恐惧心理,可以从以下几个方面入手。

1. **进行心理暗示**。恰当的心理暗示能树立信心,减轻恐惧的程度。如求职应聘前,不断地对自己说:"我今天一定能成功。"面对聘用单位招聘者,把对方想象成自己的亲人或朋友;在谈判时,假想谈判对象每个人都欠你的钱,他们聚在这儿是要求你宽限还债的时间;演讲时,设想听众都欢迎你的讲话等。

2. **积极练习,不断实践**。要克服口语交际中的心理恐惧,还要多做实践训练,尤其是在公开场合下的大声口述训练。只有下定了"不怕当众出丑"的决心,才能通过逐步的实践训练,达到"不会当众出丑"的目的;只有在反复的锻炼中才能克服紧张情绪,达到良好的心理状态,成为口语表达中的佼佼者。永远开不了口就永远怕开口。只有多讲多练才能从"不敢讲"到"不怕讲",再到"讲得好"。

3. **做好讲话前的准备**。为了克服恐惧心理,讲话前的准备是必不可少的。比如了解讲话对象的基本情况;对讲话内容做好充分准备,包括查找相关资料、拟好讲话提纲、打好腹稿、演练等;提前到达讲话现场,熟悉环境;讲话前做几次深呼吸,缓解紧张情绪等。

第四节　听力训练

口语交际中一般都是由两方组成,而每一方都担负着两项任务:说和听,你的"说"是为了对方的"听",你的"听"又促成了对方的"说"。在"说"与"听"之间,哪一方对维持对话具有更重要的意义呢?从某种意义上说是"听"。常言道:"会说不如会听。"会"听"话的人既能很好地领会和理解别人说话的意思,又能仔细地欣赏、揣摩别人说话的技巧,更能从别人的言谈中听出言下之意和弦外之音,准确地摄取信息,从而有效地进行语言交流。所以要练好"耳"才,才会有好的"口"才。听力训练可以从以下几个方面入手:

1. **训练听知注意力**。要听得准确,首先要排除各种干扰,把注意力集中于自己所要听的内容。甚至有时对方讲述含糊不清、枯燥无味,也要沉得住气,认真倾听。另外,谈话时有时需要同时注意几个对象,所以还要学会分配注意力去听。

2. **训练听知理解力**。言语所表达的信息随语音消失而流逝,理解跟不上,就会越听越糊涂,所以要听出别人的思路和语意要点。那么,要理解交谈对方的话,首先要注意对一些含意较深的词语的理解;其次要理解每一段话的主要观点;最后要理解对方说话的中心意图。另外,还要理解对方的言外之意、弦外之音等。

3. 训练听知记忆力。听辨记忆多为暂留性记忆，因为听到后面要与前面讲的内容连贯起来作整体性思考，因此要学会边听边记忆其内容要点，记住关键词语，这样才不会听到后面却忘了前面的内容，导致理解上的偏差。

4. 训练听知辨析力。言语的表层意思有时与内在的含义并不一致，因此要学会辨析说话者语义的真正内涵，学会辨析哪些话是题内话，哪些话是题外话；哪些是正确、真实的话，哪些是错误、虚假的话；哪些是友好、赞扬的话，哪些是不友善、批评的话。如果是几方争论，要学会辨析争论各方的不同观点，并加以评析。

第五节　语音训练

语音是人们发音器官发出的具有区别意义功能的声音。人们在说话时通过发音器官的运动，发出音高、音长、音强或音质都不相同的声音。在具体言语交际过程中，说话人借助发音器官发出的声音把某种信息传递给听话人，听话人则凭借听觉器官接收到的这些声音来认知和理解对方的意思，语言依靠声音把说话人和听话人的大脑联结起来，从而实现和完成交际任务。口才与语音有着密切关系，声音含糊不清、吞吞吐吐必然会影响口才的发挥，而大凡口才优秀者，一定是声音洪亮、口齿清楚、字正腔圆。语音训练应从下面三个方面进行：

1. 普通话训练。普通话作为我国通用的语言，一直被大力推广和普及。交际活动中不标准的普通话不但让人听不懂，无法沟通，有时还会闹笑话。如潮汕地区某领导有一次带领外省来参观的客人上船游览时，很认真地说："今天风大浪大，大家要吃点避孕药，免得头晕。"众人不知何意，该领导又热情地招呼道："来来来，请到床头来，坐在床头看娇妻，真是越看越美丽啊！"说得众人是面面相觑。经秘书解释，方知"避孕药"乃"避晕药"、"床头"乃"船头"、"娇妻"乃"郊区"。类似这样的例子在我们的日常交际中还有很多。试想，如果以这样的语音状况去进行演讲、主持、推销，效果是可想而知的。因此，标准的发音是口才的语音基础。

普通话的训练要以《现代汉语拼音方案》为依据，在字词的声母、韵母、声调等的发音方法和发音要领上下一番工夫，使每个字词的发音都要准确规范、清晰饱满。

2. 气息控制训练。"气乃音之帅"，"气动则声发"。气息是指呼吸出入的气流，是人体发声的原动力。气息的大小对发声有着直接的关系。气不足，声音无力，用力过猛，又有损声带。口语表达中声音的高度、力度、清晰度，以及音色的甜润、优美、持久等，都主要取决于气息的控制和呼吸的方式。科学地进行气息控制和呼吸，是语音训练的重要环节。

日常生活中的呼吸方式主要有胸式呼吸、腹式呼吸、胸腹式呼吸三种。在口语表达中，有控制的胸腹联合呼吸方式是较为理想的呼吸方式。其要领是：两肋向左右张开，有上提的感觉，略收小腹，横膈膜收缩，有下压腹部感，此时开始吸气。吸气时要用鼻腔，将气流缓缓吸入肺的深部，胸腔与肺部要尽量纳气，到不能再吸为止，但不要耸肩挺胸。呼气时，仍要收住小腹，两肋和胸腔基本保持吸气时的状态，在控制下逐渐松弛、缩小，直至呼完。呼气时注意要均匀、平缓，在腹部肌肉和横膈膜的约束下，将气徐徐吐出。总之，吸气要吸得深，呼气要呼得有节制。在练习时可循序渐进，开始时练缓吸缓呼，然后再练急吸急呼。

3. 共鸣控制训练。用气推声的发音方法虽可省力，但要发出抑扬顿挫、铿锵有力、响亮悠远的声音，还必须在用气推声的基础上学会共鸣的发声方法。生理学家告诉我们，人体声带产生的音量只占讲话音量的 5%，其他 95% 的音量则要通过共鸣器官放大产生。

人体共鸣器官有胸腔、口腔、鼻腔。在口语表达中,人们主要运用的是以口腔为中心,中、低、高三腔共鸣的方式。中音共鸣区主要是指口腔共鸣,即硬、软腭以下,胸腔以上的各共鸣体;低音共鸣区主要指胸腔共鸣;高音共鸣区主要指鼻腔共鸣。共鸣控制训练要领如下:气息下沉,后腰扩张,喉部放松,胸部不僵,声音像一条弹性带,从小腹拉出垂直向上,经咽部向前,沿上颚中线前行,挂在硬腭前部,送出口外,声音畅通,运行自然。

第六节　朗诵训练

朗诵是指以准确、生动、感情充沛的声音,并借助一些态势语言来创造性地再现艺术形象的一种语言表演艺术。诵读训练是语音训练的继续、巩固和提高,也是一般口语交际训练的必备基础,它有助于增强对语言的感受能力,掌握运用语言的技巧,积累语言素材,从而有效地锻炼口才。

在进行朗诵训练时,不仅要使用普通话标准音,要读得流畅自然,不结巴,不重复,而且还要从以下几个方面去把握:

1. **整体设计,投入情感**。朗诵前,要先对作品进行整体设计。主要是两个方面的设计:第一,设计朗诵基调,即设计作品基本的总体的感情模式。不同的作品有着不同的感情基调,有的欢快轻松,有的庄重严肃,有的沉郁悲哀,有的赞颂激扬,有的幽默诙谐。如朱自清的散文《春》总体基调是欢快轻松,而高尔基的《海燕》则是赞颂激扬。在朗诵前,要好好把握所读作品采用的是哪一种或哪几种感情基调。第二,设计朗诵高潮。朗诵切忌平铺直叙,如一潭死水,无论什么体式的作品都应赋予其一定的表达高潮。朗诵的高潮可以是一个,也可是多个,朗诵者要根据作品的感情基调加以设计。体会设计好朗诵基调和高潮后,就应把自己的情感投入到作品的朗诵中,要做到声情并茂,以情动人。

2. **停连得当,语意清晰**。朗诵时,要注意语句的停顿和连贯。停连得当,能更清晰、更有效地表达内容,更鲜明、更强烈地体现情感,停连不当,会造成语意不连贯、不清楚,严重的还会使得语意错误。因此,要处理好语句的停连,尤其是停顿。停顿一般分为三种类型:语法停顿、逻辑停顿、感情停顿。

语法停顿指句子间语法关系的停顿,如句中主谓之间的停顿,修饰、限制词与中心词之间的停顿,还有分句之间、句子之间、段落层次之间的停顿等。逻辑停顿指为准确表达语意,揭示语言内在联系而形成的语流中声音的顿歇。逻辑停顿不受语法停顿的限制,没有明确的符号标记,往往是根据表达的内容与语境要求来决定停顿的地方和停顿的时间。感情停顿是指为了突出某种感情而作出的间歇。这种停顿通常出现在感情强烈处,诸如悲痛欲绝、愤怒至极、兴奋异常等。例如:

①冬天/已经来了,/春天/还会远吗?(语法停顿)

②没有/一片绿叶,没有/一缕炊烟,没有/一粒泥土,没有/一丝花香,只有/水的世界,云的海洋。(逻辑停顿)

③他如此/欺人太甚,他/太不像话了。(感情停顿)

3. **语速适宜,控制节奏**。朗诵时要注意语速和节奏。语速是指朗诵语流的速度,即单位时间内说出词语音节的数量。语速受作品内容和形式的影响,也受朗诵者感情的影响。如表示热烈、兴奋、愉快、愤慨、反抗、驳斥、紧张等感情和意义的语句,速度要快些,而表示平静、沉郁、失望的语句,速度要慢些,表示深思、悲哀、压抑等意义的语句,还要读得更慢些。朗诵时语速一般应控制在:快速每分钟200字以上,中速每分钟150字左右,慢速每分钟100字以下。

节奏是指朗诵语流在抑扬顿挫、轻重缓急的运动中出现的时快时慢、时紧时松的方式。它是语速的具体体现与运用。节奏有轻快型、凝重型、高亢型、低沉型、紧张型、舒缓型等。

4. 语调变化,升降起伏。语调是指语句里声音高低升降的变化,其中以结尾的升降变化最为重要,和句子的语气紧密结合。朗诵时,如能注意语调的升降变化,语音就有了动听的腔调,听起来便具有音乐美。语调主要有以下几种:

(1)高升调。多在疑问句、反诘句、短促的命令句,或者是表示愤怒、紧张、警告、号召的句子里使用。朗诵时,注意前低后高、语气上扬。

(2)降抑调。一般用在感叹句、祈使句或表示坚决、自信、赞扬、祝愿等感情的句子里。表达沉痛、悲愤的感情,一般也用这种语调。朗诵时,注意调子逐渐由高降低,末字低而短。

(3)平直调。一般多用在叙述、说明或表示迟疑、思索、冷淡、追忆、悼念等的句子里。朗诵时始终平直舒缓,没有显著的高低变化。

(4)曲折调。用在表示特殊的感情,如讽刺、讥笑、夸张、强调、双关、特别惊异等的句子里。朗诵时由高而低后又高,把句子中某些特殊的音节特别加重加高或拖长,形成一种升降曲折的变化。

5. 强调重音,突出意义。重音是指那些在表情达意上起重要作用的字、词或短语在朗读时要加以强调的技巧。重音是通过声音的强调来突出意义的,能给色彩鲜明、形象生动的词增加分量。重音一般有语法重音、强调重音、感情重音三种。语法重音是由语法结构本身决定要重读的字词;强调重音是根据上下文内容的提示或由其他环境决定而对一些语词或句子进行重读;感情重音是为表达特定情绪而需要着重强调的部分。例如:

①这是一片明朗的天空。(语法重音。修饰成分的重读)

②他是一名学生。(强调重音。为回答"他是学生还是教师"而重读)

③这难道是真的。(感情重音。表示惊讶之情)

第七节 应对训练

什么是应对?古人云:"发端曰言,答述曰语。"(《周礼》)它说明一问一答的会话方式是人类社会交往中最基本的语言形态。其中答话是受话语刺激或制约所作的相应表述,即为"应对"。口语交际中,许多情况催迫我们要迅速做出应对,而正确、机智、巧妙的应对能摆脱困境、说服他人。有一次俄国著名诗人普希金参加一位爵士的家庭舞会,他上前邀请一位漂亮的小姐跳舞,这位小姐不屑一顾,对他说:"我不同小孩子跳舞!"普希金微微一笑,说道:"对不起,小姐,我不知道您正在怀孕。"机智的应答不仅使普希金摆脱了尴尬,同时也讽刺了那位傲慢的小姐。

应对的能力并非与生俱来,它需要长期的积累和训练。应对训练应该由易到难,逐步深化。可以分为"常式应对"和"变式应对"两个阶段进行。"常式应对"是基础,"变式应对"是提高。以下介绍这两个阶段的训练方法。

1. 常式应对训练。"常式应对"就是怎么问就怎么答,无变化,答话紧扣问话的指向。常式应对训练要求连续地提出多个内容互不相关的问题,速度由慢到快,然后快速说出答案,表述要求准确、清晰、简洁。例如：你喜欢吃什么/庐山位于中国的哪个省/为什么男人比女人有力气/广西有什么特产。

2. **变式应对训练**。常式应对训练进行到一定阶段取得相应的效果后，就可进行变式应对训练。"变式应对"与"常式应对"不同，其接对的角度、方式讲究要有变化，要通过或顺或逆、或曲或隐、或迁或避的答对，力争尽快赢得对话的主动。如：对"你喜欢吃什么"这一问题如不想直接回答，可答"我喜欢吃我喜欢的东西"。对"你最近有没有打人"如回答"有"或"没有"均不好，可回答"我从来不打人"。变式应对训练相对常式应对训练来说，有一定的难度，它要求回答时尽量出其不意，要奇要新。

在这两个阶段的训练中，训练者可以采用自言自语自问自答，或与他人合作互问互答的方式进行。要持之以恒，由浅入深，不断加强，方能达到应答如流、出口成趣、妙语连珠的效果。

第八节　快语训练

口语交际中，有时要求要反应迅速，应变机敏，在极短的时间内快速准确地进行语言组织，及时做出解释和说明。从某种意义上说，口才就是"捷才"。快语训练可以从下面三个方面进行：

1. **快速朗读**。通过这个训练，可以锻炼口齿伶俐、语音准确、吐字清晰。具体方法是：选择一些比较通俗、不太拗口的文章或绕口令，以略快于平时的速度进行朗读，可以连续读数遍，一遍比一遍快以至极快。"快"必须建立在吐字清楚、发音干净利落的基础上。我们都听过快板，快板的说辞是"快中有慢，快而不乱"，每个字、每个音都发得十分清楚、准确，没有含混不清的地方。在快速朗读时，我们也要尽量做到这样的程度。

2. **快速复述**。在快速朗读训练的基础上，就可以进行复述训练，就是把朗读的文章读熟后，将文章的内容迅速重复讲一遍。复述时，不一定要求完全照着文章的原话来讲，可以用文章中的句子，也可以用自己的话来表述。另外，还可以采用多种复述方法：可以复述文章概要、复述文章的某个细节，也可以打乱文章原有的顺序，以另一种顺序来复述。但不管怎样，一定要句式完整，句句连贯，自然流畅，不改原意，而且还要快速简练，不拖泥带水、含含糊糊。

3. **快速讲述**。就是以自己熟悉的一个人、经历的一件事或看过的一本书等为内容，滔滔不绝地快速地自言自语或说给大家听。快速讲述时，要注意讲述的节奏，可以快中有慢，慢中显快，但总体风格是"快"，不停歇，而且更重要的是要说得有条理，不重复，不加口头禅，做到"一快三清"，即语速快、主旨清、条理清、口齿清。

第九节　体态训练

人的表情姿势传达着一定的信息，这就是"体态语言"，体态语言也叫身体语言、态势语言和动作语言，它是辅助有声语言进行有效交际的重要手段。在口语交际中，优美的体态语言具有审美价值，可以吸引听众的注意指向，产生"磁力效应"。作为口才的重要组成部分，体态语言的训练成为一个人提高口才不可忽视的环节。体态语主要是指表情、眼神和手势，训练时应从以下几个方面入手：

1. **表情训练**。面部所表现出的各种各样的神态，最能吸引对方的注意，面部表情的变化能微妙地折射出一个人内心世界的变化,能够迅速准确地反映情感和传递信息,如脸上泛红晕,表示羞涩或激动;脸上发青发白,表示生气、愤怒或惊吓、紧张;皱眉头,表示反对、不高兴甚至强忍怒火;扬眉毛,表示兴奋、喜悦;嘴唇撅起,表示生气、不乐意;嘴唇紧绷,表示愤怒、对抗和决心。

在运用表情时,要注意:一要自然真诚,切忌矫揉造作;二要灵活多变,切忌呆板单一;三要程度适中,切忌夸张无度。

2. **眼神训练**。体态语言中表达情感最丰富的要属人的眼神,人的眼神最能袒露人的内心活动,因而在人际交往中,眼神的作用至关重要,有时甚至决定着交际的成功或失败。一般情况下,不同的眼神可以表达出不同的情感,如眼睛正视,表示严肃、庄重、平和;眼睛斜视,表示轻蔑、鄙视;眼睛仰视,表示思考、盘算;眼睛俯视,表示害羞、含蓄。

3. **手势训练**。手势在体态语言中也起着举足轻重的作用,人们常说手是人的第二张面孔。手势语在说话时可以加强语气,增强情感,它可以使语言表达更生动,更富有感染力。口语交际中,手势大体有四类:情意手势、形象手势、指示手势、对象手势。手势尽管多种多样,但仍有一些规律,如:

①手掌向上,表示肯定、希望、请求、赞美、欢迎等意义。

②手掌向下,表示否认、批判、制止、压抑、不喜欢等意义。

③摊开双手,表示失望、空虚、消失、坦率等意义。

④紧握拳头,表示愤怒、破坏、决心、警告、团结等意义。

⑤双手紧握,表示紧张、矛盾等意义。

在运用手势时,要适可而止、自然协调、恰到好处,不能滥用、乱用,比如:手势机械,总是重复使用某个手势;手势过多,不停地乱动乱晃,在别人面前甩来甩去;动作不雅观,经常用手挠头、把手指关节弄响、挖鼻孔、剔指甲等。

第十节 综合训练

针对自身的主要弱点,上述单项训练基本达到目的之后,就可以进行综合训练。所谓综合,主要是指把口语表达的各项基本功能紧密联系起来,形成一体,使其具有一种艺术性,能够比较准确生动地传情达意。综合训练是口才得到全面而迅速提高的重要途径。综合训练的方式有许多,下面介绍三种方式:

1. **模仿复述**。模仿是学习技能的基础,是入门途径。比如,选择精彩的演讲、朗诵、辩论的录音或录像片断反复听反复看,对示范者语音的运用、态势语言的技巧、思维特点等方面充分体会和感受,认真琢磨,然后跟着模仿复述。在复述时,如果有条件,最好能进行录音或录像。录好后,把自己的录音录像和示范者的录音录像进行对比,找出自己存在的问题,加以改进,再进行练习。

另外,我们每天都听广播,看电视或电影,那么也可以随时跟着播音员、主持人或演员进行模仿,注意他们的声音、语调、神态、动作等,边听边模仿,边看边模仿。如此坚持一段时间,定能收到良好的效果。

2. **口评解说**。这种训练方式在日常生活中就可以经常做到。例如:与人初次见面,做一番自我介绍;向朋友介绍自己的学校或工作单位;对亲友或同学讲述一件事或一段故事;试着讲清道理,去说服别人;布置什么工作,把目的、要求、意义等各项交代清楚等。这些训练可以训练即兴构思、组织语言的能力,提高口语表达的实际应用能力。在训练中,要善于总结,并观察听众反应,看是否达到了预期效果,如果没有达到,分析其原因是什么,再加以纠正。要不断地总结经验教训,才能使自己的语言能力不断得到提高。

3. **演讲练习**。演讲是综合练习口才的重要而有效的方法,演讲可以练胆量、练态势、练表达、练思维。尤其是即兴演讲,更能锻炼心理承受能力、增加胆量及适应语境,随机应变的能力。演讲练习最好是事先写好稿件,在安排结构、遣词造句上下一番工夫,然后像朗读一样在口头表达上反复推敲,最后利用一切可能的机会进行脱稿练习。演讲的训练不必只限于参加一些正式的演讲活动形式,平时生活中某个聚会的致词、某个庆祝会上的祝词、讨论问题的发言、某种仪式和活动的主持都可以当做演讲的练习。

4. **表演练习**。这是一种角色扮演法,其方法是,选一篇有情节、有人物的小说、戏剧为材料,对选定的材料进行分析,特别要分析人物的语言特点,然后根据作品中人物的多少,找人分别扮演不同的人物角色,也可以一个人扮演多种角色,以此培养自己的语言适应力。这种训练的目的,在于培养人的语言适应性、个性,以及适当的表情、动作,对提高当众讲话水平大有裨益。

案例

【案例一】

古希腊卓越政治家、演讲家德摩斯梯尼,少年时有中度口吃,发音器官也有病变,声音嘶哑难听,说话气短,而且爱耸肩,这对于学习演讲的人来说是十分不利的。他初学演讲时很不成功,曾被听众哄下台。然而,失败、嘲笑与打击并没有使他气馁。一方面,他刻苦读书,虚心学习朗读方法,学习用最简洁的语言表达丰富的思想;另一方面,他又向著名的演讲员请教。为了提高嗓子的音量,他特意到海边去与哗哗的浪涛声比高低,到山林里去与呼啸的松涛声比强弱;为了矫正口吃的毛病,他口含石子练长音和朗诵;为了克服气短的毛病,他一面攀登陡峭的山坡,一面不停地吟诗;为了克服肩膀一高一低的毛病,每次练习演讲时他在上方挂两柄剑,剑尖正对自己的双肩,迫使自己随时注意改掉不良的动作;为了集中精力使自己能安心地在家里练习演讲,不外出游走,他特意剃了一个阴阳头。他还在家里的地下室安装了一面大镜子,经常对着镜子练习演讲,以克服表演上的毛病。经过数年之久的刻苦练习后,再次登台时,就展示出了一个演讲家的才华,他终于成为一位闻名于世的大演讲家。

点评:一个发育器官发生病变的人,经过刻苦训练,尚且能成为一个闻名于世的大演讲家,我们有什么理由不能说好话呢?人从幼儿时期就开始说话,可是有些人一辈子都说不好话,这就是缺乏锻炼的缘故,缺乏语言修炼的结果。一个人的说话水平和能力及至技巧,可以决定他的生活层次、工作质量和效果。有人说,是人才未必有口才,而有口才者必定是人才。此言极是。

【案例二】

我国著名演说家曲啸在20世纪80年代初的几场演讲,可谓是一鸣惊人,令众人叹服。当有人评说他是"天生的好口才"时,他笑着说:"哪来的天才呀?不敢当。我小时候性格内向,说话还口吃,越急越结巴,有时涨得脸通红也说不出话来……"曲啸练口才也吃了不少苦头。比如为开阔心胸,训练心理素质,他常常早晨迎着寒风跑到沙滩高声背诵高尔基的散文诗《海燕》。他不放过一切"说"的机会,积极参加辩论会、演讲比赛、朗诵会、话剧演出,终于在高中阶段崭露头角。一次在"奥斯特洛夫斯基诞辰纪念会"上,他拿着一份简单的提纲,一口气竟作了长达两个小时的精彩演讲。经历了二十多年的人生磨难,生活的锤炼使他的口才达到了炉火纯青的地步。

点评:曲啸的演讲成就,与他的刻苦锻炼与丰富的人生阅历有关。曹雪芹说过:"世事洞明皆学问,人情练达即文章。"若想提高说话水平,就必须积极投入社会生活,多了解"世事"和"人情",懂得为人处世之道,选择恰当的适应社会生活需要的处世言辞。这就是所谓说话的功夫在言外。

训练

【训练一】心理素质训练

依照自己的生肖属相,当众学习生肖动物的叫声,要叫多遍,一遍比一遍逼真,直到接近动物的真实叫声,被其他人认可为止。目的是训练当众出丑的心理承受能力。

【训练二】逆向思维训练

请用逆向思维思考下列现象或事件,说出它们积极或消极的方面,说出的办法越多越奇特越好。

1. 全球气候变暖。
2. 股市大跌。
3. 在市场里丢了 600 元钱。
4. 买彩票得了一万元钱。
5. 孩子考上了大学。

【训练三】辐射联想思维训练

用辐射联想思维方式,说出解决下列问题的方法,说出的办法越多越奇妙越好。

1. 如何让朋友主动归还借你的钱。
2. 怎样成名。
3. 如何让别人喜欢你。
4. 如何让正在吵闹的小朋友安静下来。
5. 下雨没带伞怎么办。

【训练四】快速思维及语速训练

思维敏捷性练习,看谁说得快又准又多。

1. 请迅速说出 10 种水果的名称。
2. 请迅速说出 10 种药品的名称。
3. 请迅速说出 10 种体育项目的名称。

4. 请迅速说出 10 种杂志的名称。

5. 请迅速说出 10 种家用电器的名称。

6. 请迅速说出 10 个国家的名称。

7. 请迅速说出 10 种动物的名称。

8. 请迅速说出 10 本中国的名著。

9. 请迅速说出 10 种交通工具的名称。

10. 请迅速说出 10 种乐器的名称。

11. 请迅速说出 10 种家常菜的名称。

12. 请迅速说出 10 种行业的名称。

13. 请迅速说出 10 位世界伟人的名字。

14. 请迅速说出 10 个世界名胜古迹。

【训练五】应对训练

设计一组问题,一对一问答,问话越来越快,答话要求短促、清晰、快速,最好能出其不意。

【训练六】体态语训练

观看一段演讲录像,分析演讲者的体态语言,对其好的方面加以模仿。

【训练七】朗诵训练

根据各语段的感情基调提示语,有感情的朗诵。

语段一:(欢乐轻松)清风拂面,白云相随,那一刻,我忘记了人世间的烦恼,忘记了紧张的工作,忘记了沉重的担子,忘记了丝丝缕缕的牵挂。那一刻,我的身心里第一次那样轻松,像从未使过的新鲜的抽屉,没有半点负担! 那一刻,我嗅到了松脂与山花的清香,我嗅到了稻谷与瓜果甜美。那一刻,我听到了呢喃细语,我听到了天籁之音……

语段二:(庄重严肃)在中华大地,无数革命先烈、仁人志士,为了人民的幸福、民族的解放和国家的富强,在硝烟弥漫的战场上,英勇战斗,直到流尽最后一滴血,永远长眠在我们脚下的这片热土上。正是他们用殷红的鲜血,书写了爱国主义最壮丽的诗篇。他们是中国的脊梁、民族的骄傲。我们纪念革命先烈,就是要永远不忘他们为党和人民建立的卓著功勋,永远不忘他们用鲜血和生命铸就的民族精神,永远不忘他们的遗志和追求,我们面前这座高高耸立的纪念碑,将永远铭记着我们乃至世世代代对革命先烈的思念和缅怀。

语段三:(沉郁悲哀)心紧紧地拧着,有一股郁结之气,在胸口,挥之不去。他们、他们是中国同胞啊! 是我们的手足、我们的同胞、有血有肉的人呐! 多少与我们同龄的学生,在莫名其妙中,被突如其来的地震掩埋。花落,怎叫人不惜春! 人亡,怎叫人不伤情? 多少人,在一瞬间,家破人亡;又有多少人,在一瞬间,零落朱颜? 生命如流星,在划过天际的一刹那,灰飞烟灭!

语段四:(赞颂激扬)亲爱的祖国,让我们以亿万双手,编织花坛锦绣,建造华灯明亮;让我们在金黄季节里,黄金般的早晨,把五星红旗飘扬国歌唱响,唱响千百年来朝朝暮暮澎湃的激情。黄河猛、长江长、泰山雄、昆仑莽,万里山河浩浩荡荡从天安门前走过,走过一队队铁军,走过一队队钢抢,走过一车车导弹,走过 60 年共和国的无比辉煌……走出中国人民最风光最风情的步伐,走出的方阵显赫中华民族最壮美最雄壮!

提示：

朗诵，是艺术化的语言表达。朗诵必须酝酿感情，理解意境，投入表情，配合肢体，达到一定美的境界。通过朗诵，在重音、语速、节奏、表情等方面自由把握，培养艺术气质。练习时间需要 15 次以上。

【训练八】自我测试
对自己进行说话毛病的自查自检

下面的 20 道题目，请认真思考，看看自己在哪些条目中有毛病，再反思一下有这些毛病的原因及从什么时候开始有这类毛病的。是否还记得当初与别人说话不够愉快的情景？若自己说话的毛病并不多，那当然更好，可根据题目的提示总结一下自己的口才能力，以增强信心，进一步提高。总之，通过以下自检自查，可以对自己的口才水平进行评估。若能在自检自查中做些笔记，记下体会和收获则更好。

说话毛病自查提纲：

1. 我在什么场合、什么人面前能毫不拘束地谈话？

2. 我是不是见了生人就觉得无话可说？

3. 我是不是很难找到一个大家都感兴趣的话题？

4. 当我发现我的话使别人产生反感时，我是不是能很快地收住话题？

5. 我能否把我所要谈的问题用各种不同的方式讲出来，以适应不同的谈话对象？

6. 我是不是常常说触犯别人禁忌的话？

7. 当碰到别人不同意我的意见时，我是不是只有再三地重复已经说过的话，而不会用多种方式解释自己的话？

8. 我是不是喜欢和别人发生争执？我是否有"抬杠"的毛病？

9. 别人是不是常常说我固执，认死理儿？

10. 对于不同的谈话对象，我有没有在语言上区别对待？

11. 我能否根据对方的态度来调整自己的说话态度，以使谈话在和谐的气氛中顺利进行？

12. 我是不是能够在交谈中很自然地运用各种知识而使谈话丰富有趣？

13. 我是不是知道应该在何处结束自己的谈话而不惹人讨厌？

14. 我有没有在公共场所旁若无人地大声喧哗的毛病？

15. 我有没有在说话时挤眉弄眼、抓耳挠腮的毛病？

16. 我是不是口齿含混不清，发音不够规范？

17. 我的声调是否悦耳？我说话的语气能吸引人吗？

18. 我说话的节奏是过快、过慢还是适中？

19. 我是不是常用一些不太雅的俗语、脏话？是不是常有多余的口头语？

20. 当别人谈话时，我是不是一个很有耐心的倾听者？

第三章 社交口才

寻找共同的话题

下面是一个真实的故事。

在苏北的一家旅店里，一位旅客正悠闲地躺在床上看电视，这时又进来一位先生，放下旅行包，稍微休息一下，冲了一杯浓茶，和这位看电视的旅客聊了起来。

先生问："你好，来了很长时间了吧？"

旅客回答："刚到一会儿。"

先生："听口音不是苏北人啊？"

旅客："噢，山东枣庄人！"

先生："啊，枣庄，好地方啊！读小学时，我就在连环画《铁道游击队》中知道了。几年前去了一趟枣庄，还在那里颇有兴致地玩了一回呢。"

接着两个人围绕着枣庄、铁道游击队谈了起来，那股亲热劲儿，不知底细的人恐怕要以为他们是老朋友呢！接着就是互赠名片，一起进餐，睡觉前双方居然还在各自身边带来的合同上签了字：枣庄客人订了苏南先生造革厂的一批产品，苏南先生从枣庄客人那里得到一批价格比较便宜的煤。

他们相识、交谈与成功，就在于他们找到了"枣庄"、"铁道游击队"这样的共同话题。

所谓社交口才，就是人与人之间在社会交往活动中所表现的语言艺术或才能，即善于用准确、贴切、生动的口语表达自己思想、意愿的一种能力。可以说，凡有口才的人，讲话时闪烁真知灼见，给人以精明、睿智、风趣之感，他们必然成为社会场合的佼佼者，别人乐意交往、倾听与接受，往往因此可以便利地解决许多大大小小的问题。练就一副好的口才，必将会使你在社会交往中如虎添翼，大显身手，创造出更精彩的人生。

导训

第一节 人际交往的"黄金法则"

据说在西方商人中，几千年来流传着一条"黄金法则"。这条法则威力无比，遵循它就可以登上成功的顶峰，违背它就会陷入失败的低谷，因此被称为"人类行为的伟大法则"。法则的内容就是孔夫子说的："己所不欲，勿施于人。"

这个"人类行为的伟大法则"，其实就是人际交往的"黄金法则"。此外，我们在人际交往中还应遵循以下原则：

1. **互相尊重**。人与人之间应当保持平等的关系，无论对别人说话还是听别人说话，都要注意尊重别人。尊重别人也等于尊重自己，只有尊重别人才能获得别人的尊重。

2. **言而有信**。内心真诚,言而有信,是做人的根本。从"信"这个汉字的造法来看,也就是用的"人言可信"。与人交往,守时也是守信的一种表现。《庄子·盗跖》中讲了这样一个小故事:"尾生与女子期于梁(注:桥)下,女子不来,水至不去,抱梁柱而死。"尾生虽然有点迂,但他坚守信用的精神还是值得称道的。

3. **同气相求**。与人相处,尤其是与不相识或刚相识的人相处,要努力寻找双方的共同点、相似点,找到能沟通话语的桥梁。

4. **取长补短**。取长补短,即互补。互补,是协同的前提,事物之间只有通过互补、协同,才能求得系统整体的同一,才能有结构的稳定性、进程的有序性和功能的最优化。人与人相处,可以互相取长补短。双方的需要以及期望正好成为互补关系时,就会产生强烈的吸引力,从而促进良好的人际关系。

萧伯纳说得好:"你我是朋友,各拿一个苹果彼此交换,交换后仍然各有一个苹果;倘若你有一种思想,我也有一种思想,而朋友间相互交流思想,那么我们每个人就有两种思想了。"

5. **坦诚相待**。人与人相处,最难能可贵的就是自我袒露精神。心理学家通过试验发现,人们更喜欢自我暴露思想的人;而对那种老讲自己如何如何了不起的人、躲躲闪闪伪装自己的人、过于内向且性格太封闭的人,则不太喜欢。在人际交往中,个人应当有自己的隐私权,但另一方面又需要必要的自我袒露。这是人际沟通的需要,也是对他人表示信任的一种信号。

6. **相互宽容**。宽容,是个人或某个群体对自己力量充满自信心的一种体现,是人与人交往中能化解矛盾、隔阂、怨恨,甚至仇视的溶解剂。

第二节　社交的艺术和技巧

成功地进行社会交往对每个人来讲都是一门重要的功课,就它和成功人生的关系来讲,其意义是深远的:它会使人拥有健康、开朗、豁达、自信的心理,营造和谐而丰富的人际关系;使人的才能被他人、被社会承认,更容易得到发挥,从而使人拥有更多的成功的机会。

在社交中,"给人留下良好的印象"、"让人喜欢你"、"营造友好、和善、尊敬的良好氛围"是成功社交的重要准则。要取得成功的社交效果,需要掌握和遵守一定的社交艺术和准则。

首先,要树立自己的良好形象,这是给人留下良好印象、让人喜欢的首要因素。

其次,把讲究礼仪,重视礼节、礼貌,以礼相待、平等交往作为社交活动遵循的准则,这是营造"人和"氛围的重要条件。

最后,要掌握必要的社交艺术和秘诀。

1. **真诚地关心别人比引起对方的注意更重要**。以发自内心的热诚与微笑对待人。

2. **掌握倾听的艺术,做一名忠实的听众**。认真倾听别人的谈话是对谈话者的尊重,对方也会因此把你视为知音。倾听不是在做姿态,而是一种尊重他人、欣赏他人的表现。

3. **记住对方的名字**。交谈中准确而亲切地说出对方的姓名,会使对方觉得自己很重要,这是被人喜爱的最简单而又很重要的方法。

4. **时时用使人悦服的方法赞美人,是博得人们的好感的好方法**。服务业著名的敬人"三A"原则,即接受(Accept)、重视(Appreciate)、赞美(Admire)对方,在人际交往中也是很值得借鉴的。善于赞美别人,便能赢得更多的知己,获得更多的友情与帮助,当然这需要心胸宽阔、大度,善于发现别人的优点。

第三节　语美结得天下客

一、恰当的称呼

称呼是指人们在正常交往应酬中，彼此所采用的称谓语。在日常生活中，称呼应当亲切、准确、合乎常规。正确恰当的称呼，体现了对对方的尊敬或与对方的亲密程度，也反映了自身的文化素质。

在社交中，人们对称呼是否恰当十分敏感。尤其是初次交往，称呼往往影响交际的效果。有时因称呼不当会使交际双方发生感情上的障碍。不同年龄、不同国家、不同地区、不同社会集团之间都有不同的称呼。有时候，称呼别人不是为了满足自己，而是为了满足别人。遇到一位朋友，最近被提升做了主任。当时就应先跟他打招呼："×主任，真想不到能在这儿见到你。"如果他听到你跟他打招呼，就会显得格外高兴。

称呼不仅仅是一种礼貌，不论我们如何称呼人，这其中最主要的是要传达这样的意思："你很重要"、"你很好"、"我对你很重视"。

使用称呼还要注意主次关系及年龄特点。如果对多人称呼，应以先长后幼、先上后下、先疏后亲的顺序为宜。如在宴请宾客时，一般以"先董事长及夫人，后随员"的顺序为宜。在一般接待中要按女士们、先生们、朋友们的顺序称呼。使用称呼时还要考虑心理因素。如有的三十多岁的人还没有结婚，就称为"老张"、"老李"，会引起他的不快。对没有结婚的女性称"太太"、"夫人"，她一定很反感，但对已婚的年轻女性称"小姐"，她一定会很高兴。

此外，称呼应该根据社会习惯来分类，例如称呼一般分为职务称、姓名称、职业称、一般称、代词称、年龄称。职务称：经理、科长、董事长、教授等；姓名称：一般以姓或姓名加"同志、先生、女士、小姐"等；职业称：是以职业为特征的称呼，如上尉同志、秘书小姐、服务小姐、医生、律师、法官等；一般称：太太、女士、小姐、先生、同志、师傅等；代词称：用代词"您"、"你们"等来代替其他称呼；年龄称：主要是以亲属名词"大爷、大妈、伯伯、叔叔、阿姨"等来相称。

最后，对自己的亲属，一般应按约定俗成的称谓称呼，但有时为了表示亲切，不必拘泥于标准的称谓。但对外人称呼自己的亲属，要用谦称。称自己长辈和年龄大于自己的亲属，可加"家"字，如"家父"、"家母"、"家兄"等。称辈分低的或年龄小于自己亲属，可加"舍"字，如"舍弟"、"舍妹"、"舍侄"等。至于称自己的子女，可称"小儿"、"小女"等。

二、说好第一句话

初次见面的第一句话，是留给对方的第一印象。俗语说："开弓没有回头箭。"在社交场合中，我们与人打交道，所说的第一句话就相当于这支箭（无法收回），它决定了你将要谈话的心态，也暗含了你谈话的动机。因此，说好第一句话关系重大。说好第一句话的原则是：亲热、贴心、消除陌生感。常见的方式有三种：

1. **攀亲式**。三国时，赤壁之战中，鲁肃见诸葛亮的第一句话是："我，子瑜友也。"子瑜，就是诸葛亮的哥哥诸葛瑾，他是鲁肃的同事挚友。短短的一句话就定下了鲁肃跟诸葛亮的交情。其实任何两个人，只要彼此留意，就不难发现双方有着这样或那样的"亲"、"友"关系。例如：

"你是复旦大学毕业生,我曾在复旦进修过两年。说起来,我们还是校友呢!"

"您是体育界老前辈了,我爱人可是个体育迷。您我真是'近亲'啊。"

"您来自苏州,我出生在无锡,两地近在咫尺。今天得遇同乡,令人欣慰!"

2. **问候式**。"您好"是向对方问候致意的常用语。如能因对象、时间的不同而使用不同的问候语,效果则更好。对德高望重的长者,宜说"您老人家好",以示敬意;对年龄跟自己相仿者,称"老×(姓),您好",显得亲切;对方是医生、教师,说"李医生,您好"、"王老师,您好",有尊重意味。节日期间,说"节日好"、"新年好",给人以祝贺节日之感;早晨说"您早"、"早上好"则比"您好"更得体。

3. **敬慕式**。对初次见面者表示敬重、仰慕,这是热情有礼的表现。用这种方式必须注意,要掌握分寸,恰到好处,不能乱吹捧,不说"久闻大名,如雷贯耳"一类的过头话。表示敬慕的内容应因时因地而异。例如:

"您的大作我读过多遍,受益匪浅。想不到今天竟能在这里一睹作者风采!"

"今天是教师节,在这光辉的节日里,我能见到您这颇有名望的教师,不胜荣幸。"

"桂林山水甲天下,我很高兴能在这里见到您——尊敬的山水画家!"

三、介绍自己或他人

(一)做好自我介绍的方法

自我介绍是人际交往中与他人进行沟通、增进了解、建立联系的一种最基本、最常规的方式,是人与人进行相互沟通的开始。

在社交场合,如能正确、合理地利用口才来介绍自己,不仅可以扩大自己的交际圈,广交朋友,而且有助于自我展示、自我宣传,在交往中消除误会,减少麻烦。

在社交活动中,如果你想要结识某些人或某个人,而又无人引见,就可以直接向对方自报家门,将自己介绍给对方。如果有介绍人在场,自我介绍则被视为不礼貌。

自我介绍时应先向对方点头致意,得到回应后再向对方介绍自己的姓名、身份、单位等。自我介绍的具体形式有很多种,下面给大家简单介绍一下:

1. **应酬式**。适用于某些公共场合和一般性的社交场合,这种自我介绍最为简洁,往往只包括姓名一项即可。

"你好,我叫王少毅。"

"你好,我是邱磊。"

2. **工作式**。适用于工作场合,它包括本人姓名、工作单位及其部门、职务或从事的具体工作等。

"你好,我叫王少毅,是某某文化公司的编辑。"

"你好,我叫邱磊,我在北京师范大学中文系读书。"

3. **交流式**。适用于社交活动中,希望与交往对象做进一步交流与沟通。它大体应包括介绍者的姓名、工作、籍贯、学历、兴趣以及与交往对象的某些熟人的关系。

"你好,我叫王少毅,我是某某文化公司的编辑。我是何老师的老乡,都是北京人。"

"你好,我叫邱磊,是何老师的学生,在北京师范大学中文系,我学中国古代汉语。"

4. **礼仪式**。适用于讲座、报告、演出、庆典、仪式等一些正规而隆重的场合。包括姓名、单位、职务等,同时还应加入一些适当的谦辞、敬辞。

"各位来宾,大家好!我叫张强,我是某某文化公司的编辑。我代表本公司热烈欢迎大家光临我们的公司,希望大家……"

5. **问答式**。适用于应试、应聘和公务交往。问答式的自我介绍,应该是有问必答,问什么就答什么。

"先生,你好!请问您怎么称呼?"

(二)做好自我介绍的原则

1. **平和自信**。初次交往,都想互相多了解对方,又都想被对方所了解。自我介绍时就要大大方方、不卑不亢,切不可害羞忸怩、吞吞吐吐、左顾右盼。

2. **繁简得当**。应视交际的需要来决定介绍的繁简。一般来说,参加聚会、演讲、为他人办事、偶尔碰面、为单位公关等,自我介绍宜简约些,只要介绍姓名和工作单位即可;而在另一些场合,如求职、恋爱、找人办事、招标时投标、深交朋友等,则可以介绍得细致一点。

3. **把握分寸**。一是自我介绍要突出个人的优点和特长,并要有相当的可信度;二是要展示个性,使个人形象鲜明,可以适当引用别人的言论,如用老师、朋友等的评论来支持自己的描述;三是不可夸张,坚持以事实说话,少用虚词、感叹词之类;四是要符合常规,介绍的内容和层次应合理、有序地展开。同时要符合逻辑,介绍时应主次分明、重点突出,使自己的优势很自然地逐步显露出来。

(三)介绍他人的注意事项

在人际交往中,我们总能碰到为他人介绍的机会,那么如何能使双方满意,达到预期的效果呢? 介绍他人应注意以下几个问题:

1. **介绍时要注意介绍的顺序和礼节**。一般情况下,是将年纪轻、身份低的介绍给年纪大、身份高的,以示对后者的尊重。介绍多人的一般顺序是:

(1)不同性别的两个人,在一般情况下应将男士介绍给女士,如:"李小姐,这是赵先生,刚从河北来。"如果男士尊于女士,则应把女士介绍给男士:"赵老师,这位是从哈尔滨来的李小姐……"

(2)不同辈分、职务的两个人,应将年轻、职务低、知名度低的介绍给年长、职务高、知名度高的,如:"汪老,这是×××报社的小陈,陈××先生。"

(3)把一对夫妇介绍给他人,在一般情况下应先介绍丈夫,后介绍妻子。

(4)同龄人聚会应将未婚的介绍给已婚的,将自己熟悉的介绍给不太熟悉的。

(5)客人到家中拜访,应先把客人向家庭成员介绍,然后把家庭成员向客人作简单逐一的介绍。介绍时,应把被介绍人的关系、姓名讲清楚,同时要能简明地点出他们的爱好和特点,这样会给客人以愉快亲切的感觉,也显示出家庭的和睦与乐趣。

2. **介绍时体态语要自然、协调**。介绍时一般应起立,面带微笑,注意礼节,手掌朝上示意,切不可用食指比划。

3. **介绍语信息量要适中**。介绍是为了获取相关信息,为双方交流做好准备,因此,介绍语的信息量不要过于冗长,能为双方攀谈引出话题即可。

4. **介绍语要热情、文雅,切不可伤害被介绍者的自尊心**。介绍是为了联络感情,融洽气氛,建立交流关系,因此,介绍的话语应热情洋溢,切忌冷冰冰的,更不可有损被介绍人的尊严。

四、交谈对话

(一)交谈

交谈是人际沟通、交流的主要形式之一。和谐融洽的交谈,能使沟通、交流更顺利,那么怎么才能做到交谈和谐融洽呢? 有以下几个方面的技巧:

1. **注意强调对方的价值**。说话时应将对方当做话题的中心,将其视为主角,以强调其存在的价值,这样才能打动对方的心。两个战士从战场上归来,甲士兵对女友说:"独自一个人的日子,好寂寞!"强调自我,不会令对方感动。而乙士兵却对女友说:"没有你在身边的日子,好寂寞!"将女友当做中心,因而效果就比甲好得多。

2. **注意附和别人时的表达方式**。对方讲完一句话,我们有"啊,是吗"、"好极了"、"啊,那还了得"等种种随声附和的话语。"前些日子,我到博物馆去参观书画展,真是琳琅满目,美不胜收啊!"当对方讲完了以上的话,你假如说"噢,是这样啊"就不太高明了,你该多提一些话题,引导他继续讲下去,如"噢,是这样吗? 参观的人多吗? 是国画还是水彩画? 有没有什么你特别喜欢的作品?"这样的话,当然就有材料让他滔滔不绝说下去了。又如对方说"啊,对了,你所认识的某某先生一家人,上个礼拜天驾车出游,发生了车祸,听说有人还受了伤呢",同样的理由,你也不能光说"噢,有这种事"就了事了,不管怎么简短,你就是要继续说下去。"那真可怕,驾车出游应该小心,尤其是带家眷的时候更是马虎不得。"或是"那真是很遗憾的事情,但愿他们伤势不重,一家都能平安地过去。"总之,附和对方的话要有兴趣,使他有讲话的冲动,你们之间的会话,自然会越说越精彩了。

3. **寻找合适的话题**。合适的话题能使交谈更投机,有那种"酒逢知己"的感觉,怎么寻找合适的话题呢? 可以从以下几个方面着手:一是从对方的口音找话题。一个人的口音就是一张有声名片,能告诉人们他是哪里人,这时我们就可以从这种口音本身及其提供的地域引起很多话题。比如从乡音说到地域,从地域说到那里的特产、自然风光、风土人情等。二是从与对方有关的物件中找话题。人们携带的物件有时候也能反映一个人的兴趣和爱好,或提供有关的信息。比如,有人在看一本杂志,你就可以从这本杂志说开去。三是从对方衣着穿戴上找话题。一个人的衣着、举止在一定程度上可以反映出他的身份、地位和气质,这些同样可以作为你判断并选择话题的依据。

4. **谈话切忌以自我为中心**。不可否认,人们总是对自己的工作、家庭、故乡、理想表现出浓厚的兴趣。其实,即使像"你从哪里来"这样一个简单的问题也说明你对别人感兴趣,会使别人也对你产生兴趣。但你千万别像一位年轻的剧作家那样,跟他的女朋友谈论了自己的剧本两个小时后,接着说:"有关我已经谈得够多了,现在来谈谈你吧。你认为我的剧作怎么样?"

5. **承认自己的弱点**。如果你想让人觉得容易亲近,最好的方法就是以一个平常人的面目出现,让人知道你也是有缺点或弱点的凡人,把自己的弱点告诉他人等于表达了你对他的信任,反过来朋友也会觉得你是一个在个人信用上值得信赖的人。

其实交谈的技巧还很多,要成为真正的交谈高手,必须注意技巧,但切忌技巧过多,显得做作,真诚+适当的技巧=融洽的交谈。

（二）对话

真正成功的对话,应该是相互应答的过程:自己的每一句话都应是对方上一句话的继续,对对方的每句话都应作出反应,并能在自己的说话中适当引用和重复。这样,彼此间心理上就真正沟通了。

为了能成功地进行对话,应避免以下九种不正确的对话方式:(1)打断别人的谈话或抢接别人的话头,扰乱别人的思路。(2)忽略了使用解释与概括的方法,使对方一时难以领会你的意图。(3)由于自己注意力的分散,迫使别人再次重复谈过的话题。(4)像发射炮弹似的连续发问,使人穷于应付;对他人的提问漫不经心,言谈空洞,不着边际。(5)随便解释某种现象,妄下断语,借以表现自己是内行。(6)避实就虚,含而不露,让人迷惑不解。(7)不适当地强调某些与主题风马牛不相及的细枝末节,使人厌烦。(8)当别人对某个话题兴趣盎然时,你却感到不耐烦,强行把话题转移到自己感兴趣的方面去。(9)将正确的观点、中肯的劝告佯称为错误的,使对方怀疑你话中有戏弄之意。

第四节　如何与陌生人沟通

我们过去从来没有见过的人,能帮助我们认识自己。因为我们可能对一个陌生人说出我们时常想说但又不敢向亲友开口的心里话,他们因此便成了我们认识自己的一面新镜子。如果运气好,和陌生人的偶遇还会发展成为终生不渝的友谊。仔细想来,我们的朋友哪一个原来不是陌生人?

那么,我们遇上陌生人,怎样才能好好利用这一刻呢?

一、先了解对方

美国总统罗斯福是一个交际能手。早年还没有被选为总统时,在一次宴会上,他看见席间坐着许多不认识的人。如何使这些陌生人都成为自己的朋友呢? 罗斯福找到自己熟悉的记者,从他那里,把自己想认识的人的姓名、情况打听清楚,然后主动叫出他们的名字,谈一些他们感兴趣的事。此举大获成功,这些人很快成了罗斯福竞选时的有力支持者。

二、选择适宜的话题

如果觉得"实在没有什么好说",可以考虑以下话题:

1. **坦白说明你的感受**。如果你不喜欢有许多陌生人的场合,在餐会上你就可以把你的感受向第一个似乎愿意洗耳恭听的人说出来。这个人可能就是你的知音。无论如何,坦白说出"我很害羞"或"我在这里一个人也不认识",总比让自己显得拘谨、冷漠好得多。一次,阿迪斯跟写过一本好书的心理学家谈话。阿迪斯通常对这类的访问都能应付自如,而且从中得到很大裨益,所以当他发觉自己结结巴巴,不知怎样开口时,简直大吃一惊。最后阿迪斯说:"不知为什么我对你有点害怕。"那位心理学家对阿迪斯这个说法非常感兴趣,随即大家就自然谈起来了。

2. **谈谈周围的环境**。如果你十分好奇,你自然会找到谈话题目。有一次一个陌生人审视周围,然后打破沉默,开口跟我说:"在鸡尾酒会上可以看到人生百态!"这就是一句很有趣的开场白。

3. **提出问题**。许多难忘的谈话都是从一个问题开始的,但一定要避免令人扫兴的话题。可能没有人愿意听你高谈阔论诸如狗、孩子和食物,自己的健康、高尔夫球,以及家庭纠纷之类的事。所以,在谈话中最好不要谈及这些问题。

三、学会引导别人进入交谈

在交谈中,除了吸引对方的兴趣之外,还必须学会引导对方加入交谈。

常听到一些青年人说:他们在约会的时候,老是不能保证交谈生动活泼。其实,这本来是一个非常易于掌握的技巧,只要问一些需要回答的话,谈话就能持续下去。但是,如果你只问:"天气挺好的,是吧?"对方用一句话就可以回答了:"是啊,天气真不错!"这样,谈话也就进行不下去了。

如果你想让你的谈话对象开口畅谈,不妨用下列问句来引导:"为什么会……""怎样不能……""按你的想法,应该是……""你如何解释……""你能不能举个例子"。总之,"如何"、

"什么"、"为什么"是提问的三件法宝。

四、要简洁而有条理

不懂节制是最恶劣的语言习惯之一。无论是和一位朋友交谈,还是在数千人的场合演讲,最重要的就是"说话扼要切题"。

担任企业行政主管的人几乎都认为:在商业场合里,最让人头痛的就是讲话没有条理。不知有多少人的时光都因此浪费在那些信口开河、多余无聊的话中去了。

如果你说话的目的是要告诉别人一件事,那就直截了当地说出来,不必扯得过远。

五、"听话"

能说会说是一门艺术,倾听也是一种艺术。在听陌生人说话的时候,你要全神贯注地看着他,注意他的反应,遇有"卡壳"的时候,鼓励他继续说下去。这样,倾听就不是被动,而是主动,是不断向前探索。有意义的谈话——有别于无聊的闲谈——其目的就是在于互相发现和了解。

第五节 电话交谈的艺术

在社交活动中,电话使用频率相当高,掌握电话交谈的艺术十分重要,它包括两方面的内容:一是打电话,二是接电话。

一、打电话

谁打电话,谁就是这次电话交谈的主动行为者,因此打电话肯定是有目的和原因的,或是告知对方某事,或是有求于对方,或是节日问候等。

拿起听筒前,首先应明确通话后该说什么,如果内容多,就先打个腹稿,尤其给陌生者或名人、要人、上司打电话,给对方以沉着、思路清晰的感觉。接通电话时,应立即简要报明自己的身份、姓名及要通话的人名,当对方答应你"稍候"时,你应握着话筒静候,假如对方告诉你,要找的人不在,切不可鲁莽地将话筒"喀啦"一下挂断,应道声"谢谢"。

由于话筒传声与面谈有差异,因此将话筒贴得太近或离得太远都不是好习惯。一般来说,音量以听清对方声音为标准,语速相对平时说话慢些,必要时,可用升调向对方投去友好的"微笑",让对方感到亲切,但不可装腔作势,拿腔拿调。

在公共汽车上或其他公共场合打移动电话,要注意长话短说,不要喋喋不休,语调过高。

二、接电话

电话铃响,拿起话筒,首先以礼貌用语通报自己的单位名称,明确所找的人后,可立即回答,如遇要找的人不在,可婉转回答对方或告诉对方过会儿再打来,对方有重要事转告或被要求记录下来的,应认真予以记录,其中的重点内容再复述一遍,以证实是否有误。

当电话交谈结束时,可询问对方,说些客套话,这既是尊重对方也是提醒对方,最后可说"再见",一般是在对方放下话筒后再放下自己的话筒。交谈中(包括电话交谈),要使朋友做到"投机"、"合拍",收到良好的效果,除了遵循规范礼仪,还要注意交谈中的"忌讳",一般应注意以下四点:

(1)内容应以双方共同感兴趣、需要商量的事为主,对别人不愿谈及的事或容易引起悲痛伤心的事,应尽量回避,如遇不得已而提及时,语言应婉转含蓄。

（2）交谈中避免提及对方的生理缺陷。

（3）不应随便议论长者和名人,特别不应把他们的私生活当做谈资,否则会给人留下浅薄无聊的印象。

（4）交谈中,如果无意涉及某些话题,刺伤了对方,应立即道歉,请求原谅,这是交谈中应有的风度。

第六节　交际应酬说话技巧

谈起喝酒,几乎所有的人都有过切身体会,"酒文化"也是一个既古老而又新鲜的话题。现代人在交际过程中,已经越来越多地发现了酒的作用。的确,酒作为一种交际媒介,迎宾送客,聚朋会友,彼此沟通,传递友情,发挥了独到的作用。所以,探索一下酒桌上的"奥妙",有助于你与人交际的成功。

1. **众欢同乐,切忌私语**。大多数酒宴宾客都较多,所以应尽量多谈论一些大部分人能够参与的话题,得到多数人的认同。因为个人的兴趣爱好、知识面不同,所以话题尽量不要太偏,避免唯我独尊,天南海北,神侃无边,出现跑题现象,而忽略了众人。

特别是尽量不要与人贴耳小声私语,给别人一种神秘感,往往会产生"就你俩好"的嫉妒心理,影响交际的效果。

2. **瞄准宾主,把握大局**。大多数酒宴都有一个主题,也就是喝酒的目的。赴宴时首先应环视一下各位的神态表情,分清主次,不要单纯地为了喝酒而喝酒,而失去交友的好机会,更不要让某些哗众取宠的酒徒搅乱东道主的意思。

3. **语言得当,诙谐幽默**。酒桌上可以显示出一个人的才华、常识、修养和交际风度,有时一句诙谐幽默的语言,会给客人留下很深的印象,使人无形中对你产生好感。所以,应该知道什么时候该说什么话,语言得当、诙谐幽默很关键。

4. **劝酒适度,切莫强求**。在酒桌上往往会遇到劝酒的现象,有的人总喜欢把酒场当战场,想方设法劝别人多喝几杯,认为不喝到量就是不实在。"以酒论英雄",对酒量大的人还可以,酒量小的就犯难了,有时过分地劝酒,会将原有的朋友感情完全破坏。

5. **敬酒有序,主次分明**。敬酒也是一门学问。一般情况下敬酒应以年龄大小、职位高低、宾主身份为序,敬酒前一定要充分考虑好敬酒的顺序,分明主次。即使与不熟悉的人在一起喝酒,也要先打听一下身份或是留意别人如何称呼,这一点心中要有数,避免出现尴尬或伤感情的局面。

有求于在席上的某位客人时,对他自然要倍加恭敬,但是要注意,如果在场有更高身份或更年长的人,则不应只对能帮你忙的人毕恭毕敬,也要先给尊者长者敬酒,不然会使大家都很难为情。

6. **察言观色,了解人心**。要想在酒桌上得到大家的赞赏,就必须学会察言观色。因为与人交际,就要了解人心,左右逢源,才能演好酒桌上的角色。

7. **锋芒渐露,稳坐泰山**。酒席宴上要看清场合,正确估量自己的实力,不要太冲动,尽量保留一些酒力和说话的分寸,既不让别人小看自己,又不要过分地表露自己,选择适当的机会,逐渐放射自己的锋芒,才能稳坐泰山,不致给别人产生"就这点能耐"的想法,使大家不敢低估你的实力。

案例

【案例一】沈冰的嘉宾介绍让世博会文化讲坛掌声雷动

2010年3月12日下午,"世博会志愿者论坛和第32届文化讲坛"在上海举行,主持人沈冰应邀担当主持。她在介绍各位嘉宾时,即席演讲道:

"首先要给大家介绍的是上海世博会宣传及媒体指挥部常务副总指挥杨振武同志。大家一听到'指挥部'和'杨振武'这个名字,可能很快就会联想到军人(全场笑),但杨部长恰恰是一位十足的文化人,他在《人民日报》有过30年的文字历练。

接下来要给大家介绍的是上海世博会宣传及媒体服务指挥部志愿者部主任马春雷同志。马主任这个职务听上去是管理志愿者的,但他其实是志愿者们的志愿者,'春雷'一声响,世博会的志愿者就像雨后春笋一般茁壮地成长了。(全场笑,热烈的掌声)

下一位是中央电视台著名主持人白岩松先生。大家知道,白岩松特别能说,但是好像大家都没有从他的名字去研究过他为什么那么能说。'白'就是对白、白话的'白',是说的意思;'岩'如果谐音成'言',也是说的意思;'松'呢,我们也谐音一下再变个调,变成朗诵的'诵',还是说的意思,所以白岩松确实能说。(全场笑,雷鸣般的掌声)待会儿我们要听他的精彩演讲。

接下来为大家介绍的是著名词作家、上海世博会志愿者主题歌《世界》的词作者王平久先生。王平久先生同时也是大家很喜欢的一首歌《国家》的词作者,还有汶川大地震之后被许多人传唱的《生死不离》,作词也是他。光听到他的名字和作品,很多人都以为王平久先生是一位两鬓斑白的老者,其实他是'70后'。(全场笑,热烈的掌声)

现在要为大家介绍的是第57届世界小姐张梓琳。在此我要告诉大家,张梓琳是所有世界小姐中跑得最快的,因为她曾经是田径运动员;在所有田径运动员里,她大概也是长得最美的。(全场笑,热烈的掌声)

接下来为大家介绍的是影视新星'岩男郎',海岩剧《深牢大狱》中刘川的扮演者周一围。他的名字是'周围'中间加了'一'。我有点奇怪,人家都说'三围',他为什么是'一围'呢?(全场大笑)后来我们知道了,意思是往周围一看,就他出色,所以叫'周一围'。"(全场笑,热烈的掌声)

点评:沈冰的这段介嘉宾的演讲,为何能获得全场听众接连不断的热烈掌声呢?

1. **善用联想,语带悬念**。在介绍杨振武时,沈冰用丰富的联想力,先通过名字和职务,联想到他是位军人,给听众以错觉,但随即她话锋一转,抖出杨振武是一个"在《人民日报》有30年文字历练"的文化人,如此介绍,颇具"悬念"。同样,在介绍"马春雷"时,也是异曲同工,由其名字中的"春雷"联想到天气中的"春雷",比喻贴切,妙语连珠,听众如何能不喜欢?

2. **巧妙歪解,谐趣横生**。沈冰介绍"白岩松"和"周一围",就是运用了"歪解"法。她根据白岩松"能说"的特点,运用谐音和变调,将其名字解释成"白言诵",字字都变成了"说的意思",谐趣横生,令人拍案叫绝!而介绍"周一围"时,一句卖关子的"为什么是'一围'呢",让听众充满了期待,随后,她便将"一围"歪解为"往周围一看",令人忍俊不禁,乐开了怀!

3. **插科打诨,话语动人**。介绍王平久时,沈冰抓住了他年纪轻但作品多的特点,用了"两鬓斑白的老者"、"70后"两个反差巨大的词语,让人们在巨大的落差中记住了他。同理,在介绍张梓琳时,沈冰没有说她的成就,反而拿她曾是田径运动员说事,调侃她是"世界小姐中跑得最快的,也是所有田径运动员里长得最美的"。沈冰这一番插科打诨,不仅风趣,而且把两人的特点介绍清楚,让人更多地了解了他们。

【案例二】谋定而后"说"

小张刚毕业进入了一家公司,领导让他打电话找某公司管经营的副总经理潘总,定一个合同的具体事项,但是接电话的秘书小姐告诉你"他去考察了"。

"喂,你好!潘总在吗?"

"不在,他出去考察了。"

于是,小张把电话放下,去找领导汇报。

"经理,潘总人不在。出差去了。"

经理说:"这件事很重要,你有没有问到人家的联系方式,比如手机号码什么的?"

"哦,对不起,我没想到。"

这样,他再次接通电话。

"你好,我是×××公司,能不能把潘总的手机号码告诉我。"

大家知道,领导的私人联系方式是不能随便告诉别人的。结果可想而知,秘书答道:"对不起,这个不方便告诉您,您有什么事,等他出差回来,我都您转达。"

"这样啊,那不用了。"

放下电话,他这样和领导说:"经理,人家不告诉我。"

经理又问:"那你有没有问他们,这件事还有谁能做主?我们要尽快谈妥这件事。"

"哦,对不起……"

点评: 小张的问题在哪? 就在于在通话前,他没有搞清楚自己到底要干什么,没有目的性,不确定自己要做什么,并通过怎样的策略达成目的。如果在打电话前,我们的心里明确谈话的目的,并且安排好逻辑顺序,如果第一目标达不到,如何实施第二计划、第三计划,这样,我们就能在谈话中占得先机,无往不利。

训练

【训练一】自我介绍训练

请面对你的同学介绍你的特长和才华。

【训练二】电话交流训练

寝室的同学告诉你,你上次应聘单位的负责人来过电话了,并留言说让你回个电话,你将在电话中怎样表达呢?

【训练三】谈话训练

王妙是鞍山市"十大杰出青年"中唯一的女性,外表出众。一天,她从公司下班后,一个男孩主动要求陪她回家。这个男孩长得很帅气,但是衣着奇特。男孩自我介绍后,非常诚恳地提出要和王妙做朋友,可王妙并不喜欢这类打扮的男孩。请你巧妙地设计一段话语帮助王妙摆脱尴尬处境。

【训练四】对话训练

根据下列命题设计对话,并进行口头对话练习。

1. 内容:

(1)两个毕业班同学谈理想;

(2)两个新生相识不久在寝室谈爱好;

(3)一个学生在家里和舅舅谈形势;

(4)一个女学生在校园里和班主任女老师谈心;

(5)一个学生在马路上与一个老同学偶然相遇,交流各自半年来的学习情况。

2. 要求:

(1)分成两人一组,先讨论,拟定对话重点;对话应不短于10分钟。

(2)根据交谈要求,对同学的对话练习进行集体评议。

提示:应根据各小题中不同的身份和情景,围绕交谈目的,选取不同的话题进行交谈。

【训练五】综合训练

1. 内容:

作为学生会的宿舍管理干部,执勤时,你发现同班的某同学在熄灯后还到别的宿舍串门、聊天,你该如何与他(她)交谈。

2. 要求:

可先确定相应的角色,不仅仅是批评,还应有劝告、换位思考等,要让对方心服口服。

【训练六】注意并纠正平常说话时常犯的错误

以下错误是我们说话经常会犯的。如果你认为这些都是一些小缺点的话,那就错了。

1. 不注意自己说话的语气,经常以不悦而且对立的语气说话。

2. 应该保持沉默的时候偏偏爱说话。

3. 喜欢打断别人的话

4. 滥用人称代词。

5. 以傲慢的态度提出问题,给人一种只有他最重要的印象。

6. 在谈话中插入一些会使别人感到不好意思的话题。

7. 自吹自擂。

8. 嘲笑社会上的穿着打扮。

9. 在不适当的时刻打电话。

10. 在电话中谈一些别人不想听的无聊话。

11. 不管自己了不了解,而任意对任何事情发表意见。

12. 公然质问他人意见的可靠性。

13. 以傲慢的态度拒绝他人的要求。

14. 在别人的朋友面前说一些瞧不起他的话。

15. 指责和自己意见不同的人。

16. 评论别人的无能力。

17. 当着他人的面,指正部属和同事的错误。

18. 措词不当或具有攻击性。

19. 当场表示不喜欢。

20. 喜欢惹是生非,打小报告。

21. 用鼻音或尖音说话。

22. 粗话、脏话经常脱口而出。

第四章 演讲口才

感动中国和世界的演讲

演讲不仅要以理服人,还要以情动人;以情动人的关键之一就是选取感人的事例。2005 年度"感动中国"十大人物中,有一位不仅感动了中国,也感动了"万国邮联大会"的普通人,他就是王顺发。王顺发,四川木里藏族自治县邮政局邮递员,被誉为"高原马班信使"。2005 年 10 月 19 日,他站在瑞士万国邮联大会的讲台上,用 20 年扎根山区服务人民的感人事迹,深深打动了台下各国邮政官员。在他的演讲中,有一个事例尤其令人感动、钦佩。

1995 年冬天,一次意外的事故,给我的身体留下终身的痛苦。我送邮件到保波乡,路过一个叫九十九道拐的地方,头顶是悬崖峭壁,脚下是流水很急的雅砻江,羊肠小道至江面的高度有好几百米。我拉着骡子小心地走着,走得很慢。突然,"呼"的一声,一只山鸡飞出来,把走在前面的骡子吓得拼命乱踢乱跳。我赶忙跑上去,想拉住缰绳,哪晓得受惊的骡子抬起后蹄蹬过来,一下子蹬在我的肚子上,我摔倒在地上,一时间痛得背过气去。

过了一阵子,受惊的骡子才安静下来,它回头看到我痛苦的样子,流出了泪水,还过来用嘴不停地蹭我的脸。

休息了 10 多分钟,还是等不到人来,我只好忍痛站起来,继续赶路。一路上,我的肚子越来越痛。实在忍不住了,我倒在地上休息了一阵子,汗水硬是把全身的衣服都湿透了。那时,真是喊天天不应,叫地地不灵。我走一步,歇一下,强忍着疼痛把这班邮件送完。9 天以后,回到木里县城,我瘫倒在家门口。邻居们把我送到医院检查。医生对我说,你的肠子已经破了,必须动手术,不然就有生命危险。邮局领导请医院一定要救活我。在医院的全力抢救下,我活过来了,但留下了终身残疾。现在,我的肚子经常痛,有时还痛得厉害。

(摘自 2006 年第 4 期《演讲与口才》)

没有名言警句,没有深刻真理,只有朴实感人的事例,叙述着邮路的艰辛和危险,折射出人格的伟大与人性的光辉,感动着用心聆听的每一位观众。在 2006 年 2 月 9 日,中央电视台 2005 年度"感动中国"十大人物的颁奖晚会上,他的故事再一次让听众感动不已。

口才学专家戴尔·卡耐基说得好:"演讲的能力是成名的捷径,这种能力使一个人受人瞩目,鹤立鸡群。而一个说话得人心的人,大家对他能力的评价往往超过他真正的才华。"实际上,从古到今,都把有无演讲口才作为衡量一个人有无才能的重要标准,特别是即兴演讲能力已成为现代社会人才的必备条件。正因为如此,美国的大学不管是理工类还是文史类,都把基础作文法和演讲规定为必修课;日本、新加坡等国规定,政府工作人员要进行三个月到半年的演讲训练才能上岗工作。

加强演讲训练,提高演讲水平,对个人成才及社会发展都有积极作用。一个成功的演讲者,不仅需要悦耳的声音、和谐的语调、优美的态势语言、敏锐的观察力、丰富的想象力、敏捷的思维力以及较强的记忆力、迅速的应变能力,而且需要精深的思想、渊博的知识、丰富的阅历。这些都需要努力的学习和艰苦的磨炼,演讲者的思想、学识、智能等方面才能得到极大的提高。

导训

第一节 演讲概述

一、演讲的概念及类型

演讲是演讲者在人数众多的场合,运用口语,借助表情手势,表达自己的见解和主张的一种方式和口语交际的活动。

演讲从内容上分为政治演讲、学术演讲、交际演讲、管理演讲等。

演讲从形式上分为命题演讲和即兴演讲两种。

演讲是宣传鼓动的方式,演讲是传授知识的手段,演讲是搞好经营管理的途径,演讲是社会交际的技能。演讲是口才的升华,是口才的最高形式。演讲与口才被世界公认为现代人才的三大法宝之一。

二、演讲的特征

演讲具有现实性、情感性、鼓动性、时限性、临场性、口语性等特征,这里主要介绍前三种。

1. **现实性**。演讲是一种有较强现实性的社会实践活动。演讲者不能无病呻吟地讲些与现实无关的话题,演讲的主题是紧密结合现实并具有时代感的。

2. **情感性**。演讲是演讲者和听众共同完成的活动。演讲者面对的是较多的听众,那就必须考虑多数人的心理需求,要注意用自己的语言、思想、情感、目光和听众进行交流。

3. **鼓动性**。有人说,没有鼓动性,就不成其为演讲。这话并不夸张。战前一番演讲,能使战士们不怕牺牲冲锋向前;抗洪中的演讲,可鼓起人们重建家园的斗志……即使是一般教育性的演讲,也应该点燃听众热爱生活的激情。

三、演讲的结构

这里所说的演讲结构,即是演讲内容的结构,也可以说是演讲稿的结构。常见的演讲稿结构分为开头、主体、结尾三部分。

(一)开头

演讲开头的作用是要吸引听众,因此演讲者要精心设计演讲开头。下面介绍常见的演讲开头方式:

1. **提问式开头**。就是以问句的形式开头,接着给予回答。如"我想提个问题,谁能用一个字概括青年和祖国的关系呢? 我认为,这种关系概括起来,就是一个'根'字"。

2. **直入式开头**。就是开头便表明自己的观点或态度,然后进行阐述。如"今天我要演讲的题目是:我,要做好一个平凡的人。是的,做好一个平凡的人,这就是我的向往,也许有人会说我目光短浅,但我认为,世界本是由千万个平凡的人组成的,平凡不等于平庸,平凡的人可以做出不平凡的事,而要做好平凡的人,却不是那么简单"!

3. **名言式开头**。就是开头用名人名言或警句导入演讲的正题,比较生动而有力。如"屈原有句名言:路漫漫其修远兮,吾将上下而求索"。

4. **自我介绍式开头**。就是从介绍自己的身份、职业、经历、爱好等方面的情况进入演讲，以唤起听众的注意，缩短双方的距离。如某位学生在一次竞选演讲中是这样开头的："我是××班的生活委员，生长在农村，我最明显的特征是：黑。但我很纯朴，很真诚。"

其他常用的演讲开头方式还有故事式开头、情感式开头、幽默式开头等。采用何种演讲开头方式，要根据演讲的内容和演讲者个性而定，不宜机械模仿。

（二）主体

演讲的主体是最重要的部分，要认真构思。常见的演讲主体形式有讲稿式、提纲式、腹稿式。演讲主体的要求是：段落层次要清楚，过渡照应须自然，材料典型又生动，语言形象多修辞。演讲主体结构常用三种模式：一是议论式结构，可以用并列式、递进式、总分式、因果式、对比式等，一篇演讲一般只提出一个论点，而论证方法则可以多种多样。二是叙述式结构，叙述可以时间为序，也可以空间为序；可用顺序，也可用倒序。三是混合式结构，也就是议论和叙述混合在一起，夹叙夹议，灵活运用。

（三）结尾

演讲结尾的作用是深化主题、鼓动激情、给人启迪等。常用的演讲结尾方式有：

1. **总结式结尾**。以简洁的语言总结中心论点，使主题再次得到深化和升华，如一位学生在"我爱我的专业"的演讲结尾中写到："现在，我深深爱着我的信息专业，因为我理解了奉献、理解了责任，我能感觉到我被社会、被人民需要着，那就是一种幸福啊！"

2. **号召式结尾**。以激情的语言发出号召，呼吁听众加入或参与。如闻一多《最后一次的讲演》结尾："正义是杀不完的，因为真理永远存在！历史赋予昆明的任务是争取民主和平，我们昆明的青年必须完成这任务！我们不怕死，我们有牺牲的精神，我们随时像李先生一样，前脚跨出大门，后脚就不准备再跨进大门！"

3. **决心式结尾**。以激昂的语言表明决心和态度，让听众受到鼓舞。如一位学生关于纪念周恩来总理的演讲稿结尾："敬爱的周总理，我们的好爷爷，您安息吧！您永远活在我们心中！您的宏愿壮志一定在我们这代人身上实现！我们对您立下的誓言一定要做到！请看我们的行动吧！"

4. **启发式结尾**。以生动的语言揭示哲理，使听众得到启发。如一篇谈教育的演讲稿结尾："新世纪的教育不仅需要'蜡烛精神'，更是呼唤'路灯精神'。像路灯一样不断'充电'，给每一个黑夜带来光明；像路灯一样，忠于职守，见多识广；像路灯一样不图名利，永远奉献！"

演讲的结尾方式还有很多，如名言式结尾、抒情式结尾、引申式结尾、展望式结尾等。结尾的运用要视思想感情的表达而定，也可以说，结尾无定法，妙在巧用中。

第二节　演讲语言的技巧

演讲是一种口语活动，又是一种艺术活动。所以，演讲语言除了要符合口语的基本要求，做到准确、生动、上口、入耳之外，还要有自己的运用技巧。这主要体现在语言的凝练严密、句式的灵活多样和表达方式的综合运用等方面。

1. **语言的凝练、严密**。演讲用词应通俗、生动、形象，尽量使用听众熟悉的口头语言，少用书面语言。但演讲语言不像纯口语那样显得松散疏落，而较为凝练、严密，带有一些书面语言的色彩。凝练，是指演讲在遣词造句上紧凑凝练。它措词简明扼要，句子干净利索，没有多余的修饰成分。句子之间也紧密联系,一字一句都能发挥应有的表情达意功能。严密,是指演讲在用词造句时逻辑性强,表达周到,没有疏漏。

2. **句式的灵活多样**。句式就是句子的表现形式。现代汉语的句式非常丰富,有长、短、整、散、肯定、否定、设问、反问等。不同的句式有不同的特点,会产生不同的表达效果。短句,具有简洁、明快的特点,适合表现激昂的情绪,有助于造成强烈的鼓动效果。短句简短,朗朗上口,听起来悦耳动听,使听众容易接受,便于记住。演讲多用短句,但并不排斥长句,有时用长句可以把意思表达得更为周全、严密、细致、精确。肯定句和否定句的差异主要表现在语气的强弱、语义的轻重上。一般说来,同一个意思,用肯定句,语气要强些,语义要重些;用否定句,语气就弱些,语义就轻些。整句,就是结构整齐、匀称的句子,常见的有排比句、对偶句,擅长于表现强烈的感情、畅达的气势。散句,就是结构自由、长短错落的句子,可以表现自然活泼的语气,在使用上较整句更为便利。作为一种艺术,演讲比一般口语形式更注重根据语境来选择恰当的句式,因而显得灵活生动,丰富多样。

3. **表达方式的综合运用**。语言表达方式的基本形态有叙述、描写、说明、议论和抒情五种。叙述反映事物的存在,描写反映事物的模样,说明传播知识,议论以理服人,抒情以情动人,每一种表达方式各有自己的特点、功能。事实上,颇有造诣的演讲者总是在他的演讲中穿插、组合,综合运用多种表达方式,以充分表达自己的思想感情,形成强烈的感染力。

从演讲语言表达的角度来说,演讲者还应注意以下两个方面:

(1)把握演讲语言的节奏、停连、轻重。初学演讲的人,常犯的毛病一是语速太快,像放鞭炮似的很快就讲完;二是语速平淡无变化,如和尚念经,使人昏昏欲睡。演讲的停顿是初学者很容易忽略的地方,实际上演讲里的停顿是用得很多的,如开篇点题常要有一个停顿,在讲重点语句后应要有停顿,在层次过渡时要有停顿等。

(2)把握演讲中的感情表达。初学演讲者一般不易把握演讲中的感情表达,有时不知道在哪儿要把感情表达出来,有时则在表达上太过分,给人矫揉造作的感觉。演讲中的感情表达与声音和气息有着密切联系,如表达"喜"时应气满声高,表达"悲"时应气沉声缓,表达"爱"时应气缓声柔,表达"憎"时应气足声硬等。要准确地表情达意,应把握好句调的运用。高升调用于表达激昂的感情,降抑调用于感叹、祝愿的情感,平直调用于平淡或庄重的感情,曲折调用于夸张、嘲讽等感情。

第三节 即兴演讲

一、即兴演讲的特点

所谓即兴演讲,就是在特定的时境和主题的诱发下,自发或被要求立即进行的当众说话,是一种不凭借文稿来表情达意的口语交际活动。

即兴演讲是演讲中的快餐,也是演讲中的精品。即兴演讲的能力,实际上是一种交际能力,它可以使生活中的你神采飞扬,它有着使你事业成功、生活幸福、人际和谐、精神愉快的无穷魅力。

即兴演讲有两大类型,一是命题式即兴演讲,二是生活场景式的即兴演讲。命题式即兴演讲类似口头作文,常用于演讲比赛或考核中。

即兴演讲最突出的两个特点：

1. 演讲者未作准备，即时有感而发。 演讲者事先未作准备，处于一定的时境，感事、感人、感情、感景，而且随想随说，可长可短，有感而发。

2. 运用广泛，发展迅速。 随着经济的发展，交往的扩大，群众演讲水平的提高，即兴演讲已逐渐成为一种广泛应用的演讲形式。集会、讨论、访问、参观、婚贺丧吊、宴会祝酒、答记者问、谈观后感、作来宾介绍、致欢迎词及赛场论辩的自由发言等都要用到即兴演讲这种形式。有研究表明，即兴演讲与学术演讲是未来发展的两大趋势。

二、临场捕捉论题的方法

由于即兴演讲的特点是临时性，这就要求即兴演讲的话题不应拉得太远，应就近从眼前去捕捉，提高临场思维速度。

1. 从会旨上找话题。 即兴演讲最常见的话题，是从会议主旨中取其一点，形成话题。而且这一点恰恰是自己最熟悉，或者关系最密切的，可以迅速找到话题，又能深化会议的宗旨。如某领导去基层参加庆功会，可以抓住会议主旨的一个"功"字，以"劳苦功高"、"功归大家"、"功在不舍"、"再立新功"为线索，迅速构思一个演讲的层次骨架。

2. 从环境场合引出话题。 从环境场合引出话题，可以从环境场合的某种特殊意义，借题发挥，由此引申出很多有意义的话题；结合自然环境、天气时令、活动环境，找出有趣、有意义的话题。比如，某校为新团员宣誓仪式举行篝火晚会。空旷的原野，寒风凛冽，篝火通明。团委书记抓住"天冷——心暖"、"篝火——燃烧追求进步的年轻的心"、"原野——道路宽广"三个要点引出话题，情景交融，相得益彰。

3. 从名称、名字上引出话题。 会议名称往往有特定的含义，引申出话题，既近且新，也很机巧。从名字上引出话题，也别有情趣，往往显示出演讲者的才智机敏和水平。在上海"钻石表杯"业余书评授奖会上，某报刊主编说："今天，我参加'钻石表杯'业余书评授奖会，我想说的是一句话：钻石代表坚韧，手表意味时间，时间显示效率。坚韧与效率的结合，这是一个人读书的成功所在，一个人的希望所在，谢谢大家！"

4. 从听众身上找话题。 只要利用得当，听众身上的许多情况都可以成为你即兴演讲的话题。例如，在一次演讲训练课上，学生杨某突然被教师请起来讲话，毫无准备的他在同学欢迎的掌声停下来之后说："掌声响起来，我心更明白。"他索性从掌声引出话题，结合自己的真情实感，畅谈了听众的掌声对演讲者的心理影响，收到良好的效果。

5. 从自己的经历中引出话题。 演讲者最了解的应该说是自己，围绕演讲的主题，联系个人的感受、经历、特点，也可以迅速形成话题。比如，谈创业、谈成功、谈感动、谈感恩，都可以结合自身的"酸甜苦辣"，讲出自己的领悟，真实感人，引起听众的共鸣。

三、即兴演讲的快速构思方法

即兴演讲的临时性，决定了演讲构思的短暂性。要想使你的即兴演讲像一道划过夜空的闪电，给人以惊奇的亮光，就得在短暂的时间里，快速巧妙地构思。

1. 要点综合法。 这是一种由点到线，再到面的快速构思法，也称意核组合法。

第一步，先确定"点"——"意核"。就是根据话题，明确几个意思，把每个意思用一个熟悉的词概括出来，形成"要点"。

第二步,将几个点按一定逻辑顺序串连成线,形成了一篇讲话稿的主线、要点和框架。

第三步,由要点扩展出去,边思维边组织、边表达,将每个要点拓展成具体语词、句子、段落,形成完整的讲话。

例如老同学相约聚会为老师拜年,其中一个高考落榜生以①高兴,②教诲,③奋斗,④感谢四个要点为顺序,说词成句,又说句成段,为每个"要点"(意核)加上事例,转化为生动的演讲内容表达出来。

2. **论证法**。这就是我们常说的议论文写法,以关键的一句话(或短语)作为中心论点,中心论点之下是分论点,从窄到宽,有如一座金字塔。这种构思方法,论题集中,层次分明。

如谈"我最怕的是批评",可以从怕被批评的原因、如何正确对待批评两方面来进行分析论证和说明,结合自己的亲身感受来谈,就会顺理成章,一气呵成。

3. **托物法**。托物言志,演讲者将所要表达的内容,托形于现成的别种事物,省却了构思大框架的工夫,便可出口成章,信手拈来。

例如,在一次毕业欢送会上,一位学生引用毛泽东的《咏梅》词:"俏也不争春,只把春来报。待到山花烂漫时,她在丛中笑。"把默默耕耘、不计名利的老师喻为报春的梅花,表达了千万学子要做烂漫"山花"开遍祖国大江南北、报答师恩的心愿。整篇演讲富于诗情画意,充满新鲜感和吸引力。

第四节 演讲中如何应变与控场

演讲者要想取得良好的演讲效果,应该具有应变和控场能力,即善于临场察言观色,把握听众的心理变化、兴趣要求,及时修正补充自己的演讲内容,灵活处理演讲过程中出现的各种问题,为演讲成功打下良好基础。

那么,演讲者在演讲中出现意外情况怎么办呢?

一、如果听众提出尖锐问题,怎么办

要学会从容地回答听众的问题,特别是那些棘手的问题。不能采用压制的方法,也不能发火批评,可以用以诚相待、妙语解脱的办法,变被动为主动。一次,李敖演讲完后进入例行的"答听众问"程序。面对听众的不断提问,李敖是有问必答且答之则妙。突然,其中一张纸条跳入眼帘,上面赫然写着"王八蛋"三字而再无其他。于此,悄然"溜"之,哪是李敖所为?缄口不言,何以服众?反唇相骂,岂不有损名头?好一个李敖,他不惊不诧,不怒不愤,不慌不乱,而是高高举起纸条面向听众并将纸条内容如实告诉大家,然后笑言:"别人都问了问题,没有签名,而这位听众只签了名,忘了问问题。"话音刚落,大厅里便一片掌声、笑声。人们对李敖这以"辱人"对"辱人"且又"辱人"于"无骂"之中的应对技巧而高声叫好。

二、如果会场沉闷,怎么办

如果会场沉闷,要尽快调节,活跃气氛。可以讲个笑话、故事,谈点趣闻,唱支歌等。

三、如果会场吵闹,怎么办

如果会场有一些人讲小话,有些嘈杂,你可以通过以下方式让他们安静下来:一是提高声音,二是眼神注视,三是突然停顿,四是善意提醒。

四、如果忘词了,怎么办

如果在演讲过程中发生了忘词,这时千万不要紧张,可采用以下方法应付:

1. **重复**。可重复前面一两句话,既可争取时间,也容易把原话带出来。
2. **跳越**。跳过忘记的那几句内容,接到下面记住的内容。
3. **编词**。随机应变,临时编几句相关的话,过渡到下面的内容。

案例

【案例一】竞选辞

竞选学生会主席演讲稿

尊敬的领导、亲爱的同学们:

大家好! 我叫李强,商英051班班长,一个待人真诚、敢说敢做、认真踏实的人。很荣幸今天能站在这里参加竞选,非常感谢大家给予我这个机会。我竞选的目标是学生会主席!

学生会主席,不简单,必须具有较高的组织、协调能力和开拓创新精神,并能与学生们和谐、亲密地相处……还有很多条件,而我也许就是符合这些条件的最突出的一个! 李强,一切皆有可能!

我不去想是否能够成功,既然选择了远方,便只顾风雨兼程。

我有十三年的当班长的经验,曾被评为省优秀学生干部,一年前光荣地加入了中国共产党。这些只是我辉煌的过去! 现在,我坚持"每天前进一步,永远真诚服务"的宗旨,心中激荡着"一切为了同学,为了一切同学,为了同学一切"的誓言,我一定能够构建务实、诚信、高效、创新,永远真诚服务的新一届学生会班子,一定能够打造团结、活跃、睿智、出名,一切皆有可能的我校学生会强势品牌!

我不去想身后会不会袭来寒风冷雨,既然目标是伟岸的大山,留给世界的就只能是认真踏实的足迹。

如果我当选为学生会主席,我一定会兑现我的承诺:第一,多多为同学办实事,使学生会成为全校同学可以依靠的、温馨的家园;第二,积极争取校内重大活动的参与权、举办权,把我们学校的学生会活动做大、做活、做强;第三,通过申请、拉赞助等方式大力筹措经费,保证比上年经费增加50%以上,使学生会能为大家办更多的好事! 因为"大家好,才是真的好"!

今晚,我想起了中国申奥代表团所说的一句话:"你们所做的任何决定都将改变历史,但是只有一种选择可以创造辉煌的未来。"你们选我李强当学生会主席,就是选择了辉煌的未来!各位同学,你们所期望的主席,不正是像我这样敢想敢做的人么? 给我一份信任吧,我将回报你们二十份的满意!

记住我的口号:团结就是力量,让我们一起去开拓!

谢谢大家!

(作者:李强)

点评:这是在校学生参加学生会主席竞选的演讲词。介绍了自己的基本情况,阐述了自己的理念,提出了自己的承诺,结构完整,语言简洁。最突出的是充满自信,富于鼓动性,表现敢说敢做的个性特点。

【案例二】自我推销辞

现在让我来做自我介绍,我叫韦雅楠,性格开朗,爱好文学、音乐,特长写作、演讲,2007 年毕业于广西××学校经营与管理专业。今天,能在这么多帅气、漂亮的先生小姐们面前推销自己,我三生有幸。戴尔·卡耐基说过:"不要怕推销你自己,只要你认为自己有才华,你就认为自己有资格担任这个或那个的职务。"因此,今天我勇敢地站在各位面前推销我自己,让大家给我评评分。

如今社会上经常流传着诸如"中职生没出息"、"中职生不能创业"等话语。的确,学历是我们今后走上社会谋生的第一本护照,但我认为,一个人无尽的创造力与适应能力才是通往成功的第二本护照,久闻各位老总招才有方,用才有道,相信一定不会因为我是中职毕业生而将我打入另册吧!

中职三年,转眼即逝,学校不仅给了我德智体美劳全面的教育,还科学地安排了公关学、口才学、国际贸易、计算机应用等学科。为了培养自己的能力,我积极参加各类有益的活动,曾获校征文、演讲一等奖;多次代表学校参加各类演讲、写作比赛,取得了优异的成绩,我还担任过班长、团支书、校园电视节目主持兼编辑,在为班级、学校赢得荣誉的同时,我掌握了一定的语言艺术和说话技巧,学会了更好地与人协作。一位哲人曾说过:"理论之树是灰色的,只有实践之树才常青。"我并没有满足于书本知识,千方百计地寻求实践机会,在假期里,我曾对百色矿务局的企业改革和百色参与西部大开发进行了社会调查。通过努力,我已拿到了推销员初级证书、全国计算机二级证书及电算会计大专自考文凭。综上所述,基于我的兴趣与爱好,我觉得自己比较适合从事公关文秘的工作。

最后,我想请各位再次注意一下我的名字:我叫韦雅楠,文雅的"雅",楠木的"楠",文雅大方是一个文秘工作者应具备的基本公关礼仪,而楠木的木质非常坚固,是贵重的建筑材料,如果今天我能被某位"伯乐"相中,那么我将以楠木般坚强的毅力对待我的工作,用文雅大方对待我的老板,我的同事!

今天,我站在这里向大家推销自己,是因为我自信,我自信是因为我有能力,但我自我推销成功与否,还要看大家给我的掌声了!

（作者:韦雅楠）

点评:这是一份即兴演讲词,也可以看做是一份别致的求职信"演讲版"。开头部分使用自我介绍与引用式两者混合。主体部分层次清楚,第二段写自己对学历与能力的看法;第三段写自己在校的学习情况、工作情况及各方面的能力,并提出自己适合从事公关文秘工作;第四段巧妙地重提自己的名字,既加深了听众对自己的印象,又展示了自己胜任文秘工作的素质和毅力;最后一段为结尾部分,采用总结式写法,强调推销自己是因为有能力有自信。

训练

【训练一】演讲词练说

按照演讲语言技巧的要求,练说下面两段演讲词(注意语调和感情):

(1)每次看到盲人,我心中便会涌起深切的同情,没有光明,漆黑一片的世界给他们带来的是怎样的一种痛苦和艰难!

（2）我时常这么向往着:当我高兴时,可以去清澈的小河边野餐;当我伤心时,可以到森林里散步;当我厌倦了大城市里的喧嚣时,可以投入到绿色大自然的怀抱,去领略花的芬芳、草的嫩绿。我向往着,努力着,我要为自己,为喜欢大自然的朋友,为我们的地球妈妈,去守卫这一片绿色。

【训练二】竞选演讲训练

学练一次竞选演讲。这类演讲,一般都要说到自己的经历、素质、能力等方面的内容。假设你要参加竞选学生会干部、校团委干部、校某协会干事的某个职位,请你做一次竞选演讲。

【训练三】就职演讲训练

学练一次就职演讲。假设你已当选为班级或学生会的某一职务干部,如宣传委员、学习委员、体育委员等,请做一次就职演讲。这类演讲,一般开头应感谢大家的支持和信任,主体是表明决心和态度,提出自己的工作目标和措施,结尾为恳请大家合作,表示信心做好工作。

【训练四】即兴演讲训练

以下是即兴演讲的参考题目,可采用选择式或抽签式的方式进行训练:

1. 求职面试的自我推荐
2. 老师,我想说……
3. 我喜欢……
4. 我最崇拜的一个人
5. 我最欣赏的一句名言
6. 做人和做事哪个更重要

【训练五】演讲语言特色分析

分析下面一篇精短演讲稿的语言特色。

心存感恩,回馈人生

敬爱的老师,亲爱的同学们:

大家好!

我是来自 2006 级 5 班的李嘉龙,我演讲的题目的《心存感恩,回馈人生》。

一滴水,要感谢大海,让它汇聚成了无尽的水流;一朵花,要感谢雨露,滋润它在阳光下茁壮成长;一只鹰,要感谢长空,赐予了它前进的力量;一座山,要感谢大地,用自己和臂膀,给了她高耸的方向;一个人,要学会感恩,才能托起世界的脊梁! 学会感恩,不仅是报答,更是心存感激的表示。

"羊有跪乳之恩,鸦有反哺之义。"世界的主宰——人,更要充满感恩之情。一颗感恩之心,化干戈为玉帛;一颗感恩之心,化腐朽为神奇;一颗感恩之心,化关冰锋为春暖。学会了感恩,才会在生活中发现美好。一次,美国前总统罗斯福家失窃,被偷去了许多东西,一位朋友闻讯后,忙写信安慰他,劝他不必太在意。罗斯福给朋友回信:"亲爱的朋友,谢谢你的来信安慰我,我现在很平安。感谢上帝,因为第一,贼偷去的是我的东西,而没有伤害我的生命;第二,贼只偷去了我部分东西,而不是全部;第三,最值得庆幸的是,做贼的是他,而不是我。"对任何一个人来说,失窃绝对是不幸的事,而罗斯福能在失窃中找到美好,因为他拥有了茁壮成长的感恩之树。

在人生的路上,缺少了感恩,就缺少了阳光雨露。这种人生和哲理,让我们不断地面临生命的挑战,人生的巅峰。感恩沟通了人的心灵,让他人的帮铭记在心。在这个时代,如果人与人之间不存在感恩,那么人与人之间的关系就不存在,社会也将成为一片沙漠。

感恩是人与生俱来的本性,是生活美好的基础。我们心怀感恩,就能回报社会,报答自然。美国著名心理学家马斯洛曾说,心若改变,态度说跟着改变;态度若改变,习惯说跟着改变;习惯若改变,性格说跟着改变;性格若改变,人生就跟着改变。我们若播种感恩的心,就收获诚恩的态度;若播种诚恩的态度,就带动良好的习惯;若播种良好的习惯,就升华健康的性格;若播种健康的性格,才收获成功的人生!

我的演讲完毕,谢谢大家。

【训练六】"意象组合"即兴讲话训练

"意"即观点,"象"即事件、物象,"意象组合"是用能够说明观点之"象"表达自己的见解(即"意")。即兴演讲时,先从"象"说起,不仅可以创设悬念,引起注意,符合从感性到理性的认识规律,同时也可赢得进一步组织语言作全面表述的时间的空间。

请以意象组合方式用下列材料作即兴讲话训练。

(1)演讲题:良心是道德的卫士

材料:①上海市女工陈燕飞怀孕5个月时,有一天路过苏州河,见一妇女溺水,她奋不顾身跳下去将那位妇女救上来。别人采访她,她说:"这是做人起码的道德。见死不救,哪里谈得上做人的起码的道德和良心呢?……"

②广州市一个青年从急于购买摩托车的农民手里骗得2600元。未出24小时,他化名"王平"写了封痛切反省的信,将钱款全部寄给保卫部门。"王平"在信中写道:"……回到家里总觉得周身不自在,饭吃不下,觉睡不好,想到农民的苦脸,也想到监狱的铁窗,越想越害怕。良心的谴责使我万分悔恨自己的所作所为……

(2)演讲题(自己确定)

材料:①1990年3月7日,比利时布鲁塞尔一个警察局接到报告,在一幢表明"不能居住"的房屋里发现一具枯骨。司法部门查证:死者名罗莎丽,女性,死在此屋已经有13年了。

②同是布鲁塞尔,在某公园一棵树上贴有一张"寻狗启事":"本人不慎丢失爱犬一条,一岁两个月,毛棕黄色。走失一个多月,好不可怜!如有见者请电话联系;若领爱犬前来,本人定当面酬谢14万比利时法郎,不胜感激。电话:×××××××"

【训练提示】

(1)意象组合并非对社会、自然现象的随意罗列,要根据题旨作精心筛选和加工。

(2)平时要拥有丰富的表象储备,在生活中、读物中,对许多很有价值的意象素材,要留心观察、捕捉,并将其浓缩、简化,储存于记忆,这样在表达时才会有较好的发挥。

第五章　论辩口才

导入

一人之辩重于九鼎之宝

汉代有一位丞相叫萧何,有一次向汉高祖刘邦请求将上林苑中的大片空地让给老百姓耕种。上林苑是一处专为皇帝游玩、打猎、消遣用的皇家园林,刘邦一听丞相居然要缩减自己的园林,不禁勃然大怒,认为萧何一定是接受了老百姓的大量钱财,才这样为他们说话办事的。于是下令将萧何逮捕入狱,审查治罪。廷尉官不惜用大刑使犯人服罪。就在这紧要关头,旁边的一位姓王的侍卫上前劝告刘邦说:"陛下还记得原来与项羽抗争以及后来铲除叛军的时候吗?那几年,皇上在外亲自带兵讨伐,只有丞相一个人驻守关中,关中的百姓非常拥戴丞相。假如丞相稍有利己之心,那么关中之地就不是陛下的了。萧丞相不在那个时候谋大利,难道反会在这个时候去贪占百姓和商人的一点小利吗?"

刘邦闻听此言后,深有感触,终于认识到自己的鲁莽,对不起丞相的一片诚心,感到非常惭愧,于是当天便下令赦免萧何。

简单的几句话,婉言有致,合情合理,句句击中要害,避免了一场悲剧的发生。这个故事可以使我们更好地理解"一人之辩重于九鼎之宝"的深刻涵义。

在人际交往中我们主张"和为贵",但我们不应回避论辩。论辩不可缺少地存在于现实生活中,作为一种现实活动,它的功能和作用将越来越为人们所认识。当然,肯定论辩,提倡论辩,并不是夸大论辩的价值,号召人们大搞论辩。因为,论辩本身不是目的,目的在于使人们通过论辩识别正误,明晰是非,摒弃错误,坚持真理。

导训

第一节　三寸之舌,强于百万之师

论辩,也叫辩论,是指不同观点的双方,为了说明自己对事物或问题的见解和看法,揭露对方矛盾,以便得到正确的认识或共同意见的语言表达形式。德国著名诗人兼政论家海涅说过:"合理的与不合理的,两者都必须经过相似的辩驳。"这句话清楚地说明了论辩以思辨和论争为主的基本特征。

论辩是历史进程中固有的现象。在西方,论辩的传统源远流长。苏格拉底的《申辩》、伯利克利的《论雅典之所以伟大》、恺撒的《论惩处阴谋家》等著述,为后世论辩型议论文的写作提供了成功的典范。在中国,人们也很早就开始重视论辩的重要作用,留下了"一人之辩,重于九鼎之宝;三寸之舌,强于百万之师"、"一言可以兴邦,一言可以丧邦"等论断,可见论辩的重要性。

第二节　论辩的特点

1. **论辩的普遍性**。论辩普遍存在于社会生活之中,如日常生活论辩、政治论辩、学术论辩、法庭论辩、毕业论文答辩、赛场论辩等。它是人际交往中不可缺少的言语交流形式。

2. **论辩的思辨性**。世界上的事物错综复杂，认识事物的本质特征，需要一个比较、分析的过程，这个过程就是思辨。要求辩者要有严密的逻辑思维能力、敏锐的洞察力、灵活的反应能力，以及高度的分析与综合能力。辩者要想讲清楚一些比较复杂的事，仅靠激情、幽默和华丽的辞藻是不行的。最能说服人的是严密的逻辑推理，是思辨力。

3. **论辩的论争性**。马克思说："真理是由争论确立的。"论辩不是打斗，而是论争。论辩的目的是共同探索真理，取长补短，统一思想，统一行动，以有利于国家，有利于群体，有利于个人。如仅仅把在论辩中取胜作为唯一目的，不明是非，不论曲直，为论辩而论辩，把论辩当做争高低、闹意气的手段，那是不足取的，是无谓之争。

4. **论辩的平等性**。论辩是双向交流以理服人的过程，不是权力强制、权威压人的过程，辩者在人格上是平等的。即使上下级之间，论辩也不同于命令或训诫，也必须平等相待，开诚布公，相互交心，相互批评。辩者只有以"德"服众，以"理"服众，尊重对方的人格和权利，才能真正揭示论辩这种高层次文化现象特有的智慧和理性的芬芳，让听众感受到知识美和理性的"醇香"。

5. **论辩的规则性**。端正论辩目的，遵守逻辑规律，注重语言表达，实施心理控制，重视风度举止，维护论辩道德，这些都是必须共同遵守的论辩规则。辩论赛作为一种高级智力游戏，是立论、知识、辞令、应变、风度的综合竞争项目，它还有一些具体的规则：①观点是由抽签决定的，抽签决定的辩题，不一定代表那些辩者的真正观点，但不管赞同与否，在辩论中都要竭尽全力来维护它。②体现公平竞争的原则，它要求辩题要中立，参赛人数要相等，发言时间要相等。③辩论赛有一定程式，要有裁判与听众的参与，最后由评委从立论、辞令和风度三个方面评分决定胜负。

第三节　论辩口才的特色

辩论口才是一种高层次的说话艺术。在一定意义上，评价一个人的能力，可以说论辩能力是重要的标志。论辩口才具有以下特点：

1. **旗帜鲜明**。鲜明地表达自己的观点，在原则问题上，语言明确，毫不含糊。当然也应注意用词的艺术，以考虑不同对象可能接受的程度。

2. **快人快语**。论辩口才形态与对话、问答一样，都具有临场性的特点，面对对方来势猛烈的攻击，论辩者不可能有过多的思考应变时间，因此必须反应敏捷，在瞬间选用简洁、凝练的话语来回击对方，出口成章，应对自如。

3. **锋芒毕露**。在针锋相对的激烈舌战中，论辩者必须"兵来将挡，水来土掩"，使用锋利明快的语言，迫使对方频频后退，难以招架。

4. **逻辑严密**。论辩中要善用利器，或攻其命题，或驳其论据，或揭其论证的荒谬或错误，充分体现论辩语言的思辨性特征，使对手无暇思索。

5. **幽默风趣**。"微笑的杀手"——幽默语言的运用具有特别的意义。在论辩中，幽默是一种独特的智慧，是一种力量的表现。幽默风趣的语言不但能够化解论辩的紧张气氛，增强语言的表达能力，也是论辩者智慧和思维敏捷的具体反映。

抗战期间，厦门大学的英籍客座教授在一次酒会上大放厥词，污蔑厦大不如"英伦三岛之中小学校"，胡说什么："欧美开风气之先导，执科学之牛耳。敝国有诗圣拜伦、雪莱，剧圣莎士比亚,现代生物学之父达尔文,力学之父牛顿。可叹泱泱中华,国运蹇促,岂可奢谈'物华天宝,人杰地灵'之邦乎?"当时的厦大校长萨本栋理直气壮地以事实据理反驳道:"教授先生,你别忘了,中国的李白、杜甫如彗星经天之日,英伦还是中世纪蒙昧蛮荒之时;中国李时珍写下《本草纲目》之际,达尔文乃祖乃父尚不知身在何处。"英籍教授恼羞成怒:"校长阁下,请记住,是美利坚合众国的伍斯特工学院和斯坦福大学造就了你的学识和才能!"萨校长微微一笑:"博士先生,我提醒您,中华文明曾经震惊世界,没有中国远古的四大发明,也绝不会有不列颠帝国的近代产业革命。"萨校长的辩驳,具有论辩口才的特色,他针对对方论点、论证的失误,抓其要害,给予针锋相对地反驳,英籍教授终于哑口无言了。

第四节　论辩技法

论辩是斗智,论辩语言充满了智慧。论辩语言不仅承载着丰富的内容,而且也表现着高超的技巧。学习和掌握论辩语言所表现出来的各种技巧,是进行论辩的每个辩者所应具备的重要条件。

1. **征引证理**。在论辩中,运用征引权威性言论、成语、典故、俗语、谚语等来进行立论或反驳,就是征引证理。征引有诠释征引、归纳征引、演绎征引等几种形式。

2. **托物喻理**。这是一种以人们熟知的事例进行比喻来论述道理的方法,讲道理一般都比较抽象,用这种托物喻理的方法就可以把道理讲得具体生动。

3. **比较论理**。把要议论的道理与相近或相反的材料进行比较,来进行说理。这种方法较为灵便,易获实效。比较论理有求同比较和求异比较两种形式。

4. **多方议论**。辩论,当然要分析道理。如果能从多角度、多层面地展开分析,一定能将道理说得更深透,更令人信服。

5. **主动制人**。这是在辩论中掌握利用战机的技巧。辩论中能够争取主动,才可驾驭对立方,从而最终制服或说服他。或先发制人,或后发制人,不论怎样都要把握好战机,及时出击。

6. **以退为进**。在辩论中,有时不便于或不利于正面冲突,可以某种让步作为缓冲,实际上是调整策略,变换方向,进行反击,以克"敌"制胜。

7. **金蝉脱壳**。在辩论时,当你发现自己处境不利,不能恋战,不妨虚晃一枪,转移对方的注意力,借以迷惑对方,得以隐蔽地转移或撤退,这就是金蝉脱壳。

8. **反唇相讥**。反唇相讥,是指受到恶意的攻击或挑衅不服气而反过来讥讽对方。这种方法用于辩论,应顺着对方攻击的论题,抓住对方的要害,巧妙地给予有力的回击,但要适度,掌握分寸。

9. **釜底抽薪**。论点都是建立在论据之上的。如果我们反驳对方的论点时,能够证明其论据的虚假和错误,做到釜底抽薪,他的论点自然站不住脚而倒掉了。

抗日时期"七君子事件"的史良,在法庭与法官、检察官论辩中,有过一次精彩的交锋。检察官:在西安事变前,你们给张学良、宋哲元、韩复榘、傅作义发过电报,因此可以说,西安事变的发生与你们发电报是有联系的,你们应该对此负责。史良:一个刀店,每天都会卖出许多把刀,多数买了刀的人是用来切菜,也不排除有人会用买来的刀杀人的可能性。照检察官的意思,难道凡是杀了人都要由刀店负责吗?这里史良用托物喻理法,既指出检察官的推论不能成立,又讽刺了他们的蛮横与愚蠢。

案例

【案例一】一堂精彩的即兴辩论训练课

在口才训练课上，王老师讲了辩论知识后，安排同学们练习即兴辩论。让同学们拟出辩题后，她从中选定一个，对大家说："今天，我们来辩论一个有趣的题目：假如今天社会提供给每个家庭的就只有一个工作机会，那么这个唯一的机会该给妻子还是丈夫？正方——这个唯一的工作机会一定要给丈夫，反方——这个唯一的工作机会不一定要给丈夫。男生作为正方，女生作为反方。大家思考三分钟，双方交替发言。我来当主持人。好不好啊？"同学们饶有兴趣，跃跃欲试。

正方 冯建国：假如每个家庭只有一个工作机会，毫无疑问，这个机会绝对是属于丈夫的！为什么呢？"男"字不是已经表达得很清楚了吗？"男"者，田力也，在田地里劳作时，出大力气的是男人，工作的机会应该给力气大的男人……

反方 刘小卉：今天的社会早已不是刀耕火种的农业社会，做好工作不是凭力气，而是靠智慧，能者上，强者上。假如一个家庭里丈夫的智力、能力不如妻子，那么这个工作机会自然该给妻子。难道要把社会上的女强人都拉回家里做家庭主妇么？

正方 罗文亮：依我看，丈夫到外头工作养家糊口，妻子在家里相夫教子，分工协作，没有什么不好！大家想一想"安"字吧，宝盖头下一个"女"，家里有女人，才是"安"嘛，让妻子们安心地待在家里吧！（男生们哄笑）

反方 陈 霞：对方辩友的论据是错误的，什么"田力为男"，什么"家中有女为安"，这种拆字见义的方法，随意性很大，反映的往往是古人的认识，用陈腐的古代说法，去论证现代的先进理念，不是荒唐可笑么？许多贬义字，如"奸、妒、嫉、婪、妖"等，都带有"女"字旁，难道用这些字就能证明女人坏吗？（鼓掌）如果妻子强于丈夫，为什么工作机会不给妻子呢？

正方 郝 勇：我作为一个男人，绝不会娶一个能力比我强的妻子。如今女生找对象不是有"三高"标准么：男的要比女的身材高、学历高、能力高。请问对方辩友，你们谁愿意嫁一个比自己"三低"的丈夫呢？（笑声，掌声）所以，丈夫的能力都比妻子强。当然，我并不是说女人不如男人，而是说，强的女人可以找比她更强的丈夫嘛。你们看看人家韩国、日本、欧美，结婚后妻子就回来当家庭妇女，丈夫在社会上闯荡。社会上不是流行一句话叫"每个成功男人的背后都有一个贤惠的女人"吗？

反方 谢冬妹：对方辩友犯了"以偏概全"的逻辑错误。现实生活中丈夫难道一定"三高"于妻子吗？在座的王老师，是语言硕士，据我所知，她的爱人只是大专毕业，一名普通的公务员而已。（笑声）韩日欧美也不是所有女性都回家当主妇，也有许多妻子强于丈夫、事业辉煌的事例呀：从居里夫人、撒切尔夫人到现任的德国、韩国、新西兰的女总理、菲律宾的女总统，她们难道不比丈夫强吗？难道不宜让她们去从事科研、政务工作吗？（鼓掌）

正方 雷友声：对方辩友忽视了这个辩题的前提。假如社会只给每个家庭提供一个工作机会，那么这份工作一定是非常苦、非常累，包括非常危险的工作。男子汉大丈夫，"我不入地狱谁入地狱？"如果发生了战争，当然是"战争，让女人们走开"；如果要排除地雷阵，当然是"闪开，让我来"！难道一点怜香惜玉之心都没有，忍心让自己柔弱的妻子去承担困苦、艰难和牺牲，而自己却待在家里逍遥自在吗？！（停了一会儿，教室里才爆发出雷鸣般的掌声，包括男生和女生都在鼓掌、喝彩）

点评：这场辩论练习事前双方都没有准备，是一次即兴辩论，双方都有可圈可点之处。

第一回合，正方用汉字的"拆字见义"法，以男人力气大、家里有女人才平安为论据，证明己方"唯一的工作机会一定要给丈夫"的观点。反方从两个方面驳倒了正方的论据："拆字见义"法所见的义，许多是过时的说法；现代社会不同于古代社会，工作要靠智慧而不是靠力气。在反驳中论证了自己的观点，"唯一的工作机会不一定要给丈夫"，反驳非常成功，反方占了上风。

第二回合，正方以目前流行的女生择偶的"三高"标准、韩日欧美女子婚后回家当主妇的两个论据，提出"丈夫的能力都比妻子强"的观点，推出"唯一的工作机会一定要给丈夫"的结论。反方反驳非常巧妙，抓住对方"以偏概全"的要害，以正在现场王老师的例子及外国女总理、女总统的事实，把正方的观点和结论推翻了。反方再占上风。

第三回合，正方的雷友声同学改变思路，重新回到辩题，他把"唯一的工作"定义为"非常苦、非常累包括非常危险的工作"不是从"谁强谁弱"去推理，而是从男子汉大丈夫应有的气概、责任、爱心去阐明命题，引用名言警句，显得无私无畏、大义凛然，不容置疑啊！这时，女生竟不去反驳，同男生一道鼓起掌来。应该说，这个回合正方领先，扳回了一局！

这是一场相当精彩的即兴辩论训练，双方棋逢对手，各有所长。类似这样的练习要多做，人们的思维能力和论辩能力才有长进。

【案例二】打工仔智辩　女老板服输

暑假期间，大学生小陈没有回家，他留在城里打工，挣学费。除了做家教外，他还在一家纯净水公司找到了一份送水的差事。一天中午，营销部李主任叫他去给五楼的总经理办公室送水，并顺带把一个文件夹送给唐总。到了唐总办公室门口，他右手扶着肩上的水桶，左手拎着文件夹，两手不空，怎么敲门呢？他图省事没有放下水桶，用左手拎着文件夹去敲门。小陈因"连敲门的规矩都不懂，没素质"被唐总炒了"鱿鱼"。

小陈不甘心，决定到唐总办公室那里争取一下，他大胆地辩解说："唐总，我累了半天，又扛着个重水桶爬楼，只因两手不空，图省事没放下水桶敲门，是我不礼貌，我向你道歉，但因为这点事情就辞退我，也未免太过分了吧？我作为你们的送水员工，每天送水都超任务50％以上……"

"送水工就不要礼貌啦？与客户打交道同样需要高素质。而一个人的素质往往通过一些细节体现出来，正所谓一叶便知天下秋呀。"唐总带着嘲讽地说。

事已至此，小陈也无所顾忌："是的，一叶知秋，但一叶还可以障目呢。因为我的一次偶然失误，不问具体情况，不给改正机会，就认定我素质不高，未免太武断了吧？同样的道理，一个总经理容不下临时工的一点小错，手下的人同样会一叶知秋，知道总经理缺乏容人的度量，少了一点人情味，其中的利害得失，我相信你会掂量的！"

"你……"唐总被击中"软肋"，一时说不出话来。

"不用我，不原谅我，你有这个权力，但我还是十分感谢你，今天这件事使我懂得了一个道理：做人处世千万不可忽视细节！唐总后会有期！"

唐总瞪大眼睛愣愣地盯着小陈。小陈话已说完，气也消了，顺手轻轻地带上门，轻快地下楼去了。

小陈晚上做家教回来时，唐总打来电话："小陈吗？你好！今天中午的事，都怪我没弄清情况，就武断地做决定，委屈你了……不，不，是我要向你道歉！我收回成命，请你明天继续到公司送水……"小陈以自己的勇气和辩才，为自己挣回了工作，也挣回了尊严与自信。

点评：这是生活中论辩的一个例子。小陈驳倒了、说服了、感动了女老板，她诚恳地向小陈道歉，并收回辞退的成命。这场论辩既明辨了是非，又使论辩双方都受到教益，获得了双赢的、和谐的结局。生活中处处有矛盾，论辩是难免的。我们一方面提倡宽容待人，一方面也要具体问题具体对待，不能一味"忍气吞声"、"退避三舍"。

小陈在论辩中，"先礼后兵"，说明了当时"敲门"的具体情况，坦然承认自己的失礼，真诚地向对方道歉，这种高姿态在一定程度上为唐总留下了"下台阶"，缓和了气氛，也使自己赢得了进一步论辩的时机；抓住破绽，以子之矛攻子之盾，点明唐总"一叶知秋"是以偏概全，因一点失误就辞退人难以服人，也会被人认为是心胸狭窄的人，"将了唐总一军"；得理饶人，风格感人，小陈不仅尊重唐总的决定，绝不纠缠，而且感谢唐总教他为人处世的道理，礼貌地告别，走时还"轻轻地带上门"，用实际行动表明自己的确不是"没素质"的人，树立自己良好的形象。

训练

【训练一】辩论赛训练

选择下列其中一个辩题，举行一次班级或学校辩论赛。

1. 治愚比(不比)治贪更重要　　　　2. 学海无涯苦(乐)作舟

3. 学历是(不是)衡量人才的标准　　4. 职业院校应以知识(技能)学习为主

5. 近墨者黑(不黑)　　　　　　　　6. 富爸爸比(不比)穷爸爸好

7. 钱是(不是)万恶之源

【训练二】小组辩论练习

请就下列论题作自我或小组"抬杠"(争论)练习。

(1)正方：职业院校毕业生是劳动人才市场的"香饽饽"

　　反方：职业院校毕业生不是劳动人才市场的"香饽饽"

(2)正方：人格是最高学位

　　反方：知识是最高学位

(3)正方：有志者事竟成

　　反方：有志者未必事竟成

提示：可以请一个人作仲裁，决定输赢；也可以重在过程，不计胜败，互相切磋技艺，集思广益，能够提高思维的辩证性、灵活性，快速、清晰、精要地表达自己的观点即可。辩论前，请作三个方面的准备：

①选择最佳角度立论。

②为立论选择三个有力的论据材料。

③写出辩词大纲。

小组论辩的形式可以灵活多样，一般只需点评，不计名次，可以请一人作"主攻手"，另一个人作"副攻手"，其余的人作"参谋"，必要时"参谋"也可以参战。

【训练三】限时反驳训练

每题限 3 分钟内作出有说服力的反驳：

(1)"你的爸爸当海员,死在海里;你的爷爷当海员,也死在海里,我看你就不要再当海员了。"

(2)"我男人好歹是个科长,你男人是什么东西?扫垃圾的!扫垃圾的老婆,你不害臊,我倒替你害臊!"

(3)"我是厂长,我也是能人,能人不是完人,我用公款吃喝旅游是不太好,不过只算是我这能人的一个小小的缺点而已。我一个人救活一个厂,养活几百人,吃点喝点算什么?现在是社会主义的初级阶段,初级阶段不可能尽善尽美,这些事在所难免。"

提示:

①限时反驳心理因素十分重要,畏缩是限时反驳的大敌。

②反驳时不要总是面面俱到,要抓住本质,击中要害,"打蛇打七寸"。有时可以"以其人之道还治其人之身",有时可层层递进,由浅入深,由表及里,转小胜为大胜,一步一步使对方进入失败的境地。

(1)题的参考答案可为:"人们大多都死在床上,为什么还在床上睡觉?"

(2)题的参考答案可为:"当科长你就如此凶,当局长不是要吃人了吗?"

(3)题的参考答案可为:"能人不能置于法纪之外,不然就成为违法乱纪的'能人'了。这个厂能'活',有个人的功劳,更有大家的功劳;'初级阶段'并非为违法乱纪阶段,而是要坚持'依法治国'。"

【训练四】测试与说话训练

著名爱国将领冯玉祥任陕西督军时,有两个外国人私自到终南山打猎,打死了两头很珍贵的野牛。冯玉祥知道后,将他们召到西安进行责问。

冯玉祥:你们打猎和谁打过招呼?领到许可证没有?

外国人:我们打的是无主野牛,用不着通知任何人。

冯玉祥:终南山是陕西的辖地,野牛是中国领土内的东西,怎会是无主的?你们不经批准私自行猎,就是犯法行为。你们知罪吗?

外国人:此次来陕西,贵国发给的护照上不是准许携带猎枪吗?可见行猎已提到贵国政府准许,怎么是私自行猎呢?

冯玉祥:准许携带猎枪,就是准许行猎吗?若准许携带手枪,难道就可以在中国境内随意杀人吗?

外国人:我在中国15年,所到之处从未有不准打猎的;再说,中国法律上也没有不准外国人在境内打猎的条文。

冯玉祥:_____

_____

_____

_____

冯玉祥说完,两个外国人理屈词穷,只好乖乖认错。

答案:"不错,没有不准外国人打猎的条文,难道有准外国人打猎的条文吗?你15年没遇到官府的禁止,那是他们睡着了。现在我身为陕西地方官,我却没睡着。我负有国家人民托的保土卫权之责,就非禁止不可。"

职业篇

◎ 求职口才
◎ 职场交际口才
◎ 管理口才
◎ 推销口才
◎ 柜台口才
◎ 餐旅口才
◎ 谈判口才

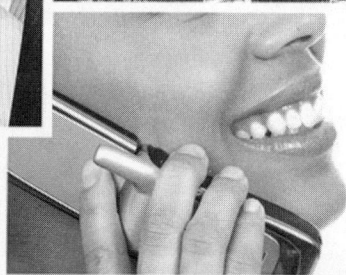

第六章　求职口才

导入

松下幸之助求职的故事

求职,谁都想一次成功,但在大多数情况下并不能如此,因此,求职者就应有不怕失败的忍性。

松下电器创始人松下幸之助,年少时一家大电器厂求职,请求安排一个工作最差、工资最低的活给他。人事部主管见他个头瘦小又很脏,不便直说,随便找了个推托的理由:

"现在不缺人,过一个月再来看看。"

一个月后,松下真的来了。人事部主管又推托有事,没空见他。

过了几天,松下又来了。如此反复多次,人事部负责人说:"你这样脏兮兮的是进不了我们厂的。"于是松下回去借钱买了衣服,穿戴整齐地来了。对方没办法,便告诉松下:

"关于电器的知识你知道得太少,不能收。"

两个月后,松下又来了。

"我已学了不少电器方面的知识,您看哪个方面还有差距,我一项项来弥补。"松下说。人事部主管看了他半天才说:"我干这项工作几十年了,今天头一次见到你这样来找工作的,真佩服你的耐心和忍性。"

松下终于打动了人事主管,如愿以偿地进了工厂,并经过不懈努力,成为日本国的经营之神。

告别校园生活,走向社会的第一关就是找工作。如意的工作不但是美好生活的源泉,也是人生价值的重要体现。求职者与用人单位的双向选择是通过面试进行的。在求职过程中,面谈是用人单位与应聘者之间的会面,其目的是使用人单位和应聘者之间进行双向的交流,用人单位看应聘者对他是否有用,而应聘者则想看看这项职业是否合他的心意。要在众多的、人才济济的竞聘中展示你的风姿和才华,就必须运用口才来推销自己,这样才能获得他人的注意、认可和接受。现在人们常说:"是人才未必有口才,但有口才一定是人才。"这也是许多用人单位的共识。总之,招聘关口,至关一"口",练好此口,能显身手。

用人单位主要考核应聘者的人品、知识和能力。交际能力、专业能力、实践能力、组织管理能力等不是天生的,不是静止不动的东西,而是后天勤奋学习、实践锻炼的产物。一个人即使不具备某种能力,或是某种能力较差,但是只要不断努力,能力是可以增加的。相反,如果具备了一种能力条件,没有很好地发挥,不在实践中继续提高,原有能力也会退化,就会出现劳而无功的现象,甚至会用到歧途中去。

导训

第一节　怎样抓住面试的机会

抓住面试的机会是面试成功的关键,其重要性不言而喻,为此我们从以下 15 个方面着手准备。

（1）穿与你谋求的工作相适应的衣服,这样就让人产生你适合于这一工作的印象,如果没条件做到,那也应该衣装整洁得体。

（2）准时。最好提早几分钟。迟到会给人留下不守时或者对这份工作不重视的印象。

（3）如果还没有填好有关表格,一定要抓紧时间提前填好,字迹要清晰端正,不要有错别字,并想想如何回答有关问题。

（4）握手要稳重有力,但不要捏痛对方。如果约见者走出办公室见你,你该站起来,握手,然后拿起自己的东西立刻跟随其后,且脚步声不宜过重。

（5）进办公室后,坐姿端正,给对方一种你很注意姿态的印象。不要靠在桌子上或者躺在椅子上,把腿伸得太远。不要双臂叉胸而坐。坐着时别弯腰,姿态保持端正。

（6）说话要吸引对方的注意。眼睛不可望着别处,更不可话音含含糊糊就像在喃喃自语,否则会给人你想隐瞒什么的印象。务必声音清晰,直截了当。

（7）陈述你的专长时要直爽。不必过于自谦,但也不要带有自夸的语气。不管你对自己受过的教育感到骄傲还是自卑,都用平静的声音直述,并多强调你愿意多学,多努力。

（8）面带微笑。无论遇到怎样的情况,都要给人以友好的笑脸,这是征服对方的有力武器。

（9）别故意装老练。不要想用说笑话来化解紧张,这会使对方反感。称对方为先生或女士,不要直呼其名。

（10）如果你能表达出对某项特殊工作的兴趣最好,并指也为什么自己特别适合这项工作。比如,你要干办事员或者秘书,就要强调自己的办事能力,会打字和电脑,文字功底较好等。

（11）要热情饱满,但是不要天马行空乱谈一气。仔细听取提问、集中精力回答,否则,别人会认为你不能专心致志,或者缺乏听话技巧。

（12）如有必要,向对方介绍自己以前的工作经验,特别是讲叙自己从中学到了什么,包括社交能力、销售技巧和理财能力等。

（13）及时把工作经历、成功案例等面试前面准备好的材料呈给对方,必要的时候可以进行一些解释。

（14）不要一开始就谈论报酬,而是当对方提出时才提出自己的要求。如果对方已答应录用但是又没有提到工资,你可以问自己这份工作的报酬。

（15）约见结束时,不要忘记与对方握手并表示感谢。回来后立即写信表示感谢,并着重指出自己对这份工作和该公司很感兴趣。如果两个星期后还没有得到答复,可打电话询问是否已经录取他人,或者自己还在对方的考虑之中。如果这份工作已录用了别人,就请对方留意自己,以后有机会时再联系。

第二节　学会自我介绍

在雇主与你见面之前,他也许已经读过你的一些资料,也许对你一无所知,但这些都不重要,没有人会对打印出来的年表式的东西感兴趣,他更想听你个人谈一下自己,从谈话中,很多观念就已经在他脑子里成型了。尤其是阅人无数的雇主,他对资料并不感兴趣,他相信自己的直觉和第一印象,因此,自我介绍在求职中占据头等重要的地位。在进行自我介绍时,一定要注意以下几个方面:

1. 自我介绍最忌散漫。你要明确,求职的目的是能获得这个职位。这么简单的道理总有人记不清楚,喋喋不休地去谈那些对目前毫无意义的废话,直到老板把他客气地"请"出去为止。浪费时间是不能忍受的,你如果把自己的情况试着在两三分钟内讲述得清楚明白,老板是不会反感的,反而会觉得你干练,说话得体,

2. **自我介绍的目的性要强**。除了介绍自己的学历、专业、工作经历等基本情况外,还可以适当地将自己与应聘岗位有关的能力和才干表现出来。比如:你到电脑公司去求职,就绝不要谈你对烹调的兴趣,除非老板是个好吃之徒,也许会成功,但这样的概率太小,他一般会客气地"请"你去餐厅试试。所以,你必须清楚你的话里,有哪些对老板录用你直接产生作用,这很重要。

3. **自我介绍要有良好的情绪**。有很多人在自我介绍时面无表情,声音空洞,像老板欠他钱一样,这种让人害怕的情绪,还是极早抛开为好。但也不能矫枉过正,摆出一副奴颜媚骨的样子,让人瞧不起。更不能拿出决斗的架势来,说话带有挑战意味,把老板吓一跳。自我介绍要得体,既不丧失个人人格,又不能傲慢随意,要非常有礼貌的谈话,尽力保持风度。你可以对着镜子试试,改掉面部无表情或表情过于丰富的毛病,然后再去应聘。

4. **摈弃不慎的言语或做作的行为**。这些言行会给人一种不佳的印象,你必须清楚地了解,并设法避免这些毛病。在单独的面谈中,不要表现出一副悠然自得的样子,说出"就咱们俩之间"、"哥们儿","天哪"之类随随便便的话;不要手舞足蹈,分散雇主的注意力,或矫揉造作,虚情假意,让雇主感到不舒服。

5. **面试中忌用俚语,忌说粗话**。交流时要礼貌待人,体谅他人,避免尖刻、损人的话语。不要借诋毁别人来抬高自己。如果你在未来的雇主面前对先前的雇主或同事说长道短,他会想到你也会这样待他。出色有效的谈话,关键在于用心用脑。

6. **面谈中的态度是极其重要的**。如果你给人一种未必真有兴趣的印象,你将发现,雇主也会漫不经心。要积极,不要不好意思表达自己对公司及职位的热情。假如你有自己的主见,不同于雇主,你必须自始至终地保持冷静和友好。如果流露出急躁和厌烦情绪,面谈很可能会马上中断。面试你的人也许没有你那样的大学资历,不过你还要尽力合作,尊敬对方,不要表现出优越感。在面谈中除了要陈述一下自己的条件外,对方还要对你的反应作出一个全面的总结。如果在面谈中替对方着想并且尽量地使他轻松自若,他准能对你表示出好感。

第三节　面试中如何推销自己

戴尔·卡耐基说:"生活里一连串的推销,我们推销货物、推销一项计划,我们也推销自己,推销自己是一种才华,一种艺术。有了这种才华,你就不愁吃、不愁穿了,因为当你学会推销自己,你几乎也可以推销任何值得拥有的东西。"

美国求职问题专家埃富林·戴维斯说过:"任何人都能学会如何成功地应付招聘面试。也许你不是位推销员,但你有最大的优势,就是你比任何人都了解产品——你自己。"

在能力相同的情况下,那些成功的求职者归根于在求职面试时答问的成功。求职面试时答问技巧显得尤其重要,所谓"成也萧何,败也萧何"。那么在面试中,如何推销自己?又有哪些技巧呢?我们不妨来看一看。

1. **举出实例**。事实胜于雄辩,在面试中,应试者要想以其所谓的沟通能力、解决问题的能力、团队合作能力、领导能力等取信于人,唯有举例。比如应聘某大型百货公司内部刊物编辑一职,可举例说明自己的能力:"我在大学期间,任校记者团记者,每个学期均有几十篇通讯稿

在校刊上发表,并获得过校征文比赛二等奖,有较扎实的文字功底。课余时间在某某超市做过推销员,在某报社做过实习编辑,得到实习单位的好评……"这让主考官能对你的能力有一个较切实的了解。实例能使你的自我推销可信性提高。

2. **突出个性**。个性鲜明的回答往往容易给人留下深刻印象。在应试过程中不要过于掩饰自己,要表现出真正的自我。想要突出个性,首先就应该用事实来说话。其次,要实事求是,怎么想(做)就怎么说(当然,除一些敏感性问题需有适度的分寸之外)。

3. **虚实并用**。在战斗中往往采取"虚中有实,实中有虚"的做法,可达到出奇制胜的效果。现代应聘有如用兵,"谋"定方能百战百胜。而"谋"中的一个重要策略便是"虚实并用法"。尽管面谈中的回答并非敌我斗智,但是有效而适度地运用"虚"与"实",常常会起到强化自身价值和赢得主考官好感的作用。

4. **审时度势**。面谈中的审时度势法主要表现在以下两个方面:(1)掌握好回答问题的时间。做到心中有数,有的放矢,不要漫无边际地陈述,过多地拖延时间。(2)一个眼神、一个会意的微笑、一种下意识地看表动作,演绎出的都是招聘者不同的心态。在对答中要学会破译出对方的心理,从而迅速准确地调整自己的对策,必要时"投其所好"或"草草收场"都不失为一种应急之策。

5. **表现专业**。作为对专业知识笔试的补充。面试中对专业知识的考察更具灵活性与深度,所提问题也更接近岗位对专业知识的需求,如你在大学学的是什么专业或接受过哪些特殊的培训? 回答这类问题,应注意语言简洁,逻辑性强,适当使用专业词语,但切忌故弄玄虚。若遇到专业能力很强的考官追问一些高难度的专业问题,而你无法回答就弄巧成拙了。

6. **把握发问的机会**。一个好的提问,胜过简历中的无数笔墨,会让面试官刮目相看。千万不要说没有问题。通过提问题的方式进行自我推销是十分有效的,但应该注意的是这些问题必须表现专业,与工作任务、职责紧密相关。

7. **略加发挥**。面试中,偶尔也会出现一些近乎怪异的假想题,这类题目一般都具有不确定性和随意性,这也使应试者在回答时有了发挥想象的空间和进行创造性思维的领域,你只要充分利用自己积累的知识,大胆地以"假设"对"假设",就能够争得主动,稳操胜券了。

8. **幽默轻松**。面试交谈时,除了语言表达清晰以外,幽默轻松的语言可使谈话增加轻松愉快的气氛,也会展示自己的优越气质和从容风度。尤其是遇到难题的时候,机智幽默的语言会显示自己的聪明才智,有助于化险为夷,给主考官留下深刻的印象。

9. **机智应对**。求职面试是一种检测性的被动交谈,主考官可能会提出各种各样刁钻的、难以回答的问题来了解你的思维方式、品德修养和协调能力,所以求职者在回答问题时要反应敏锐,机智应对。

第四节 面试如何出奇制胜

怎样才能在应聘中独占鳌头呢? 别忘了这四个字——出奇制胜。在某招聘会中,一位应聘者身上穿着印有招聘单位名字的衣服,最后获得了录用。由此可见,在面试中,出奇的思路是你制胜的一把金钥匙。当然你也不能因盲目求异而走到极端,有句古话说得好——物极必反。

1. **别出心裁**。以简洁得体又别出心裁的方式来做自我介绍,让对方牢牢地记住你,而且是记住正面的形象。

2. **以柔克刚**。当面试官提出的要求令你难以接受时，或者你对他的观点存有疑义时，可以委婉表达。因为求职者有求于面试官，在人格得到尊重的前提下，他应该最大限度地维护他的威严。这样做既可表达自己的意思，又能维护对方的尊严。

3. **分步到位**。求职是一项系统工程，在现在的就业竞争环境下，适当的择业观是日后成功的关键。求职既要有方法和技巧，也要有正确的心态，切不可盲求"一步到位"，要树立"分步到位"的意识。

4. **直言相告**。求职面试时不要对自己的年龄、经历、处事原则、社会地位做虚假的陈述，要不卑不亢，充分展示自己的才华、涵养、个性，显示自己的真情实感。

5. **坚持主见**。求职应聘不过于谦恭、不随俗、不从众，是有主见的表现，也是胜过别的应聘者的长处。有一家公司招聘办公室文员，老总对每位通过初试者都说了这样一句话："如今像我们这样好条件的单位不多，你运气真好，已经跨进了一只脚。"结果所有赞同此话的应聘者均被淘汰，只有一位持不同意见者入选。她说："其实我并不觉得贵公司条件有多好，只是感到比较适合我的专业，而且觉得最后能不能入选，关键在实力而不是运气。"老总对此大加赞赏，认为这样有主见，敢于提出自己不同看法，非常可贵。

6. **坦诚制胜**。面试时态度一定要坦诚，做人优于做事。所以求职面试时一定要诚实地回答问题，欺骗行为将不利于以后的发展。在面试时碰到不懂得如何回答的问题，最明智的做法要么坦诚相告，并找出"合理"借口，要么表示弥补缺憾的决心。没有人什么都懂，只要态度诚恳、实事求是就能化不利为有利，争取好感，提高面试成功率。

第五节　面试中常见问题的回答技巧

古语有云，"未雨绸缪"，不打无准备之战。面试中常用的提问方式有以下几种，如果您对它有备而来，就不会临阵遇险乱了阵脚。在回答主考官的提问时要诚实、准确、得体、适度、有特色。下面这些问题是在面试中经常会被问到的：

1. **您性格上有什么弱点？您受过挫折吗？**

有人会毫不犹豫地回答：没有。其实这种回答常常是对自己不负责任的表现。没有人没有弱点，没有人没有受过挫折。只有充分地认识到自己的弱点，也只有正确地认识自己所受的挫折，才能造就真正成熟的人格。回答这类问题时一定要小心谨慎。如果你缺少某一方面的知识，但可确保在很短时间内学会，你就可以说："我以前从没经手过这类大型项目，但凭我从事其他六个项目的经验，我认为只需几天的时间我就能掌握应有的技能。"这样的回答就把问题的重点从弱点转向容易克服困难。

2. **你为什么放弃原来的工作？**

这份新工作在我事业发展中，能提供更佳的学习机会。这样说既表现了你在这个行业发展的诚意，也表达了你对事业的看重。只是，鉴于你的跳槽者身份，在应聘时应尽量避免提及薪金、福利等问题，否则，会让对方误解为你只是逐利而已。

3. **你何时能来上班？**

通常一个人想离职，必须要将手中的工作交接完毕后才能离开的。你若是急不可耐地说马上或随时可以上班，则会被认为是缺乏责任感，有可能会使主考官因对你的不信任而失去机会。你可以这样回答："我会尽快做好原单位的交接工作，按时前来报到的。"或是："我原工作的交接手续已经办好了,可以随时听候您的安排。"

4. 你刚从学校毕业,工作经验有限,如何能证明你能成为本公司的有用之才?

是的,我刚从学校毕业,工作经验有限。在这次应征之前,我就对自己作了评估,我觉得以我较扎实的专业知识与较强的敬业精神,加上未来的在职训练,我有充分的信心成为贵公司的有用之才。

5. 你的工作动力是什么?

有这样一类以"虚"带"实"式的回答可以参考,如"我的动力主要来源于以下几个方面:首先是工作本身,即我是否对该工作感兴趣,是否能发挥自己的特长,是否能胜任,是否能学到新知识和技能,以及是否能得到进一步的自我发展。其次是自我价值的承认问题,即我是否能够得到别人的信任与尊重,是否有进一步晋升的机会。最后是结果,即我是否能够得到较高的工资和待遇等。"

6. 你的薪酬要求是什么?

如果第一次面试就提出薪资问题,那么你可能就成为第一批被淘汰的人。除非你是对方急需的人才,否则没有必要大谈特谈你的薪酬理想,而只需说说你过去的薪酬水平,并一定要说明换工作是要付出代价的,这对你个人来说也是有成本概念的,如果你过去的薪酬水平较高,在此并不指望开始时就能保持与过去一致,而要经过工作的实践来检验;另一方面,也应说明各单位都有自己的规矩,入乡随俗是基本的礼貌和程式。这样,既回避了相对敏感的问题,也体现了你的修养和对对方的尊重。

7. 您还有什么想问的?

求职时哪些问题适合问呢?提出问题的原则是:

(1)能显现你的专业、深度。(2)能理清对于该工作的疑点,有助于作决定。求职者可以询问以下的问题,如应聘职位所涉及的责任以及所面临的挑战、在这一职位上应该取得怎样的成果、该职位与所属部门的关系以及部门与公司的关系、该职位具有代表性的工作任务是什么。雇主要通过提问来确定你是否有资格从事该工作,而你必须通过提问来确定单位是否给你机会以发展你所需求的目标。例如:

你心目中最理想的人选必须具备什么样的工作经历或人格特质?

该工作为什么尚有空缺?

将来的就职与培训计划是怎样安排的?

什么样的人是能被单位认可的?

是否会为表现忠诚和能力强的工作人员提供高级培训计划?

案例

【案例一】用人单位考什么

下面是广西民族大学计算机科学与技术2003级学生陈锡冉与广东润建通信发展有限公司行政人事部人事主管韩冰霜的模拟求职面试内容及韩冰霜的"点评",供大家参考。

陈锡冉(下称陈):你好。

韩冰霜(下称韩):你好,请自我介绍一下好吗?

陈:我是广西民族大学计算机科学与技术2003级学生,当过班干部,喜欢体育运动,对专业颇有研究。

韩：请问你想应聘的是我公司的哪个岗位？

陈：我对网络比较感兴趣。

韩：我们有一个数据中心，你认为你有能力胜任数据中心管理员这个岗位吗？到我们公司应聘的人有许多，其中不乏有工作经验的，比起他们来，你认为自己有什么样的优势？

陈：我是应届毕业生，尽管我没有工作经验，但我有干劲，有热情，学习能力也强，而且我也获得了计算机的等级证书。

韩：你的家乡在哪里？

陈：南宁。

韩：你做过最辛苦的工作是什么？

陈：我主要是做家务。父母上班，都很忙，平时都是我拖地板，洗碗。

韩：你能保证在一天做完所有的家务活并保证不出纰漏吗？

陈：能。

点评：每一个单位都会根据本身的业务情况设计面试的问题。我们公司是一家以通信维护、通信工程施工为主营业务的企业，工作比较辛苦，而且需要快速反应。我们是一个军队化管理的公司，每位员工招聘进来都要进行军训，所以我们面试时也要考察平时的劳动情况。一般来说农村的孩子可能所承受的辛苦活比城里孩子的多些。这位男生衣着整洁干净，给人一种阳光的感觉，第一印象合格。根据公司的业务特点，我们面试时更多考虑应聘者是否有朝气、整洁、细心、团队精神。细心也是我们招聘人才的一个条件，一根光缆有许多细线，如果不细心就会出错。所以说，如果应聘者的简历有多个错别字，或者语句不通，他应聘的优势就会弱一些。

【案例二】实力才是硬道理

我大学毕业后自谋职业，一日得悉本省一公司招聘员工，我怦然心动，因为该公司是家颇负盛名的大公司。吸取前几次求职面试遭淘汰的教训，这次我必须做好充分准备。我整天坐在电脑前查找相关材料。父亲见状告诉我："儿呀，网络上的资料都是公开化的，能有啥新奇可取？我认为你想进这家公司，就应该对这家公司有所了解，面试时回答问题就不会空洞无物了。"

我遵照父亲的点化，走访了十几位在该公司工作或对该公司知情的亲朋好友，还两次到公司内部"侦察"。我在掌握该公司一些具体情况之后，很快形成了一个新的面试方案。面试是在公司的一间小会议室里进行的。面试室里除了三位正襟危坐的主考官外，还有一位四十来岁衣着朴素的男工坐在饮水机旁，想必是安排来扫地打水的服务生。我是第八位被叫进面试室的。主考官问："请你谈谈本公司的发展前景及你加入本公司后的打算。"

"贵公司的发展前景不容乐观。"我话语一出，三位主考官的脸色倏然由晴转阴，但我还是昂首挺胸慷慨陈词："贵公司环保意识不够强，公司生产的工业废水一天几百吨之多，却没有废水处理设施，随时都有被环保部门勒令停业整治的可能，所以说前景不容乐观，这是其一。其二贵公司在产品开发更新换代方面缺乏力度，远远落后于市场竞争的需要。还有……"

"得了，"坐在右侧的主考官截住我的话说，"今天是面试，不是叫你来参加听证会的，你可以走了。"

我起身往外走。这时那位男工端了杯茶水迎上来拦住我说："杨先生，慢着走，请喝杯茶，你刚才说还有……请把话说完。"

我心里正窝火,便没好气地说:"你们公司的部门设置不合理,中层管理人员的职位太多,至少可以精简或兼并四分之一。"

"好小子!"男工当胸给了我一拳,"你被录用了。"

"大叔,我没心思跟你开玩笑。"我不屑一顾地说。

"什么,你不相信,我是公司的总经理呀。"

第二天我就成了该公司的一员,人力资源部安排我做了总经理的行政秘书。

点评:这是一个知己知彼、有备而来、直言相告、坦诚制胜的求职成功案例。求职面试当然讲点技巧,但更重要的是你的人品、实力、个性。实力才是硬道理,对于这一点不应本末倒置,以免弄巧成拙,适得其反。

【案例三】为自己的求职语言增彩

小丁到一家"桑塔纳"轿车维修中心求职。论学历,该中心要求大学本科毕业,而小丁只是个职业中专毕业生;论技术,该中心要求会维修桑塔纳轿车,而小丁只修过摩托车,而且是业余的。可他凭着自己的出色语言,打动了经理,获得了成功。

在面试中,经理最后给小丁提了一个问题:"那你学会修理轿车以后,是不是又要跳槽呢?"小丁一听,灵机一动,答道:"咱们这个企业效益这么好,我为什么要跳槽呢? 我去哪里不是为了生活? 我没有过高的奢望,只要出师后,能维持一个普通人的生活就行了。当然如果有一天,咱们的企业也像我原先所在的单位,连每月300元的工资都发不出,经理,您到时候会让我在这儿待下去吗? 我希望咱们的企业能永远兴旺发达,对于这一点,您不是也在苦苦追求吗?"这一席话,把经理说得忍俊不禁,点头称是,叫小丁第二天就来上班。

点评:这是一个面试中掌握主动、机智应对、幽默轻松的成功案例。作为应试者,一般都采取直接的方式回答考官的问题,它能让招聘方一下子捕捉到回答的信息。但有时有许多问题不好直接回答,或应试者需要适当发挥,以便更好地推销自己的能力和观点,这时候可以选择和调整言语表达的内容和形式,变换答问的内容、角度、方式,增强语言的灵活性,达到言语交流的预期目的。比如,以含蓄回答代替直接回答,以表达观点代替就事论事,以反问句代替陈述句等。反问句是语言中的强句,是语言中的"盐",它能比较强烈地表达自己的心声和感情,面试中恰当运用,能增强表达效果。案例中,小丁用第一个反问句,变被动为主动,第二、第三个反问句,非常巧妙地讲明自己来跳槽实属无奈,并非天生的"朝秦暮楚"。接着用第四个反问句,既充分表达了对经理能力的信任,又表明了自己"心系企业"的心情,风趣得体,入情入理,亲切感人,达到求职的目的。

训练

【训练一】哪一位回答得更好

下面是一次某广告公司在招聘广告部主任时,主考官向两位求职者提出了三个问题,他们两人作出了不同的回答,请你分析看看,他们哪一位回答得更好? 为什么?

问题一

主考官:你做的最为出色的事情是什么?

求职甲:我擅长写广告词,又参与摄影,还亲自校对广告的设计。

求职乙:我擅长吸引广告客户和广告创意,并善于估算我们将获取什么样的效益。

问题二

主考官:你的缺点是什么?

求职甲:我有点急躁,有时候有些沉不住气,少不了与人发生摩擦。另外,我用于工作的时间过长,连家庭生活都失去了平衡。

求职乙:为了把事情做好,有时候我不能按时完成工作。然而,我已作了努力,在过去的一年中,我只出过一次这样的情况。

问题三

主考官:你是否有失败的时候?

求职甲:我想我很幸运,我从未失败过,成功还将永远陪伴着我。

求职乙:干工作犹如赛马,我从马上摔下来过,但我知道问题出在哪里,于是,我爬起来又骑了上去,终于我成了一名不错的骑手。

【训练二】应聘秘书答话训练

某公司要招聘一名秘书。招聘的基本要求是:身体健康,品貌端正,无不良嗜好,为人正直热情,大专以上文秘专业毕业,性别不限。招聘的素质要求是:能熟练用普通话交谈,懂粤语、英语更好;能掌握机关常用事务文书、公文的写作,写得一手好字,熟悉电脑操作,中英文打字速度快,有一定的处理行政事务的能力。

请你根据主考官问话的内容,拟写出答话的内容。

主考官:请你作一下自我介绍好吗?

学生:

主考官:你认为做好秘书工作需要具备哪些素质能力?

学生:

主考官:我们招聘的是秘书,请你说一说,你担任这一职务有什么优势?

学生:

主考官:从秘书的工作范围来说,杂得很,既要坐得住,又要跑得了,还要经常熬夜加班赶文章,很辛苦,你能受得了吗?

学生:

主考官:担任秘书一定要跟领导处理好关系,不知道你在这方面有何见解?

学生:

主考官:当秘书有时难免挨领导骂,受委屈,你对这个问题怎么看?

学生:

主考官:陪领导应酬也是秘书的一项工作,不知道你的酒量怎样?如果你不能喝酒,但在酒席上,客户一定要你喝,你怎么办?

学生：

主考官：请你谈一谈到公司后五年的职业发展规划。
学生：

主考官：你对薪水待遇有什么要求？
学生：

主考官：你对我们公司还有什么建议吗？
学生：

【训练三】经理该录用哪一位

有三人到某宾馆求职，宾馆经理对他们三个人（甲、乙、丙）提出了一个问题："如果您在工作中，无意中推开一浴门，而里面有一位小姐正在洗澡，您如何用语言化解这个尴尬局面？"

甲回答说："对不起，然后关上门退开。"

乙回答说："对不起，小姐，然后关上门退开。"

丙回答说："对不起，先生，然后关上门退开。"

假如你是宾馆经理，你该录用哪一位？为什么？

【训练四】他为什么被录用

国外某企业招聘一职员，有三位求职者前来应聘。主考官让这三人想象正在砌砖盖房子，然后问道："你们在做什么？"第一个应聘者回答说："砌砖。"第二个应聘者回答说："我正在挣钱，每小时3元。"第三个应聘者回答说："你问我吗？说真的，我正在修建世界上最伟大的建筑。"结果，第三个应聘者被录取了。

请你说说为什么第三个应聘者被录取了？

【训练五】自我介绍训练

某贸易公司招聘推销员，条件是：

1. 性别、专业不限，大专学历以上，相貌端正。

2. 吃苦耐劳，积极进取，责任感、事业心强。

3. 口才好，具备良好的沟通能力。

4. 具有较强的合作意识与团队精神。

5. 百折不挠，具有良好的心理素质。

6. 有相关工作经验者优先。

请根据以上条件以及自己的优势特点，设计一个应聘时的自我介绍，控制在3分钟内。

【训练六】应聘情景模拟训练

模拟求职应聘面试过程。由教师和两名学生扮演主考官，学生扮演求职者，从敲门入内开始练习起，到退出办公室为止，做面试全过程练习。

【训练七】自我推销辞评析

下面是一位毕业的生自我介绍,请你给予评析,它有什么优劣点,为什么?

自我推销辞

短短的两年中职生活即将离去,在菁菁校园中,老师的教诲,同学们的友爱以及各方面的熏陶,使我获得许多知识,懂得许多道理,收获很多,本人勤奋好学,勤学苦练,努力学习文化知识,专业技能过硬,遵守中职生行为规范。

在校期间,我一直致力将自己培养成一个复合型人才。两年来,在专业老师的悉心指导下,我刻苦学习烹饪专业知识,掌握冷拼、雕刻、面点制作技术,并积极参加校内各项技能比赛,取得优异成绩,并获得中级烹饪师的资格。在校期间,本人注重提高自身文化素质,并通过语、数、英、计算机会考,成绩优秀。我积极参加各类文体活动,身体健康,体育合格标准达标。在心理方面,锻炼自己坚强的意志品质,塑造健康人格,克服心理障碍,以适应社会发展要求。

本人性格活泼开朗,爱好篮球,听音乐,上网。在班里担任过原料知识课代表,学习委员,团员。工作认真,有很强的管理能力。

作为一名即将毕业的中职生,我深知两年的中职生活所奠定的只是技能和知识的基础,在未来我将面对许多挑战。但我会以实力和热诚去克服困难,从中获得经验,丰富自我,从而更好地实现人生的价值。我会继续努力,把自己培养成一个合格的高技能的烹饪师!

【训练八】尖锐问题的应答训练

求职时,面试官有时会问尖锐而尴尬的问题。当你被问到这些问题时,你会怎么回答?

问题一:你并非毕业于名校?

问题二:你刚毕业没有经验。

问题三:你看起来很瘦弱,怎么承受强大的工作压力?

问题四:你在校期间没参加过任何活动,也没担任学生干部,我们觉得你的工作能力不够。

看看别人是怎么回答的,可以作为你灵活应答时的参考,当然你不能说假话。

问:你并非名校毕业?

答:马云、牛根生、李书福,太多有成就的人不都不是出身于名校,有得甚至连大学都没读过。是否毕业于名校,不应该成为衡量人才的标志,更不应该成为公司用人的标准。

问:你刚毕业没有经验。

答:诸葛亮出山前从没带过兵打过仗。一张白纸能画出更好的画儿,没有经验也意味没有思维定势,不受条条框框的束缚,更易创新。

问:你看起来很瘦弱,怎么承受强大的工作压力?

答:我来单位不是当保安的。孙悟空瘦小,却能在山下压五百年,换成猪八戒就不成了。

问:你在校期间没参加过任何社团活动,也没担任学生干部,我们觉得你的工作能力不够。

答:的确,我没有参加过任何社团活动,也没担任学生干部,但那并不代表我的工作能力不够,而是我知道,在一所普通学校里,不好好学习,将来走上社会,我没有任何立足之地。所以,在校期间,我选择了日复一日的学习,我知道,没有参加社团活动或担任学生干部是不完美的,但在校期间连续几个学期的优异成绩也是令我自豪的。

听到他的回答,面试官忍不住笑了,同时向他伸出手来说:"欢迎你加入我们公司。"

第七章 职场交际口才

导入

蒙蒙错在哪里

蒙蒙,毕业一年多,在一家广告公司做广告文案策划。漂亮,聪慧,干活利落,深得男上司赏识。

一次,上司交给她一项重要的任务:按照上司的既定思路做一个详细的策划方案。上司先告诉她,客户是一个当地大型房地产公司的项目,并表示这个客户对公司发展很重要。为此,上司先提出了策划思路,让她只要按照这个思路做策划方案就行了。

蒙蒙很不解:以前都是上司顶多提个要求,策划方案完全由自己完成,而且每次都能得到上司的称赞。"难道是上司对自己不够放心? 不相信自己的能力?"她发现上司的思路有一个致命性的错误,如果按照那个思路做策划方案,肯定会遭到客户的拒绝。

于是,蒙蒙又找到上司,当时上司和全公司的领导正在开会,但她当着众人直截了当地说:你的思路根本不对,应该这样……直接否定了上司,这让男上司感觉很没面子。结果是方案给了别人做。尽管最终的策划方案的确不是上司预先的思路,但蒙蒙的那位同事没有像她那样直接顶撞上司,而是私下同上司做了交流,上司主动改正了原有的思路。结果,自然是皆大欢喜。

作为下属,不顾忌上司的面子挑战他的权威是非常危险的,尤其是在公共场合,让上司难堪是最忌讳的。首先,对上司布置的工作先答应下来。然后,找机会单独和上司交流,说明你自己的想法,建议上司考虑,让上司感觉到你是在为他着想,是为了更好地做好工作。一般来说,上司都会考虑你的想法,同时他也不会感到失面子。

一个人的职业生涯成功与否,与口才有着直接的关系。如果在职场中能够拥有良好的口才。那就赢得比别人更多的发展机会,甚至会使自己的人生与事业光彩照人。一个人要在复杂的职场中正确对待各种人和事,必然要学会"说话",让上下左右都对你满意并刮目相看。若不谙此道,则必然会处处碰壁,一事无成;而精于口才,则能在职场生涯中潇洒自如,事事顺利。

所谓职场交际口才,就是指在职业场合中与人交流沟通,来表达自己的见解、主张的说话才能。一般来说,职场交际除了职业场合中上下级、同事之间、对外交往的沟通交流外,还包括求职与面试两个方面,而本章是介绍员工与上司、同事之间沟通交流的说话艺术和技巧。

职场是人生、生活的重要舞台,职场交际口才便是在这个舞台上精彩表演的关键。可以说,好口才是一个人左右逢源、办事顺利、事业成功的重要前提。

导训

第一节 怎样和上司交流

每个人跨入社会、走上工作岗位,都要遇到或面对不同的上司。与上司的相处和交流也是一门学问,既要摆正心态,更要学会技巧。

1. **尊重上司**。作为单位或部门的领导,一般都具有较高的威望、资历和能力,有很强的自尊心。作为下属,应当维护上司的威望和自尊。在上司面前,应有谦虚的态度,不能顶撞上司,特别是在公开场合,尤其应注意,即使与上司的意见相左,也应在私下与上司说明。

2. **听从上司指挥**。上司对下属有工作方面的指挥权,下属对上司在工作方面的安排、指挥必须服从,即便有意见或不同想法,也应执行。对上司指挥中的错误可事后提出意见,或者执行中提出建议。

3. **对上司的工作不能求全责备,而应多出主意,协助上司做好工作**。不要在同事之间随便议论上司、指责上司。当然,对个别品德很差、违法乱纪的上司,则另当别论。

4. **提建议要讲究方法**。在工作中给上司提建议时,一定要考虑场合,注意维护上司的威信。提建议一般应注意两个问题:一是不要急于否定上司原来的想法,而应先肯定上司的大部分想法,然后有理有据地阐述自己的见解;二是要根据上司的个性特点确定具体的方法,如对严肃的上司可用正面建议法,对开朗的上司可用幽默建议法,对年轻的上司可用直言建议法,对年长的上司可用委婉建议法。

5. **如果有意见最好直接向上司陈述**。在工作过程中,因每个人考虑问题的角度和处理的方式不同,对上司所作出的一些决定难免有看法,在心里有意见,甚至变为满腹的牢骚。在这些情况下,切不可到处宣泄,否则经过几个人的传话,即使你说的是事实也会变调变味,待上司听到了,便成了让他生气和难堪的话了,会对你产生不好的看法。所以最好的方法就是在恰当的时候直接找上司,向其表示你自己的意见,当然最好要根据上司的性格和脾气用其能接受的语言表述,这样效果会更好些。作为上司,他感受到你的尊重和信任,对你也会多些信任,这比你到处发牢骚,风言风语好多了。

第二节　怎样与同事相处

同事是与自己一起工作的人。与同事相处得如何,直接关系到自己的工作、事业的进步与发展。处理好同事关系,应注意以下几点:

1. **乐于从老同事那里吸取经验**。那些比你先来的同事,相对来说会比你积累了更多的经验,有机会时不妨聆听他们的见解,从他们的成败得失里寻找可以借鉴的地方,这样不仅可以帮助自己少走弯路,更会让他们感到你对他们的尊重。尤其是那些资历比你长,但某些方面比你弱的同事,会有更多的感动。而那些能力强的同事,则会认为你善于进取,便会乐于关照并提携你。

2. **尊重同事**。相互尊重是处理好任何一种人际关系的基础,同事关系也不例外。同事关系不同于亲友关系,它不是以亲情为纽带的社会关系,亲友之间一时的失礼,可以用亲情来弥补,而同事之间的关系是以工作为纽带的,一旦失礼,创伤难以愈合。所以,处理好同事之间的关系,最重要的是尊重对方。

3. **适当"让利",放眼将来**。有一些人与同事的关系不好,是因为过于计较自己的利益,老是与人相争种种"好处",时间长了难免引起同事们的反感,无法得到大家的尊重。如果对那些细小的、不大影响自己前程的"好处",多一些谦让,豁达的处世态度容易会赢得人们的好感,也会增添你的人格魅力,会带来更多的"回报"。

4. 让乐观和幽默使自己变得可爱。 如果我们从事的是单调乏味或是较为艰苦的工作，一定要保持乐观的心境，让自己变得幽默起来，如果是在条件好的单位里，那更应该如此。因为乐观和幽默可以消除彼此之间的敌意，能营造一种亲近的人际氛围，并且有助于你自己和他人变得轻松。消除了工作中的劳累，那么在大家的眼里你的形象就会变得可爱，容易让人亲近。

5. 物质上的往来应一清二楚。 同事之间可能有相互借钱、借物或馈赠礼品等物质上的往来，切忌马虎，每一项都应记得清楚明白，即使是小的款项，也应记在备忘录上，以提醒自己及时归还。在物质利益方面无论是有意或者无意地占对方的便宜，都会在对方的心理上引起不快，从而降低自己在对方心目中的人格。

6. 对同事的困难表示关心。 同事的困难，通常会首先选择亲朋帮助，但作为同事，应主动问讯。对力所能及的事应尽力帮忙，这样，会增进双方之间的感情，使关系更加融洽。

7. 不在背后议论同事的隐私。 每个人都有隐私，隐私与个人的名誉密切相关，背后议论他人的隐私，会损害他人的名誉，引起双方关系的紧张甚至恶化，因而是一种不光彩的、有害的行为。

8. 对自己的失误或同事间的误会，应主动道歉说明。 同事之间经常相处，一时的失误在所难免。如果出现失误，应主动向对方道歉，征得对方的谅解；对双方的误会应主动向对方说明，不可小肚鸡肠，耿耿于怀。

第三节　轻松遨游职场的言谈技巧

俗话说得好："会干的不如会说的。"仅仅凭借熟练的技能和勤恳的工作，就想在职场游刃有余、出人头地，未免有些天真了。虽然能力与勤奋很重要，但说话得体，却能让你工作起来左右逢源，并且能帮助你加薪、升职。

1. 应答上司交代的工作：我立即去办。 冷静、迅速地做出这样的回应，会让公司直观地感觉到你是一个工作的效率、处理问题果断，并且服从领导的好下属。如果你犹豫不决，只会让上司不快，会给上司留下优柔寡断的印象，下次重要的机会可能就轮不到你了。

2. 传递坏消息时：我们似乎碰到一些情况。 一笔业务出现麻烦，或市场出现危机，如果你立刻冲到上司的办公室报告这个坏消息，就算不关你的事，也会让上司怀疑你对待危机的能力。弄不好还会遭到上司的责骂。

正确的方式是你可以从容不迫地说：我们似乎碰到一些情况……。千万不要乱了阵脚，要让上司觉得事情并没有达到不可收拾的地步，并且感到你会与他并肩作战，解决问题。

3. 体现团队精神：×××的主意真不错。 别人的创意或设计得到了上司的欣赏时，虽然你心里为自己不成功的设计而难过，甚至有些妒忌，你还是要在上司的听力范围内夸奖别人：×××的主意真不错。善于欣赏别人，会让上司认为你本性善良，并富有团队精神，从而对你更加信任。

4. 如果你不知道某件事：让我再认真地想一想。 当上司问到你某个与业务有关的问题，你不知道如何作答，千万不要说"不知道"。应该说："让我再认真地想一想，两点前答复您好吗？"这样不仅暂时让你解围，也让上司认为你不轻率行事，而是个做事谨慎、三思后行的人。

5. 请同事帮忙：这个策划没有你真不行啊。 有个策划，你一个人搞不定，得找个比较内行的人帮忙，怎么开口呢？你可以诚恳地说：这个策划没有你真不行啊！同事为了不负自己内行的形象,通常是不会拒绝的。当然,事后要记得感谢人家。

6. 拒绝不文明的话题:这种话好像不适合在办公室讲哦。一些人有时总喜欢说些不文明的话题,并且不太注意场合。如果碰到有人说这种话题,让你无法忍受,你可以说:"这种话好像不适合在办公室讲哦!"这句话可以让他们识趣地闭嘴。

7. 减轻工作量:我知道这件事很重要。我们不妨先安排一下手头的工作,按重要性排出先后顺序。首先,强调你了解这项工作的重要性,然后请求上司指示,将这项工作与其他工作一起排出先后顺序,不露痕迹地让上司知道你的工作量其实很大,如果不是非你不可,有些事就可以交给其他人延期处理。

8. 承认过失:是我一时疏忽。犯错误在所难免,所以勇于承认自己的过失很重要,推卸责任只会使你错上加错。不过,承认过失也有诀窍,就是不要让所有的错误都自己担承,这句话可以转移别人的注意力,淡化你的过失。

9. 打破冷场的话题:我很想知道您对这件事的看法。当你与上司相处时,有时不得不找点话题,以打破冷场。不过,这正是你赢得上司青睐的良机,最恰当的话题就是谈一些与公司有关、上司很关心又熟悉的话题。当上司滔滔不绝地发表看法时,也会对你这样一个谦虚的听众欣赏有加。

10. 面对批评:谢谢你告诉我,我会仔细考虑你提出的建议的。面对批评或责难,不管自己有没有不当之处,都不要将不满写在脸上,但要让对方知道,你已接受到他的信息,不卑不亢让你看起来既自信又稳重,更值得敬重。

第四节　管好你的嘴

职场上,我们每天都在和同事、领导沟通、交流。说什么、怎么说,什么话能说,什么话不能说,心里都应该有个谱儿。可以说混迹职场,就如同武侠闯荡"江湖"一样,到处都是明枪暗箭、刀光剑影。即使平时同事相处非常融洽,但你在聊天时也务必要管好自己的嘴巴,不然就很容易"祸从口出"。因此,在职场上务必管好自己的嘴巴,该说的便说,不该说的就不要说。既不要做一头默默无闻的老黄牛,也不要做叽叽喳喳的虎皮鹦鹉。

1. QQ 语气,老板很烦心。现在的年轻一族,上班第一件事就是挂 QQ,一个 QQ 面板上有好几百个人,同学、同事、客户、游戏好友、老板都在上面。不知不觉地,跟谁说话都是 QQ 腔。

一天,老板在 QQ 上问欣彤工作进度如何,她直接丢回一句:"好啦,我会做啦!"还附带一个吐舌头的表情,搞得老板心里半天不舒服。

欣彤的说话语气看似很轻松幽默,上下级关系融洽,但在领导看来却是对工作的敷衍和对领导的不尊重。

因此,职场中说话的语气非常重要,遇到注重"职场伦理"的老板,一有不对头的语气,就会让他对你产生不好甚至恶劣的印象,而你自己还浑然不觉。

2. 这些话绝对不能说。

"那不归我负责。"

说算有些事真的不属于你的工作范畴,但这样的话听在老板耳朵里,就代表着你自私狭隘,不愿承担责任,或缺乏团队精神,不愿多花力气,不会协助他人解决问题。你很可能就因为这么一句话而在职场中永无出头之日。

"这不是我的错。"

这是一种典型的透过用语。如果情况严重,你说这句话很可能会激怒老板。就算不是你的错,也不要把责任推得一干二净,不妨换一种说法,比如"在这件事情上,我确实有需要改进的空间,我认为可以如何如何",用这样的句式将话题重点转移到寻求解决问题的方法上,等问题解决了,再追究责任人,你也不会成为冤大头啦!

"我做不到……"

此话一出,老板就会严重怀疑自己的用人选择。你做不到,那招你来是干什么吃的。回想一下看过的宫廷剧里,所有的大臣都会说"臣遵旨。臣肝脑涂地必不辱使命",所以,即使你不可能完成所有使命,也不能赤裸裸地说"我不行"。你可以寻找替代方案或者想办法改变老板的预期。

"我没有要汇报的内容。"

如果每次开会轮到你说话,你都无话可说,那么你会发现以后不会有人再征询你的意见了。对老板而言,他永远需要建议、方案,沉默只能说明你工作没用大脑或者不投入。

"好想换个工作。"

刘媛曾经跟同事提到,自己想辞掉现在的工作,因为带孩子的压力实在太大了。结果她发现,48 小时以内,一些平时需要她参加的会议都没有通知她参加,甚至同事在谈到关键议题时,看到她在场就打住了。

显而易见,如果你透露了离职讯息,那么所有人就会当你已经离职了。

"35 岁之前我要做到副总。"

即使是关系再铁的同事,也不要把你的雄心壮志拿出来和他(她)分享,这不仅不能带来友谊,还会让你受到孤立。

"这个月的工资税后有 5000 元,哈哈。"

一旦你透露了自己的工资数目,大家就会来揣测你的身价是被高估还是低估,一切流言就会从这里开始。

"老板星期天打电话叫我出来陪酒。"

在同事面前炫耀自己和老板的特殊关系,无疑是自挖坟墓,这很有可能招来同事的红眼,招人嫉妒往往就会惹人算计。

"长假打算再到欧洲去玩一趟。"

哪怕是坐豪华游轮出国玩,也不要在同事面前炫耀。同样,天天哭穷也会惹人讨厌。

3. 有些实话,打死都不能说。

叶灵穿着新买的衣服走进办公室,李雪上前搭讪:"今天穿新衣服哦!"叶灵正要开心回应,却听见李雪紧接着说:"又是在步行街淘的吧?"叶灵灿烂的笑容立刻冻结在脸上。虽然叶灵爱去步行街淘便宜衣服穿,但是她很介意别人当面这样说。本来是一个增进同事感情的机会,李雪那张不会说话的嘴,却让自己被叶灵列进了人际黑名单。

有时候虽然我们的初衷并不坏,但是说者无心,听者有意,千万别做那些说话得罪了人,自己还浑然不知的事。

4. 不做打小报告的告密者。在职场中,爱"打小报告"的人或告密者总是遭到人们的唾弃和孤立,因为他使周围的人感到了严重的不安全感。安全是人最起码的心理需要,如果这种需要因为有人打小报告而受到了威胁。那么"打小报告"的人自然就会失去同事们的信任。"打

"小报告"虽然不等同于"告密",但在一般人眼里,在领导面前打小报告、告密是同质不同名的一对同义词。这种行为因为常常伤害到他人的利益,从而造成人与人之间的冲突,所以打小报告往往被人认为是卑劣的行径。

5. 不要向同事发牢骚。 说算你在办公室受了多大冤屈,满腹苦水,都不应该向同事诉苦。原因有二,牢骚如同狐臭,人人避之唯恐不及,没有人有义务当你的情绪垃圾桶,说不定你把你的心事说得凄凄惨惨、戚戚切切,而他一边忙着点头,一边正在心理耻笑你呢;其二,办公室不是你找心理医生的地方,同事也是和你一样的普通人,不是心理医生,没有责任也没有能力为你解决心理问题。

6. 八卦可以听,但不要说。 八卦一向是同事间联络感情的最佳话题,尤其在茶水间、洗手间这两间"谈话室"里,往往是众家流言的最大集散地,也是大家说老板坏话的"秘密花园"。八卦可以多听,但不能多讲,最好只进不出。更要不得的是以成为八卦中心为荣,到处打探小道消息,变成了被利用的对象还浑然不知、乐在其中呢!

7. 明明知道却推说不知。 同事之间遇到问题,互相请教是时常发生的事。如果同事向你请教问题,表明他在这方面很看重你的能力,也会相当尊重你的意见。此时,如果你明明知道解决的办法却不肯为同事出谋划策,推说不知的话,就会为你的人际关系埋下一颗危险的炸弹。以后如果同事还有事情的话,也不会再向你请教了。同样的道理,如果你有什么难题需要得到同事的支援的话,恐怕也只能得到"以彼之道还施彼身"的结果了。

8. 常和一个人"咬耳朵"。 一个办公室里有好几个人,你对每一个人都要尽量保持平衡,不要对其中某一个特别亲近或特别疏远。平时,不要老是和同一个人说悄悄话,也不要老和同一个人进进出出。否则,会给别人造成你们在搞小团体的坏印象。如果你经常在和同一个人"咬耳朵",看到别人来了又不说了,那么难免会让对方产生你们在说人家坏话的猜疑。

9. 不要总想在嘴上占尽便宜。 在与同事相处中,有些人总想在嘴巴上占便宜。有些人喜欢说别人的笑话,占别人的便宜,虽然是玩笑,也绝不肯以自己吃亏而告终;有些人喜欢争辩,有理要争理,没理也要争三分;有些人不论国家大事,还是日常生活小事,一见对方稍有破绽,就死死抓住不放,非让对方败下阵来不可……所有这些都会破坏同事关系。

10. 会说不如会听。 说话是人与人之间传递思想、交流情感的最基本的手段。但真正的说话技巧不仅是会说,还要会听。掌握良好的听与说的技巧,在倾听中及时响应,是联络情感、满足需求必不可少的人际交流桥梁。在和对方的谈话中会听是很重要的一环,这是博得对方好感的一个秘诀。遗憾的是,在职场交际中要做到会听是相当困难的。对方一开口,立刻打断对方,自己却长篇大论地讲个不停,等到对方感到不悦而索性不说了,他反而认为对方被自己说服了,还在那里得意洋洋呢。这样的人还真不少。通常自己的毛病是不太容易发现的。

案例

【案例一】为什么别人不搭理她

张挺在某国家机关做办公室文员,她性格内向,不太爱说话。可每当就某件事情征求她的意见时,她说出来的话总是很"刺"人,而且她的话总是在揭别人的"短儿"。

有一回,自己部门的同事穿了件新衣服,别人都称赞"漂亮"、"合适"之类的话,可当人家问张挺感觉如何时,张挺直接回答说:"你身材太胖,不适合。"甚至还说:"这颜色你穿有点艳,根本不合适你的肤色。"

这话一出口,便搞得当事人很生气,而且周围大赞衣服如何如何好的人也很尴尬。因为,张挺说的话有一部分是事实,比如说该同事就是比较臃肿。虽然张挺会为自己说出的话不招人喜欢而后悔,可很多时候,她照样说这些让人接受不了的话。久而久之,同事们把她排除在集体之外,很少就某件事儿去征求她的意见。

尽管这样,如果偶然需要听听她的意见时,她还是管不住自己,又把别人最不爱听的话给说出来。

现在在公司里几乎没有人主动搭理她。张挺自然明白大家不搭理她的原因。

点评:对非原则性问题要"多栽花,少挑刺",不必过于认真。要知道,赞美与欣赏他人,是人际关系的点缀与润滑,而能够真诚地赞美与欣赏他人,则是自己的一份美德。

【案例二】如何向老板提出增薪要求

下面是一段老板与雇员的对话,哪个语言运用得比较好呢?

版本 1

雇员:我已经来这里试用了一个月了,您对我的工作情况满意吗?

老板:当然,我很满意。

雇员:那您决定把我转为正式职员,享受正式职员的各种待遇吗?

老板:暂时还不能。

雇员:为什么?

老板:公司是有规定的,要等到试用三个月后才能转为正式职员,我们在一个月前已经谈好了,不是吗?

雇员:可我工作非常努力,这是大家有目共睹的。我认为规定是死的,可以适当地调整。

老板:对不起,我还没有考虑过改动规定的问题。

雇员:那就是说我还要再熬过两个月了?

老板:你当然可以不熬。

版本 2

雇员:我已经来这里试用一个月了,您对我的工作情况满意吗?

老板:当然,我很满意。

雇员:也许我能提一个小小的建议,我个人因为经济上的困难,很需要得到正式职员的工资和待遇。有些事情总是搅得我不能安心。

老板:对不起,我们暂时还不能。

雇员:当然,我的建议非常冒昧,这条规定是不能改动的,对吗?

老板:话也不能那么说,我们当然要考虑你的实际情况,规定是死的,但在特殊情况下可以改动。

雇员:算了,那也不必。不要因为我而让其他新来的人感到不公平。

老板:你的情况和他们的情况不一样,你比他们工作努力,这件事我是可以考虑的。

点评:在一个版本中,这名雇员在提出对公司的要求时,不阐述自己的理由,言辞过于生硬,谈话中和缺乏技巧,忘记自己和身份。在被老板拒绝后,他措辞极为不当,"熬过两个月"会给老板带来一种错觉,认为你是奔着工资来的,对工作毫无热情,这样的谈话只可能带来消极的后果。

在第二个版本中,雇员很巧妙地采取了试探提问,并阐述了自己的理由,在被拒绝之后没有断续坚持,而是把话题转到另一个方向上去。这时候老板就不得不主动提出修改规定的意思。雇员又采取了以退为进的方法,替老板担忧,"不要因为我而让其他新来的感到不公平"。老板当然要证实自己的能力,于是痛快地答应了雇员。表面上看起来很简单的谈话,实际上存在着很高的技巧,如果我们详加分析的话,肯定会从中受益。

训练

【训练一】上班第一天

假设今天是你来到新单位上班的第一天。人事部经理带你走进办公室,向大家介绍:"这是新来的小李,安排在你们办公室工作。从今天起开始上班、考勤。"接着,你该怎么做?

提示:

你应该向大家作一个简单的自我介绍——姓名、年龄、籍贯、爱好等,然后,走到每个老员工面前点头微笑或鞠躬,说"您好",最后,走到你的办公桌前开始工作。

【训练二】接电话

某天,办公室只剩你一人,其他人都出去办事了。突然电话响了,要找的人不在,你该如何接听这个电话?

提示:电话响两声后拿起,首先问好,然后自报家门,再问找哪位,告诉对方要找的人不在,有什么事需要帮忙转告等。

【训练三】接待来访

一个陌生人来到办公室门口,敲门进来,自我介绍是某公司的业务员,来洽谈某项业务。你座位在门边,离他最近,你应怎么做?

提示:你应起身迎接,问好,引领到接待室,让座,倒茶,然后或是你与他洽谈,或是把相关的业务主管请来与他洽谈。

【训练四】面对上司不公正的指责怎么办

假如你在工作中被上司批评,而实际上并不是你的错,你会怎么办呢? 你怎样向上司作辩解?

提示:被上司批评或指责,虽然应该诚恳而虚心听取,但如果不是你的错,就应该辩解,但要注意灵活委婉,注意方式方法和时机、场合。不辩解,只能让上司对你的印象更加恶化。

【训练五】如何向老板汇报工作

你在办公室,忽然你的下属冲进来,对你说:"老板,我最近留意原材料的价格,发现很多钢材都涨价了,还有刚才物流公司也打电话来说提价,我又比较几家的价格,但是还是没有办法说服他不涨价,还有,竞争品牌×××最近也涨价了,我看到……对了,广告费最近花销也比较多,如果……可能……"

是不是你一头雾水? 听了半天你还不知道下属究竟要说明什么? 或者要求你提供什么帮

助？下属应该怎样向老板汇报工作？

提示：下属可以这样说："老板，我认为我们的产品应该涨价20％，因为第一，原材料最近都涨价了30％，物流成本也上涨了；第二，竞争品牌全部都调价10％～20％，我们应该跟进；第三，广告费超标，我们还应该拉出空间，可以做广告……老板，你觉得这个建议是否可行？"这样汇报工作吗，先从建议说起，先说中心思想，然后再向推演，说出个一二三的理由，层次清楚，逻辑性和说服力强，使口语交际变成"有效讲话"。

【训练六】如何在平等的气氛中谈话

下面是员工甲与同事乙的一段对话，请指出它的毛病。

甲：我来公司已经半年了，总是得不到重视，你们这个公司死气沉沉的每个人都像是患了懒惰病。

乙：你很精明能干吗？

甲：当然，我比你们都强。我是重点大学的毕业生，在这个公司，唯有我一个人上过如此正规的专业大学。

乙：你真是当老板的料。

甲：当然，我就是机遇不好，不然怎么来这个公司。

提示：员工甲以自我为中心，把对方放在对立的位置上，喜欢提高自己，贬低别人，给对方造成心理压力，致使谈话无法再平等的气氛中进行下去，对方会认为他是一个无礼、傲慢、让人讨厌的同事。

【训练七】倾听能力测试

请完成以下测试，根据您的感觉，在对应答案上面打"√"

测试类型	是	否
1. 一般情况下，我很少中途打断别人说话		
2. 在听完之后会给予反馈，比如"对"，"然后呢"		
3. 我总是面带微笑听别人说话		
4. 在倾听中，我十分关注对方透露出来的情感		
5. 对方和言外之意总是被我留心注意到		
6. 听完之后，我能总结出对方主要的表达的意思是什么		
7. 即便对方讲到不好的事情，我也尊重对方		
8. 倾听后，我能通过主动提问引导对方		
9. 我的态度总是很热情，而且对方能够感受得到		
10. 听到重要信息时，我会留心做记录		

测试评分：

8～10个"是"，你是一位优秀的倾听者，能够通过有效的倾听与对方建立良好的关系；5～7个"是"，你表现出了一定的倾听能力，但是仍然有很多地方需要加强；0～4个"是"，你的倾听能力急需加强，请努力改善！

第八章 管理口才

导入

美国石油大王洛克菲勒巧妙化解劳资危机

美国石油大王洛克菲勒的工厂发生了持续两星期之久的罢工,管理工厂的是洛克菲勒的儿子,他使用高压手段,请来军队进行血腥镇压,结果引来了更大的反抗。洛克菲勒决定用柔和的手段来化解争端,他开始和工人为友,到工人家访问,使双方感情有所好转,最后他把工人召集起来,作了一次演讲:

"在我的一生中,今天要算是一个十分值得纪念的日子。我觉得十分荣幸,因为我能够和诸位认识,如果今天的聚会,是在两星期前,那么我站在这里,就是一个陌生人了,因为我对诸位还知之甚少。我有机会到南煤区的各个帐篷去看了一遍,和诸位代表作了一次私人的个别谈话;我看过了诸位的家庭,会见了诸位的妻儿老幼,大家对我都十分客气,殷勤地招待,完全把我当自己人一般;所以,今天我们在这里相见,已经不是陌生人而是朋友了。现在,我们不妨本着相互的友谊,共同探讨一下大家的利益……"

这真是一次动人的演讲!要使得双方最终化干戈为玉帛,一场劳资危机得到了巧妙地化解。作为管理者的洛克菲勒没有用强硬的措辞去威逼工人复工,而是用诚恳、友好的态度同工人协商解决争端的办法,最后真正赢得听众,成功地避免了一场劳资灾难,这就是口才的奇妙和非凡作用。

古人言:"一言可以兴邦,一言可以丧邦。"它道出了口才的无比威力以及口才在决定一个人生活及事业成败中的重要作用。历史也无时无刻不在向人们证实语言的伟大力量。洛克菲勒的故事中也可以说明:事业的成功与失败,往往决定于某一次重要谈话。事实的确如此。

管理是管理者为达到预定的目标,运用科学的方法和手段(包括口才),对所管理的对象进行决策、计划、组织、指挥、控制、协调和监督的活动,它存在于人类社会的各个阶段、各个领域和各个层次。小到班组、科室,大到单位、团体乃至社会、国家都离不开管理。第一线的管理人员和单位领导都是管理者,只不过他们的管理职责、范围和层次不同而已。管理口才是指管理者在管理活动中的口头表达的才能,是管理活动中社会交往、建立和谐人际关系的重要工具,是管理活动中传递信息的有效方式,是管理工作开展思想政治工作的有力武器,是管理工作最有效最经济的手段。管理口才好的人,其语言的吸引力、说服力、感染力会给人留下很深的印象,使人产生一种信任感,并愿意接受他的重托或把重要任务托付给他。好的职业口才在管理活动中不但能节约时间,而且能大大提高管理效率。

导训

第一节 管理者要有一副好口才

职场管理者负有对众多下属和员工的管理和指挥职责。在行使自己的职责时,没有一定的口才显然是不行的。因为,不管是命令也好,指挥也好,协调也好,都必须通过口头语言来传达给下属员工,而口才不佳,则必定会影响工作效率。

1. **良好的口才是管理人员应当具备的基本素质之一**。"言行"能否"服众",从古至今都是评判管理人员能力的重要标准,而其中"言"是排在首位的,要能"服众"当然需要良好的口才。

2. **管理口才的重要性越来越明显**。管理者的首要任务是协调好人与人之间的关系,而这种协调主要依靠口头和书面的沟通,口头的沟通在其中居主导地位。美国管理学家保罗·蓝金关于各单位主管人员时间分配的研究表明,他们有 70% 的时间用于沟通,而听与说(即口头的沟通)占总沟通时间的 75%,书面沟通仅占 25%。

3. **管理人员的地位和权责也要求他们具备良好的口才**。管理人员是组织中的中坚人物,他们的话具有一定的权威性,因此,更应当注意说话的措辞和方式,说话吞吞吐吐、啰啰唆唆的管理人员很难在下属中树立威信;另外,随着社会的发展进步,管理的内涵越来越丰富,范围越来越广,管理人员不可能做到事必躬亲,这就需要对下属进行授权、下达任务并辅以监督、控制,这些工作都需要管理人员有一副好口才。

第二节　管理者讲话的要求

掌握一定的讲话方式是对一个管理者的基本要求,也是讲话获得良好效果的重要所在。同样是管理者,同样是讲话,有的人说话分量重,有的人讲话却分量轻,这就是讲话方式所造成的差异。因此,应注意以下几个方面:

1. **言简意赅**。会长话短说的管理者,很容易得到下属的认可和喜爱。

某君写了很多封应征信,填了很多很多张申请表,一一寄出,均如石沉大海。不料收到一张回邮的明信片,仅有"某时面谈"简简单单几个字,他一定终身忘不了这张短短的回邮。

2. **最后出场**。"重点置之于后"的心理因素在中国最具有代表性。开会时,官阶愈高的人愈后到。其实说话也一样,愈将重点放在后面,愈能显出所说的话的重要性。

3. **说出个性语言**。一般人都有自己的习惯用语,即口头禅。口头禅是人们常挂在嘴边的口头语,一般来说以这些话来介绍自己,能够使别人听来亲切自然,也能为自己树立一个独特的形象。

4. **幽默风趣**。幽默的话,易于记忆,又能予人以深刻印象,这是自我宣传的商标,借此可以使人们记住你,并使你的话产生更大的力量。

5. **句子短些**。短句子说起来轻松,听起来省力,吸引力也强。如果一句话的含义过于复杂,听者费力,交流也就多了一层障碍。

6. **通俗易懂**。选择什么线索来整理说话内容,可以看需要而定。要注意通俗易懂,忌怪僻生异,并且吐字清晰,语速适当。

7. **坚定自信**。说话时要坚定而自信,眼睛正视对方,这样才显示你是充满自信和颇具能力的。若讲话时眼睛不敢正视,握手软弱无力,会使人觉得你意志薄弱,容易支配。

8. **姿态端正**。开口说话是端正姿态,给听者留下一个好印象。与别人谈话时,身体略往前倾,会让别人更容易接受你的意见。

9. **手势有力**。作强调时运用手势,但不可指着别人的脸晃动手指。说话慢而清晰,语言简短,等于告诉对方:"我有能力控制一切。"

10. **关注听众**。注意对方的眼睛。为了了解听众情绪,还要注意对方的小动作,一个人可以做到喜怒哀乐不形于色,但他的小动作会透露他的心情。例如你在谈话时发现对方的腿在轻轻晃动,这表明他对你的话不以为然。

11. **扩大知识面**。知识面越大,谈话的含量会越丰富,也越能令你在各种场合中展现较好的语言魅力。

第三节　与下属沟通的艺术

管理者的素质是多方面的,他应先"知"——认识他人、认识自我,后"行"——修炼自我,参加管理的实践活动。管理者应努力培养与提高自己的人际交往能力,包括沟通、激励、和谐共处等综合能力。沟通,是指上下左右的沟通。这里,我们只谈管理者与下属沟通的问题。

1. **激发员工讲话的愿望**。谈话是管理者和员工的双边活动,员工若无讲话的愿望,谈话难免要陷入僵局。因此,管理者首先应具有细腻的情感、分寸感,注意说话的态度、方式以及语音、语调,旨在激发员工讲话的愿望,使谈话在感情交流的过程中完成信息交流的任务。

2. **启发员工讲实话**。谈话所要交流的是反映真实情况的信息,管理者一定要克服专制、蛮横的作风,代之以坦率、诚恳、求实的态度,并且尽可能让员工在谈话过程中了解到:自己所感兴趣的是真实情况,并不是奉承、文饰的话,消除员工的顾虑或各种迎合心理。

3. **利用一切谈话机会**。谈话分正式和非正式两种形式,前者在工作时间进行,后者在业余时间进行。正式谈话可对问题进行系统、全面的分析、交流。作为管理者,也不应放弃非正式谈话的机会。在无戒备的心理状态下,哪怕是片言只语,有时也会有意外的收获。

4. **利用讲话中的停顿**。员工在讲述中出现停顿,有两种情况,须分别对待。第一种停顿是故意的,它是员工为试探一下管理者对他讲话的反应、印象,引导管理者做出评论而做的。这时,管理者有必要给予一般性的插话,以鼓励他进一步讲述。第二种停顿是思维突然中断引起的,这时,管理者最好采用"反向提问法"来接通原来的思路。其方法就是用提问的形式重复员工刚才讲的话语。

5. **抓住主要问题**。谈话必须突出重点、扼要紧凑。一方面,管理者本人要以身作则,在一般的礼节性问候之后,便迅速转入正题,阐明问题的实质;另一方面,也要员工养成这种谈话习惯。要知道,多言是对信息实质不理解的表现,是谈话效率的大忌。

6. **掌握评价的分寸**。在听取员工讲述时,管理者不应发表评论性意见。若要作评论,应放在谈话末尾,并且作为结论性的意见,措辞要有分寸,表达要谨慎,要采取劝告和建议的形式,以易于员工采纳、接受。

7. **适时表达对谈话的兴趣和热情**。正因为谈话是双边活动,一方对另一方的讲述予以积极、适当的反馈,能使谈话者更津津乐道,从而使谈话愈加融洽、深入,因此,管理者在听取员工讲述时,应注意自己的态度,充分利用一切手段——表情、姿态、插话和感叹词等——来表达自己对员工讲的内容的兴趣和对这次谈话的热情。在这种情况下,管理者微微的一笑,赞同的一个点头,充满热情的一个"好",都是对员工谈话的最有力的鼓励。

8. **克服"最初效应"**。所谓"最初效应"就是日常所说的"先入为主",有的人很注意这种效应,并且也具有"造成某种初次印象"的能力。因此,管理者在谈话中要持客观、批判性的态度,时刻警觉,善于把做给人看的东西,从真实情形中区分出来。

9. **避免冲动**。员工在反映情况时,常会忽然批评、抱怨起某些事情,而这在客观上又正是在指责管理者。这时管理者需要头脑冷静、清醒，不要一时激动，自己也滔滔不绝地讲起来，甚至为自己辩解。

第四节　管理口才的应用技巧

管理活动涉及的面广而复杂，管理口才实质是职业口才的综合运用。

一、汇报与请示

口头汇报和请示是管理口才的重要部分。汇报是把管理活动中看到的、听到的有关情况向领导报告；请示是指请求上级对某项管理活动给予指示或批准，需要阐述请示原因，提出请示事项。

管理人员在请示汇报前，一定要搞清楚所要汇报请示的具体内容。对于需要的材料烂熟于心，一些重要的数据仔细计算，不能说"好像"、"大概"、"可能"这些字眼的。另外，口头的请示汇报，一定要做到说话明白、内容扼要、语意确切，注意语言的概括性、简洁性和逻辑性。

口头请示汇报，可采取以下两种方法。

1. **井然有序法**。汇报情况、请示工作时要思路清晰、线索分明、条理清楚。可采取两种方法：一是按事物发展逻辑规律，或由先到后，或由急到缓，将汇报请示的内容进行逻辑排序；二是按事物的本质特点进行分类组合，冠以序数。这样，汇报与请示的内容就会表达得线索清楚，井然有序。

2. **提炼浓缩法**。管理人员在口头请示或汇报工作情况时，事先一定要凝神思考，一方面要对材料和内容进行高浓缩提炼，选择其最重要的精华；另一方面是对汇报请示的语言进行提炼，去粗取精，浓缩成言简意赅的精炼之语，既顺口又好记，从而收到最佳效果。

二、参谋与咨询

参谋与咨询是管理口才的重要方面。参谋，指出主意，提建议，为领导决策作参考；咨询是指领导作决策、定计划时，向秘书和有关人员征求意见。二者都能发挥管理人员的聪明才智和口语交际才能。

参谋咨询工作具体表现在两个方面。一方面是为领导者提供情况和资料。领导进行决策、制定各种管理方案时，需要从实际情况出发，掌握大量有关材料。作为下属的管理者，通过调查研究、查找资料、收集信息、技术分析，将了解的情况向领导汇报，作为领导决策时的一个依据。另一方面是为领导出主意、想办法、提出意见、主张、方案，供领导参考。领导者也需要征求下属的意见、主张和方案，经过分析、研究、综合后作出具有坚实科学基础的决策。

根据参谋与咨询的内容和要求，在运用管理口才时，应注意掌握以下技巧：

1. **多用商量的口气说话**。下级管理人员给上级领导做参谋、提建议，应采用商量的口气："这样可不可以？""您认为这样可好？""是否可以这样办？"既表明是在与领导商量，尊重领导意见，也表明了自己的看法，同时还给领导以思考、回旋的余地。领导在向下级管理人员咨询时，亦应用商量的口气。如"对这个问题，你有什么看法？""这件事，你认为应怎样处理？""我很想听听你的意见。"这样会给下属一种平等和信任感，从而说出自己的内心话。

2. **摆正参谋咨询的位置**。管理人员在为领导出谋划策时，应注意分清"参谋"与"参与"的界限。"参谋"是代出主意,"参与"是参加制定或办理。在一个决策的形成过程中,"参谋"只应向决策者提供资料、依据和建议方案,而不应把自己置于决策者的位置去大肆评说。

3. **思维要多样化,表达要灵巧有远见**。管理人员在为领导提供参谋和咨询时,思维一定要开阔,最好同时提出一种或多种可行方案,表达说明时要分析理由,权衡利弊,要客观、严谨,但又要有自己的倾向,突出重点,供领导选择最佳方案。只有这样,才能成功地为领导提供咨询服务,起到参谋作用。

三、访谈与交际

1. **访谈**。访谈即访问谈心。访问是为了礼仪或某种特定目的而进行的拜访问候。管理活动中的公务访问一般与本部门本单位的工作相关,是一种严肃的正式的交际活动。一般都要事先安排,有时甚至要精心策划。谈心是一种交流思想、交换意见、交融感情的交谈活动。在管理活动中,谈心往往是上下级、同事之间增强凝聚力的一种工作方式。在施展访问和谈心这两种口才时,要注意运用不同的方法。

首先,访问时要有主动性。要求主动打招呼,先自我介绍,说明来意。在访问过程中,管理人员都要处于主动境地。

其次,访问时语气要庄重、要恳切。问话要明确,要有目的性和针对性,要见机说话,酌情插话。

最后,访问时,主要是使用提问的方法。管理人员在说明来访目的,提出话题或范围后,根据自己的意图,一步步地提出相关的问题让对方回答,以补充、完善自己的访问内容,获得比较完整、翔实的资料。

在谈心时,一是主动者要有诚意,整个谈心过程,必须尊重对方,寻找共同的话题,有针对性地调控思路,促膝谈心。二是语气要随和,要温存体贴,问话要谨慎,语意要明确,要给对方多说话的机会。三是采取启发的方法。启发时,一定要耐心细致、和风细雨,使对方感到如沐春风,从而知无不言,言无不尽,使谈心收到最佳效果。

2. **交际**。交际是管理者的重要才能。有人认为,当代管理者的才能,由三部分组成,即三分之一的政治才能,三分之一的管理才能,三分之一的交际才能。交际离不开口才,交际口才是交际才能的重要方面。

管理者的交际口才就是管理者在交际活动中选择和运用口语表达方式的艺术。管理者在运用交际口才时,应掌握几种主要的方法和技巧。

(1)灵活发问法。因人而问和因事而问是灵活发问的基本原则。发问时要考虑对方的年龄、身份、工作性质、文化素养、性格情绪等,面对不同的事情还应采取不同的问语和发问方式,如探询式发问、诱导式发问、避讳式发问、批驳式发问等。

(2)随机应变法。这是指管理者在交际过程中,面对突发事件和意外情况而形成对交际产生阻碍和干扰时,能敏锐、及时、准确地做出反应,并迅速、果断、巧妙地予以处理的一种技巧和方法。

随机应变是交际口才中一种极高超的说话技巧。具备这种技巧,第一要沉着冷静,豁达大度;第二要机敏灵活,多向思维;第三要知识渊博,应付自如。

(3)刚柔相济法。管理者的交际口才应该是既刚且柔,外柔内刚,刚柔相济,巧妙运筹,才能取得良好效果。

"刚言"绝不是胡言,而是智语。理直气壮,义正才能词严。柔,当然也不是柔弱,随声附和,更不是迁就折中、任人摆布,而是讲究方法,讲究策略,以委婉柔和的方式表达出自己的观点、立场,使对方折服。例如:某顾客对商品挑剔,与营业员发生争执,愈演愈烈,闹到经理室了,怎么办? 如果管理人员也气势汹汹地通知保安人员把他轰出去,那就糟了。优秀的管理人员常常是笑容可掬地迎上顾客,亲切地说:"您惠顾我们商店是对我们的信任,我们一定满足您的要求。"边说边挪椅子请坐,还递上一杯茶。不管多大火气的顾客,火势都会猛降。柔,意味着柔和,语带感情,以情动人。

(4)赞誉激励法。美国人际关系专家戴尔·卡耐基说:"人都是喜欢别人赞美的。"管理者要善于运用赞誉激励的交际口才技巧调动对方的积极性。优秀的管理者在向下属布置工作的时候,不应说:"这就是我制订的方案,你们立即执行,一定要按时完成。"而应换一个说法:"这方案虽然拿出来了,能不能执行,关键还是靠大家,我相信你们一定能行。"这样,大家的参与感、自豪感和被信任感定会油然而生,积极性和主观能动性就会被激发出来。

四、表扬与批评

表扬就是对好人好事公正赞美。心理学家威廉·詹姆斯说:"赞美是照在人心灵上的阳光。没有阳光,我们就不能生长。"在人类的天性中,有一点是共同的,那就是希望得到别人的喜欢,希望能在别人的表扬中感受到自我价值的实现。批评则是对缺点错误提出意见给予指正。批评是人最敏感的话题,也是难度较大的口才艺术。

表扬和批评的意图都是扬正祛邪、激浊扬清,使表扬和批评的主体、客体都受到教育、启发和激励。但表扬和批评侧重点不同,表扬侧重于鼓励,语态要庄重,感情要真挚,语气要热烈;批评侧重于抑制指正,语态要严肃,感情要诚恳,语气要热情温和。因此,在管理活动中施展表扬与批评口才时,应注意讲究方法和技巧。这里主要介绍表扬的方法和技巧。

1. **审时度势,因人制宜**。有一位管学生工作的领导很会做青年学生的思想工作,面对一个被公认不可救药的落后青年学生,他不仅与这位学生促膝谈心,和他交朋友,而且善于挖掘他身上的亮点。在一次学生大会上,特地提到这位学生主动给灾区捐款的事迹,使这位学生大受感动,激起了他强烈的自信心,促使他下定决心改正错误。后来,这位学生终于由后进变成先进。表扬的方法很多,可以面对面直接表扬,也可以在背后赞扬,还可以在公共场合进行表扬。这位管学生工作的领导比较善于审时度势,因人制宜地采用了公开表扬的方法,因为这种方法能使表扬对象获得更强的荣誉感,影响面也广,从而使那位学生增强了改正错误、争取先进的决心和自信心。

2. **实事求是,真诚赞誉**。实事求是是指表扬应以事实为依据,有一说一,实实在在;真挚的赞誉是指表扬要真心实意,发自内心。这是表扬与笼络、奉承的本质区别。夸大其词和虚情假意,只会令人反感和怀疑,不会起到鼓舞人的作用。

3. **具体细致,措词得当**。表扬用语应做到具体细致,内容一定要具体化,要包含三个基本要素:被表扬者的具体行为,这种行为的客观价值,对这种行为的主观评价。这样,表扬的语言才不至于笼统空泛。

表扬还要措词得当,不要随意拔高,不要滥用程度词,而且表扬的语言要适度。有的话讲一两次、一两句就达到了目的,过多的溢美之词,反而会使被表扬者和听众疑心你的动机。

4. **出其不意,赞其不备**。在日常生活中,如能注意观察那些被忽略了的优点、美德而加以及时地赞扬,往往比表扬那些人所共知的优点、成绩效果更好。例如说:"你除了有上述优点外,我发现你还有一个独特的优点……"这样称赞他那些不被人注意的方面,一定会使被表扬者耳目一新、备受鼓舞。

五、演讲与报告

1. **演讲**。演讲也叫讲演、演说,是指演讲者在特定场合,面对听众,运用有声语言和态势语阐述观点,抒发感情的一种即时的口语交流活动。

根据管理者在管理活动中发表演讲的目的、内容、方式的区别,可将管理演讲分为政治性演讲、公务性演讲、学术性演讲、社交演讲、法庭演讲、就职演讲等类型。

管理者要想取得成功的演讲效果,就应该遵循演讲的基本规律和要求,掌握必备的演讲技巧。

2. **报告**。管理口才中的报告,指的是口头报告。常见的有工作报告、形势报告、辅导报告、传达报告等。口头报告是广义的讲演形式,是群众性、鼓动性很强的口才艺术。

对于管理人员来说,尤其是领导人员,做报告作传达,宣传思想,动员群众,都有很重要的管理作用。通过作报告,能反映出管理人员的管理素质和能力。可以这样说,一个称职的管理者就是一个出色的报告员。

管理者在作报告时,要注意掌握以下方法:

(1)把握充分的根据。这里充分的根据一方面是指党和国家的方针、政策和上级、领导的有关指示精神;另一方面是指深入基层,深入群众调查研究获得的第一手资料。在作报告时把上级的方针、政策、指示精神与本地区、本单位、本部门的实际结合起来,有的放矢、切实可行地提出贯彻意见和执行方法,这样的报告就有思想性、理论性、实践性。

(2)确定鲜明的主题。主题是报告的中心思想,是组织材料的核心。主题鲜明就是要有明确的观点,主张什么,赞成什么,反对什么,毫不含糊。在作报告时,要注意紧紧围绕主题,提示听众。

(3)简明扼要,层次清晰。优秀的管理者应是注重效率的典范。在作报告时,要注意紧紧围绕主题,提示听众。

(4)讲究个性和特色。这里所指的个性,是指在报告人的素质和条件影响下形成的比较固定的特性和风格。特色是指报告从内容到形式所体现出的独特风格。管理人员尤其是领导者,应在工作实践中不断地锻炼自己,争取形成或平实严谨、逻辑性强、思路清晰、扎扎实实,或情绪激昂、精神振奋、热烈奔放,或二者兼而有之的报告个性和风格。

案例

【案例一】临阵退缩的人最渺小

小王是某企业的技术员,他结合工作实际,自己确定了一个科研项目,通宵达旦地干了好几个月,但功败垂成,且招来了各种非议。小王的情绪跌入低谷,决定不再干了。此时,技术科长老王邀请小王到他家做客。三杯酒下肚后,老王问小王:"你说,什么人最伟大,什么人最渺小?"小王说:"默默奉献的人最伟大,贪图势力的人最渺小。"老王说:"你说的也在理。不过我看呀,迎难而上的人最伟大,临阵退缩的人最渺小。你年纪轻、精力旺盛、头脑灵活,正是搞研究的黄金时期,但你却像只老鼠,胆小怕事、畏首畏尾的。"小王听后大受启发,又全身心地投入研究,最终获得了成功。

点评:"诱而导之"是调动部下工作积极性的一种说话技巧。

人在固执时,思想上的疙瘩结得比较紧。领导者在这时去调动他们的积极性,就应巧设悬念,缓解其紧张情绪,诱发其好奇心,再步入正题,效果就比较好。

【案例二】亚当森经理的"生意经"

美国著名的柯达公司创始人伊斯曼,捐赠巨款在曼彻斯特建造一座音乐厅、一座纪念馆和一座戏院。为了承接这批建筑物内的座椅,许多制造厂展开了激烈的竞争。但是,找伊斯曼谈生意的商人无不乘兴而来,败兴而归,一无所获。

正是在这样的情况下,"优美座位公司"的经理亚当森,前来会见伊斯曼,希望能够得到这笔价值9万美元的生意。伊斯曼的秘书在引见亚当森时说:"我知道您急于得到这批订货,但我现在可以告诉您,如果您占用了伊斯曼先生5分钟以上的时间,您就完了,他是一个很严厉的大忙人,所以您进去后要尽快地讲。"

亚当森微笑点头称是。亚当森被引进伊斯曼的办公室后,看见伊斯曼正埋头于桌上的一批文件,于是他静静地站在那里仔细地打量起这间办公室来。过了一会儿,伊斯曼抬起头来,发现了亚当森,便问道:"先生有何见教?"

秘书把亚当森作了简单介绍后,便退了出去。这时,亚当森没有谈生意,而是说:"伊斯曼先生,在我等您的时候,我仔细地观察了您的这间办公室。我本人长期从事室内的木工装修,但从来没见过装修得这么精致的办公室。"

伊斯曼回答说:"哎呀!您提醒了我差不多忘记的事情。这间办公室是我亲自设计的,当初刚建好的时候,我喜欢极了。但是后来一忙,一连几个星期我都没有机会仔细欣赏一下这个房间。"

亚当森走到墙边,用手在木板上一擦,说:"我想这是英国橡木,是不是?意大利橡木质地不是这样的。"

"是的,"伊斯曼高兴得站起身回答说,"那是从英国进口的橡木,是我的一位专门研究室内橡木的朋友专程为我订的货。"

伊斯曼心情极好,便带着亚当森仔细地参观起办公室来。他把办公室内所有的装饰一件件向亚当森作介绍。从质地谈到比例,又从比例扯到颜色,从手艺谈到价格,然后又详细介绍了他设计的经过。此时,亚当森微笑着聆听,饶有兴致。亚当森看到伊斯曼谈兴正浓,便好奇地询问他的经历。伊斯曼便向他讲述了自己苦难的青少年时代的生活,母子俩如何在贫困中挣扎的情景,自己发明柯达相机的经过,以及自己打算为社会所做的巨额捐赠……亚当森由衷地赞扬他的功德心。

本来秘书警告过亚当森,谈话不要超过5分钟。结果,亚当森和伊斯曼谈了一个小时,又一个小时,一直谈到中午。最后伊斯曼对亚当森说:"上次我在日本买了几张椅子,放在我家的走廊里,由于日晒,都脱了漆。昨天我上街买了油漆,打算自己把它们重新漆好。你有兴趣看看我的油漆表演吗?好了,到我家里和我一起吃午饭,再看看我的手艺。"午饭后,伊斯曼便动手,把椅子漆好,并深感自豪,直到亚当森告别的时候,两人都未谈及生意。

最后,亚当森不但得到了大批的订单,而且还和伊斯曼结下了终生的友谊。

点评：这是友谊的佳话，心灵的沟通，生意的奇迹，口才的典范。

一个优秀的管理者，应具有社交和协调沟通能力。社会是一个混合体，各色人等，如何沟通协调？我们从亚当森身上至少可以领悟几点：从对方感兴趣的事物中寻找共同话题；由衷地赞美对方；德才学识是口才的基础，也是沟通协调的基础。

古人云："功夫在诗外。"这是讲写诗的秘诀，同样，"在商"并非一定要时时、处处都要"言商"，因为"功夫在商外"。"小胜在谋，大胜在德"，这话一点不假，生意做到如此境界，可算是高级的"生意经"了。想不赚钱都难啊！这种"生意经"，与那种急功近利、斤斤计较、咄咄逼人、假冒伪劣的所谓"生意经"有天壤之别。

【案例三】小老板的就职演说

各位：今后我们八个人就要同舟共济了。抵押承包，可不像张飞吃豆芽那样轻松，搞不好会赔了夫人又折兵，我是不想把夫人赔上的，不知各位意下如何？……咱八个人，应了一句"八仙过海，各显神通"的古话。各位有什么绝招，不管是宝葫芦芭蕉扇，还是何仙姑的水莲花，都可以使出来。不过，常言说，无规矩不成方圆，咱们也立个章程。第一，遵纪守法，讲职业道德。该交的交，该留的留，不能含糊……第二，对顾客要热情，情暖三冬雪，诚招天下客。脸上少挂点霜，不善于笑的，多看几段相声多听几句笑话，案头上摆个弥勒佛。还要讲点仪表美，济公心灵够美了，请他老人家来站柜台恐怕不行。第三，说出来有点不好听，大家在家不妨吃得饱一点，最好别到店里来补充营养。咱们这个店，去年有一个月损耗点心 100 多千克，人人都说闹耗子，这也太损我们的形象了。最后，请各位回家转告自己的妻子、恋人，我们堂堂八条男子汉，绝不会把她们赔上的，请她们等着抱"金娃娃"好了。

点评：这是一篇就职演说辞，也是即兴演讲的佳品。全文的主旨：抵押承包需要约法三章。全篇语言通俗生动幽默，历史典故和人物随手拈来，出口成章，天然而成，别有情趣。

这篇演讲词结构上具有口才学专家戴尔·卡耐基总结的"魔术公式"的特点：开门见山，省掉冗长而不必要的绪论，直接把你的实例细节告诉人们，让这件实例能够给听众一个明确的意念，告诉他们你的希望；用详细清晰的语言说出你的论点；说明论点，陈述缘由，也就是向听众强调，他们如果依你的话去做，会有什么好处。这个"魔术公式"即"事例（事实）—论点—理由—好处"，条理清晰，一目了然，很适合当今快节奏的生活，能吸引和打动听众，使听众立即产生行动。

训练

【训练一】管理语言艺术分析

请认真阅读以下材料，分析其管理语言艺术。

1. I 科长与 A 先生心中早已做好设想，决定在厂里推行成本管理。会上，为了更好地调动大家的积极性，只是这么说："我们现在要建立一套有体系的成本管理，尽管大家都知道它的好处，但是要从何处着手确实是一个难题。我希望能和大家共同研究，希望各位能给我提出意见……"工厂实施成本管理出乎意料地顺利，而且效果显著。I 科长感慨地对 A 先生说："现在我才明白，利用人性诱导术来刺激员工的参与并满足他们的成就感是何等重要。"

2. 公司准备派人到边远地区去就职，但因为偏远地方生活水平低，娱乐方式单一，上司担心他的部下不愿去,并且他的部下以为自己是比较能干的人,平时就不把别人放在眼里,老是以为自己是干大事的。这位上司想了想,于是他把部下叫到办公室来,对他说:"公司一直非常重视你的能力,特别希望你在公司最困难的时候为公司撑起大梁。××地区的营业处如果照这样下去,半年之后非关闭不可。幸亏我们公司有你,使我们在危难之际有人站出来。相信你到那边,会使我们的事业蒸蒸日上。"这位下属听了上司无限信任的一番话,毫不犹豫地应允了。

【训练二】怎样表扬那位普通女工

认真看完下列材料后,请你为这位厂长写出他在职工大会上表扬奖励那位普通的女职工时,向全厂职工讲话所想要说的话。(不少于200字)

一个著名企业的厂长,在一天早晨上班的时候,提前来到自己的办公室,站在窗前悄悄地仔细看着厂大门前的草坪花圃。草坪花圃的旁边是单车停车棚。上班的人群在单车棚停好单车后,都纷纷穿过草坪花圃,向大门走去。这是进厂门最近的捷径——因为如果要绕过草坪花圃的话,将要多走50米左右的路程。草坪中,已出现了一条明显的黄土道。在穿过草坪花圃的人群中,厂长发现有中层领导干部、党团员等。一块写有"严禁践踏草坪"的牌子,就显眼地插在草坪花圃边。这时厂长突然看到一个普通的女工,她停好单车后,匆忙地牵着她那上厂幼儿园的三四岁的孩子向大门走去。但厂长却惊异地看到,这位普通的女工竟然没有穿过草坪花圃,而是绕过它走进了厂大门。就在这短暂的时间里,厂长已经在头脑中作出了决定:召开全厂职工大会,公开表扬奖励这位普通的女工。

【训练三】模拟角色说话训练

根据所学知识,进行下列角色讲话的模拟训练。

(1)管理者调动下属员工积极性的讲话。

(2)管理者批评下属员工错误的讲话。

(3)某领导关于单位××问题接受电视台记者的采访。

(4)某公司一位组长布置当日生产(经营)任务的讲话。

【训练四】如何与员工沟通

C从事撰写广告文案工作,他颇具创意,但其特立独行的作风和传统的工作规范格格不入。C虽然能够将自己分内的工作圆满完成,且创造出令人耳目一新的风格,但他迟到的次数频繁,并经常以私事为由请事假。你作为其主管也讨厌C和客户接触时那种吊儿郎当的德行。其他的广告人都穿着公司规定的服装,并依照规章办事,C的穿着和举止却是随兴所至,我行我素。你作为C的主管应该怎样对待C,怎样与之沟通?

提示:

(1)像C这样富有创意和才华的人,不适合用寻常的规则来处理,公司可正视他的才能和表现,针对他的个性发展制定一套适合他的管理方式,不可因此排斥他。

(2)假若他从事的工作在质、量两方面都不会因为不良的工作习惯而受到影响,而且客户没有不良的反应,则另当别论;如果有影响,也应该从肯定他的成绩入手,指出他的不足方面,请他今后注意形象和影响。

【训练五】改正不妥的说法

职场口语要遵循职业口才的基本原则,做到"言之有物","言之有序",简洁准确生动。下面各例的说法,不符合职业口才的基本原则,出现了毛病或不妥之处。如果你处于同样的语境,扮演同样的角色,你应当怎么说?

(1)有的管理者经常要向上级提出自己的设想,向下级宣布自己的工作方案。但有的管理者只是把对方当做被动的受话人,向上级说:"以上就是我的设想,请你批准。"向下级说:"以上就是我的拟订方案,你们要认真执行。"这种说法使对方产生一种排斥意识,被动地照批照干,肯定不能充分发挥上下级的主观能动性。

(2)有一位领导发现秘书起草的文件把"投身活动"错成了"头伸活动",便批评挖苦说:"你对活动从来三心二意,贼头贼脑,头伸进去看就溜!"秘书恼羞成怒,反唇相讥:"贼头贼脑? 贼头贼脑怎么了? 贼头贼脑还是人! 我看你阴阳怪气、鬼头鬼脑,鬼头鬼脑不是人!"于是这位领导和秘书拍桌打掌大闹一场,这样的批评产生了极其恶劣的后果。

(3)某地计划生育委员会的一位老同志逝世,在追悼会上,主任的讲话最后说:"我们一定要努力完成死者未竟的事业,把人口降下来!"有的调皮小青年在会后讽刺这位主任:"把人口降下来,好办,主任号召大家向死者学习——死!"

(4)有一个科班出身的干部,前些年到一处偏僻的山区挂职锻炼,他通知农民开会说:"诸位 19 点 1 刻来开会,预计会期 50 分钟,研究我村的防洪部署。"农民听了面面相觑,对他所说的"19 点 1 刻"、"防洪部署"等概念不完全理解,一头雾水。

(5)某局长讲人才潜力开发时语序颠倒。他说:

我局要采取以下三个措施挖掘人才的潜力:第一……第二……第三……

开发我局科技人才潜力有以卜儿个方面的重要意义:……

我局现有科技人才的状况是:……

(6)一位处长在欢送一位退休职工的会上讲:"日子真快啊,光阴似箭,日月如梭,闪电雷鸣,白驹过隙,火箭划过太空,飞艇穿越碧波……老王年届花甲,工作了 40 个春秋……"处长这番如诗的语言,真让人感到既别扭,又啰唆。

【训练六】自我测试

你的谈话方式是否机敏

测试项目:

(1)是否能轻松愉快地谈话?

(2)是否口语表达自然流畅?

(3)是否有吸引人的魅力?

(4)是否能视对方的反应改变话题?

(5)是否善于掌握对方的情绪?

(6)是否能自由、豁达地联想?

(7)谈话时,是否经常做到气定神闲?

(8)被突然点名发言时,能否立刻找到话题开讲?

机敏的人能闻一知十,所以话题广阔,谈话便成为一件愉快的事。

如果你目前达不到上列水准,就要积极训练。只要努力去说,你将会成为一个说话机敏的人。

第九章　推销口才

赞美——成功推销的敲门砖

比恩·崔西是美国的一位图书推销高手,他曾经说:"我能让任何人买我的图书。"他推销图书的秘诀只有一条:非常善于赞美顾客。

某次,他出去推销书籍,遇到了一位非常有气质的女士。那时候,比恩·崔西还是刚刚开始运用赞美这个法宝。

当那位女士听到崔西是推销员时,脸一下子阴了下来:"我知道你们这些推销员很会奉承人,专挑好听的说,不过,我不会听你的鬼话的。你还是节省点时间吧。"

比恩·崔西微笑着说:"是的,您说得很对,推销员是专挑那些好听的词来讲,说得别人昏头昏脑的,像您这样的顾客我还是很少遇到,特别有自己的主见,从来不会受到别人的支配。"

这时,细心的崔西发现,女士的脸已由阴转晴了。她问崔西很多问题,崔西都一一作了回答。最后,崔西开始高声赞美道:"您的形象给了你很高贵的个性,您的语言反映了您有敏锐的头脑,而您的冷静又衬出了您的气质。"

女士听后开心得笑出声来,很爽快地买了他一套书籍。而且,后来,她又在崔西那里购买了上百套书籍。

随着推销图书经验的日渐丰富,比恩·崔西总结了一条人性定律:没有人不爱被赞美,只有不会赞美别人的人。

崔西在一篇日志中写道:"其实,我心里很明白,只要能够跟我的顾客聊上三分钟,他不买我的图书,那是不可能的。因为,无论做人还是做事,要改变一个人,最有效的方式是,传递信心,转移情绪。"

推销是介于生活与消费之间的流通行为。在社会主义市场经济中,推销有利于商品价值的转变和突现,有助于个人、集体和整个社会经济效益的提高,有益于商业竞争的公开、公正、公平展开。由此可见,推销工作和推销员在经济生活中的重要地位与作用是不容忽视的。

推销员的工作是一种面对社会、面对顾客的服务性工作,其主要任务是:①调查市场与客户;②展开推销活动;③收取货款;④处理售后服务及索赔问题;⑤管理顾客。"推销不出去的产品等于废品",推销工作是企业成败的关键。欧美和日本许多公司把推销员当做企业"头脑人物"、"掌握着公司沉浮的人"、"宁愿少十个办事员,也要多一个推销员"。在我国,推销员救活工厂、搞活企业也不乏其例,许多企业之间"大打推销员之仗",不惜重金吸引高级推销人才。

推销是一门学问,推销往往是从遭到客户第一次拒绝开始的。这就是说,在对方拒绝之后,就得运用你的口才了。能说服对方,改变对方原来的意图,接受你的推销,才是推销员的真正本事。可以说,推销的实质就是说服。

推销的主要内容是推销商品,推销服务,推销自我。

在推销中,推销员要树立诚实可靠的形象,注意从客户的角度考虑问题,与客户建立信任和谐的沟通氛围,为客户所认可、喜欢、需要,不要为了推销而推销。推销员要获得客户的喜欢和认可,就必须做到五个字:"仁",站在帮助客户的角度;"义"和客户成为朋友;"礼",尊重你的客户;"智"是有专业的素质;"信",做一个诚信的人。

推销是需要耐心、毅力和机敏的职业,推销员应具备执著热情、吃苦耐劳、当机立断、随机应变的基本能力,还要练就一副推销场上的"铁齿铜牙"。

推销有不同的形式和手段,有固定场所的推销和非固定场所的推销两大类。前者的推销地点包括小型商店、百货大楼、超级市场、宾馆、银行、药店和各类商场及购物中心等,后者有摊贩推销、上门推销、电话推销等。

本章主要介绍非固定场所的推销口才,第十章柜台口才主要介绍固定场所的推销口才,两章内容紧密联系,但侧重点有所不同,说话方式也不全都一样。但上门推销和柜台推销都是推销,两者还经常结合进行,不能截然分开。

导训

第一节 推销的口才特点

推销员除了需要有事业心和责任感,有从商的经验外,更应具有专业的语言交际能力。推销语言所具有的特点应是推销员必须了如指掌的。

一、专业性

推销人员在口才方面很重要的一点就是专业性,即各行各业的推销员一定要熟练掌握本行业产品的专业知识,能用最准确、最明白、最简洁的语言向顾客讲解清楚产品的功能及使用方法,使顾客听了心中有数,看了一目了然。

二、诱惑性

这是推销人员口才的基本功。推销员针对顾客迫切寻觅物美价廉商品的心理,要极力说服顾客相信其推销的商品正是顾客所需要的,诱惑顾客非买不可。例如:在集市上,鱼贩子早晨高叫:"新鲜活鱼,两元一斤。"极力突出"新鲜"二字。下午则变成:"快来买呀,一元钱两斤。"突出便宜。

三、夸张性

推销员在推销商品时,为给买主留下强烈、深刻的印象,在不失真实性的前提下,往往不惜口舌,极力把自己商品的成色、质料、特征扩大张扬开来,这就是推销口才的夸张性。常常采用衬托、比喻、排比、借代等修辞手段,给顾客留下难以磨灭的印象。

四、风趣性

风趣性的用意是缩短卖主与买主之间的距离,沟通双方的感情,在笑声中解除买主怕上当的警惕心理,从侧面达到推销商品的目的。这方面的表现多种多样,有的是用插科打诨的的叫卖来推销,如:"蚊子药、耗子药,先尝后买,价格不高,哪位捎两包。"有的是打着替顾客着想的旗号,如:"各位都是万元户,出门不能饿着肚。"很讲究合辙押韵,说起来顺口,听起来顺耳,呈现出一种风趣美。风趣有时还表现为幽默的自嘲,当顾客对商品不满意决定暂时放弃购买时,推销员不便勉强,只好用自嘲的幽默来缓解气氛,既摆脱了尴尬,也为以后的推销留下余地。

五、科学性

推销员要推销科技新产品,还必须注重推销语言的科学性。如推销一种新药,推销员就应该有医药方面的知识,能够说明药的性能,治病的药理、治愈率等,还要附以说明书。推销其他的科技新产品,为了说明问题,还要有准确的数字做依据,决不能马虎行事。

第二节　推销员要重视开场白

在面对面的推销中,说好第一句话是十分重要的。客户听第一句话要比听以后的话认真得多。听完第一句话,许多客户就自觉或不自觉地决定是尽快打发推销员走还是继续谈下去。因此,推销员要尽快抓住客户的注意力,才能保证推销访问的顺利进行。

推销开场白最重要的环节是什么? 是开场利益陈述。良好的利益陈述能够降低客户的排斥心理,只要你讲的使他略感兴趣,那么就有了打开成功大门的钥匙。对于推销员,特别是对于那些推销新人来说,第一次拜访客户时,一定要给客户留下最佳的第一印象。

推销员与客户交谈之前,需要适当的开场白。开场白的好坏,几乎可以决定这一次访问的成败,换言之,好的开场,就是推销成功的一半。推销常用以下几种开场白:

1. **金钱**。几乎所有的人都对钱感兴趣,省钱和赚钱的方法很容易引起客户的兴趣。如:

"王经理,我是来告诉您贵公司节省一半电费的方法。"

"王厂长,我们的机器比您目前的机器速度快、耗电少、更精确,能降低您的生产成本。"

"李厂长,您愿意每年在毛巾生产上节约 5 万元吗?"

2. **真诚的赞美**。每个人都喜欢听到好话,客户也不例外。因此,赞美就成为接近客户的好方法。

赞美的话若不真诚,就成为拍马屁。因此,要先经过思索,不但要有诚意,而且要选定既定的目标。

"王总,您这房子真漂亮。"这句话听起来像拍马屁。"王总,您这房子的大厅设计得真别致。"这句话就是赞美了。

下面是两个赞美客户的开场白实例。

"李经理,我听亮丽服装厂的王总说,跟您做生意最痛快不过了。他夸赞您是一位热心爽快的人。"

"恭喜您啊,李总,我刚在报纸上看到您的消息,祝贺您当选'十大杰出企业家'。"

3. **提及有影响的第三人**。告诉客户,是第三者(客户的亲友)要你来找他的。这是一种迂回战术,因为每个人都有"不看僧面看佛面"的心理,所以大多数人对亲友介绍来的推销员都很客气。如:

"李先生,您的好友王岩先生要我来找您,他认为您可能对我们的机器感兴趣,因为这些产品为他的公司带来很多好处与方便。"

打着别人的旗号来推介自己的方法,虽然很管用,但要注意,一定要确有其人其事,绝不能自己杜撰。若能出示引荐人的名片或介绍信,效果更佳。

4. **举著名的公司或人为例**。人们的购买行为常常受到其他人的影响,推销员若能把握客

户这层心理,好好地利用,一定会收到很好的效果。如:

"李厂长,××公司的王总采纳了我们的建议后,公司的营业状况大有起色。"

举著名的公司或人为例,可以壮自己的声势,特别是,如果你举的例子正好是客户所景仰或性质相同的企业时,效果就会更显著。

5. **向客户提供信息。**推销员向客户提供一些对客户有帮助的信息,如市场行情、新技术、新产品知识等,会引起客户的注意。这就要求推销员能站在客户的立场上,为客户着想,尽量阅读报刊,掌握市场动态,充实自己的知识,把自己训练成为本行业的专家。客户或许对推销员应付了事,可是对专家则是非常尊重的。你可以对客户说:"我在某某刊物上看到一项新的技术发明,觉得对贵厂很有用。"

推销员为客户提供信息,关心客户的利益,也会获得客户的尊敬与好感。

6. **向客户求教。**推销员利用向客户请教问题的方法来引起客户注意。有些人好为人师,总喜欢指导、教育别人,或显示自己。推销员有意找一些不懂的问题,或懂装不懂地向客户请教。一般客户是不会拒绝虚心讨教的推销员的。如:

"王总,在计算机方面您可是专家。这是我公司研制的新型电脑,请您指导,在设计方面还存在什么问题?"受到这番抬举,对方就会接过电脑资料信手翻翻,一旦被电脑先进的技术性能所吸引,推销便大功告成。

7. **强调与众不同。**推销员要力图创造新的推销方法与推销风格,用新奇的方法来引起客户的注意。日本一位人寿保险推销员,在名片上印着"76600"的数字,客户感到奇怪,就问:"这个数字什么意思?"推销员反问道:"您一生中吃多少顿饭?"几乎没有一个客户能答得出来,推销员接着说:"76600顿。假定退休年龄是55岁,按照日本人的平均寿命计算,您还剩下19年的饭,即20805顿……"这位推销员用一个新奇的名片吸引住了客户的注意力。

第三节　对待拒绝的口才技巧

身为推销员的你可能遭遇以下情境:纵使你费尽口舌、不停地介绍自家产品的优点及好处,客户还是对你摇头说不;当你进行电话拜访时,刚一开口说明来意,就听到对方连忙说:"谢谢,我不需要。"面对此类令人沮丧的回应,你有时候甚至会觉得仿佛受到了诅咒,被拒绝每天都会发生。

实际上,客户所有的拒绝只有三种情况:第一种是拒绝推销员本身;第二种是客户本身有问题;第三种是对你的公司或者产品没有信心。拒绝只是客户的习惯性动作,可以说,只有面对客户的拒绝,你才能了解客户的真实想法,作为推销员,应该学会分析客户拒绝背后的真正原因,采取正确的方法来应对。

一、客户说:我要考虑一下

1. **利诱法。**假设马上成交,客户可以得到什么好处,如果不马上成交,有可能会失去一些既得的利益,迅速促成交易。每个人都有贪小便宜的心理,赠品就是利用人的这种心理进行推销。很少人会拒绝免费的东西,用赠品作敲门砖,既新鲜,又实用。

2. **提问法。**通常在这种情况下,客户对产品感兴趣,但可能是还没有弄清楚你的介绍,如某一环节,或者有难言之隐,如没有钱、没有决策权,不敢决策,再就是推脱之词。所以要利用询问法将原因弄清楚,如:"我刚才到底是哪里没有解释清楚,所以您说您要考虑一下?"

二、客户说:太贵了

1. **比较法**。与同类产品进行比较,如:"市场××牌子的××钱,这个产品比××牌子便宜多啦,质量还比××牌子的好。"与同价值的其他物品进行比较,如"××钱现在可以买××、××等几样东西,而这种产品是您目前最需要的,现在买一点儿都不贵。"

2. **平均法**。将产品价格分摊到每月、每周、每天,尤其对一些高档服装销售最有效。买一般服装只能穿多少天,而买名牌服装可以穿多少天,平均到每一天的比较,买贵的名牌服装显然划算,如:"这个产品您可以用多少年呢? 按××年计算,一共是××月××星期××天,实际每天的投资是××,您每天花××钱,就可获得这个产品,值!"

3. **赞美法**。通过赞美让客户不得不为面子而掏腰包,如:"先生,一看您,就知道平时很注重××(如仪表、生活品位等)的啦,不会舍不得买这种产品或服务的。"

三、客户说:能不能便宜一些

1. **价位法**。"这个价位是产品目前在全国最低的价位,已经到了底儿,您要想再低一些,我们实在办不到。"让客户觉得这种价格在情理之中,买得不亏,如:"我的进货价是××,就赚你××钱而已。"

2. **比较法**。让客户进行选择,并告诉客户,单纯以价格来进行购买决策是不全面的,光看价格,会忽略品质、服务、产品附加值等,如:"您购买不足××的话,不能享受我们的会员服务,会让您无法享受产品的一些附加功能。"

四、客户说:别的地方更便宜

附加值法。可强调自己产品的品质及附加的价值,如售后服务等,如:"××先生,那可能是真的,毕竟每个人都想以最少的钱买最高品质的商品。但我们这里的服务好,可以帮忙进行××,可以提供××,您在别的地方购买,没有这么多服务项目。有时候我们多投资一点,来获得我们真正需要的产品,这也是蛮值得的,您说对吗?"

五、客户说:它真的值那么多钱吗

1. **肯定法**。值! 再来分析给客户听,以打消客户的顾虑。可以对比分析,可以拆散分析,还可以举例佐证。

2. **驳斥法**。利用反驳,让客户坚定自己的购买决策是正确的,如:"您是位眼光独到的人,您现在难道怀疑自己了? 您的决定是英明的,您不信任我没有关系,您也不相信自己吗?"

第四节 电话推销的说话艺术

一、善用前奏

当问一些比较敏感的问题时,客户内心就有一定的压力,有些犹豫,可能就不会从正面进行回答,而是含糊其辞,顾左右而言其他。这个时候,使用前奏化解这种压力,是非常有效的说话方式。

前奏的具体定义就是告诉客户,你即将讲的话,是为了客户的利益着想,客户回答后是有回报的。由于这个前奏的存在,客户愿意从正面回答电话销售人员接下来问话的可能性大大增加,因为这是为自己的利益在作考量。比如:

"韩总,考虑到越早决定,您就越能挑选到好的展台位置,这样投资同样的费用可以得到更好的参展效果,而且既然您这边也没有什么其他方面的问题了,不如我们今天就把展台位置定下来,您看怎么样?"

二、多使用数字证据

俗话说:"是骡子是马,拉出来遛遛。"不管电话销售人员怎么形容,以证据服人是最有说服力的,而在所有的证据中,数字证据的说服力是最有效的。数字表明的是一种严谨、经过详细论证的可靠性结论。

在明白数字带来强大说服力后,电话销售人员在与客户沟通中就应尽量避免使用"我们的客户满意度很高"、"可靠性很好,你完全可以放心"等类似的模糊性语言,这会让客户怀疑电话销售人员话语的真实性,在可以使用数字的时候,应尽量使用数字表达的艺术。比如:

"这套设备的平均无故障工作时间为 3 765 个小时,而行业内的平均标准是 1 138 个小时,平均无故障工作时间是行业标准的 3.31 倍,所以售后服务费平均可以降低 77.8%,以正常水平一年 30 000 元的服务维修费用来计算,仅仅服务维修费用每年就可节省 23 037 元,十年下来就节省差不多 23 万元,这都可以买一辆轿车了!"

三、幽他一默

俗话说"笑一笑,十年少。"如果能够在电话中使用幽默的说话方式,让客户会心一笑,自然客户的心情大好,客户自然也不会和电话销售人员就一些小的事情纠缠,客户做出对销售人员有益的决定。比如:

客　户:价格还是太高了,再优惠 300 元! 否则我不买了。(严肃的口气)

推销员:李主任,再优惠 300 元也不是不行,不过明天您就看不到我了!

客　户:为什么? 你到哪里去?

推销员:因为刚才珍珍给你报的已是跳楼价,现在珍珍在 27 楼办公,如果跳下去,明天您当然见不到我了! 您不会这么狠心让珍珍真的跳楼吧!

客　户:哈哈……

四、找个陪衬

通过有效的对比,给自己找一个陪衬,会有意无意地改变客户对你的印象。货比三家,一件东西好不好,比过以后才知道,这就给电话销售人员很大的运用空间,比如:

"这款软件实行五年免费升级更新服务,而像 A 公司的产品是不提供免费升级更新的,以每年 200 元的升级费用来计算,就可以帮助您节省将近 1 000 元的费用!"

五、先讲好听的

人都有先入为主的概念,也可以叫做第一印象,而且形成第一印象后,很难改变这种第一印象。如果先听到坏的消息，客户的心理暗示就会朝向负面的方向发展，然后你要花很大的力气去修正，造成不必要的麻烦。先讲好听的，就和打预防针差不多，防患于未然。比如：

"张经理，之前我这边已经帮你打过专门的申请，我们会委派一位专门的技师帮你上门安装调试，可惜的是这位技师现在还在上海，需要下个星期才回来，所以可能需要麻烦您再等几天。"

六、多用贴切的比喻

比喻是借一种事物解释另一种事物，这两种事物之间可能有天南地北的差别，但是由于大家很熟悉前者，因其某些方面的相似性，从而使得大家也能很快明白后者的意思。

一位好的电话推销员，一定是位擅长使用比喻的高手，从而将一些专业的、很难陈述清楚的事物以通俗易懂的方式让客户明白真正的意思。比如：

"刘经理，在电话销售中，销售人员和客户的沟通都是通过声音来传递的。声音就好比是交通工具，贵公司的产品就是放在交通工具上面的礼物，贵公司的销售人员可以用一辆破自行车作为交通工具，也可以选用一辆豪华的宝马轿车作为交通工具。虽然都可以将礼物送到客户那里，但是客户的感觉是不一样的，对你的产品也会因此产生不同的感受，所以我们单独将语音拿出来进行针对性的训练，争取贵公司的每个朋友每天都开着宝马去销售产品，您说呢？"

每个电话销售人员销售的产品都会存在难以用陈述方式让客户明白的共性特点，电话销售人员针对性地设计贴切的比喻，可以收到事半功倍的效果。

七、举例说明

人都有一种从众的心理，不管销售人员讲得多么好，但是如果销售人员告诉客户，他是第一个使用这种产品的，十有八九客户心中就会打起退堂鼓，毕竟客户作出购买的决定是存在风险的，因而客户会在内心寻求保护的意识，这样在关键时刻就显得十分谨慎。大多数客户都希望在购买产品前已有别人加以验证，使用该产品已经取得很好的效果，自己和别人一模一样作出购买决定就是理所当然的，以此化解心中的疑虑。比如：

"黄老师，其实你刚才遇到的问题，之前也有位老师遇到过，甚至这位老师的问题比你的问题还要严重一些，当时的情形是……（介绍背景）后来……（介绍解决后的表现）"。

八、换个角度说话

销售人员说话的时候，可以归结为两种角度，一是站在自己的角度，二是站在客户的角度。到底哪种说话方式让客户感到舒服与被尊重，能够说到客户的心里去，每一个人都有属于自己的答案。作为销售人员，需要去配合客户，换个说话的角度，这会让客户更容易接受你的观点。比如：

站在自己的角度说："速度是最重要的，张经理您这边的配置最好是选择双核的处理器。"

站在客户的角度说："张经理，刚才您表示非常关心文件处理的及时性，我可不可以这样理解，就是我们需要先考虑速度？"客户表示"是的，速度是我现在很关心的。"之后，接着讲："按照您的意思，小李觉得选用双核的处理器可能会比较好，毕竟单核的速度可能达不到您的要求，您的意思呢？"再让客户自己确认。

九、借用权威的力量

人对于权威都有着天生的信赖心里，销售人员借用权威的力量，可以使说话的影响力大大增加。好好想一想,自己公司的产品获得过的认证,取得过的荣誉,被哪些知名的公司使用过,他们的评价等,要牢牢记在心中,这可是难得的好武器呀! 比如:

"这款产品的安全性是经过中国××机关验证的,并授权使用××安全标志……"

"像××公司、××公司、××公司(非常有实力、家喻户晓的企业)都在使用我们的交换系统,所以在技术方面……"

十、激发客户的保护欲望

这种说话方式更多地适用于女性电话销售人员。男士在女士面前,都有一种天生的男性气概,而这种气概是可以让他作出有利于推销员的很多决定,比如:

"大哥,我这个月就差一单可以完成任务了,您反正迟早要买汽车保险,不如就支持妹妹一次吧!"(哀婉又加上恳请的语气)

"你欺负人,一位公司的老总,居然说不能做主,还说什么公司领导要考虑,本来你就是领导! ……"(用有些幽怨又甜甜的声音,如果能够带点哭腔效果更佳)

如果我们现在将本节10种说话方式的运用做一个总结的话,可以借用人性的心理定式(欲望)来形容。心理定式(欲望)指的是人们对外界的一种长期形成的自然反应,包括拒绝、好胜、面子、自利、攀比、好奇等,如果电话销售人员在语言中巧妙运用,就可以影响客户的最终购买决定。

案例

【案例一】精诚所至,金石为开

张主任刚到某银行分行营业部上任,就发现隔壁的广发证券并没有在他们的营业部开户。问了几个人,都说这家证券与建国路上的另一家商业银行不仅在业务上是老交情,就是两位老总之间的私人关系也是非常铁的,营业部的人都知道这个关系,所以几年来从来没有人想拉广发证券在自己营业部开户的念头。

张主任说:"你们试过没有? 没有试过怎么知道不行?"下午张主任就带了一位副主任登门造访。开始,证券的老总听说是近邻来访,十分热情,因为是第一次来,张主任也不谈业务,看上去只是一次易主后的正常拜访。但接着就有了第二次、第三次,业务问题也就摆到了桌面上。可是一提到业务,证券的老总立刻面有难色,他说:"我们多年来都在建国路的商行办业务,而且那家银行的行长是我的好朋友,我说什么也不能从他那里退出来。"

张主任笑着说:"我们哪里敢让您做不仁不义之人呢。我们只是为你们考虑,建国路距离比较远,办理结算业务不太方便,我们是想,如果您在这边开一个户,遇有急事可以更方便一些。"

证券的老总依然没有答应,那种老交情不是一朝一夕就能攻得破的。

张主任也并不着急,隔一段时间就过来坐坐,反正,仅仅一墙之隔。也正是这一墙之隔让张主任颇不服气:我家门口的生意为什么做不成?

尽管没有成为业务上的伙伴,但在张主任的心里,证券就是自己的客户,银行每推出一项新的业务,她都会记着送去一些宣传资料;召开产品推介会,她会给证券送去一份请帖;营业厅装修剪彩,她会把证券的与会者安排到最醒目的位置;甚至自己多年的剪报,凡是关于证券方面的,她都给证券的老总复印了送去……无论证券的态度多么坚决,她从来都没有放弃过。

又一天早晨,她又来到证券老总的办公室,这里她已熟悉得像自己的主任室一样了,但她从不敢有任何懈怠或随意,她心里明白,客户永远是客户,要多给他们一份尊重,他们才会更尊重你。

证券的老总刚刚上班,他也熟悉了张主任的身影,习惯了她坐一坐就走的适度。

张主任这一次来是告诉他,在今年全市举办的公众评选中,她们的营业厅荣获"青年文明窗口"称号的消息。说完之后,证券的老总反而主动提出了业务的问题。他依然觉得不能舍弃他的朋友。张主任笑着回答:"这没什么,我们不会勉强您的,我们只是想让您尝试一下我们的服务,感受一下我们营业厅里年轻人的朝气,您可以试一个月,如果在这一个月里您或者您的下属对我们有任何不满意,我从此只跟您做朋友,不再提一个关于业务方面的词。"

一个月过去了,张主任的营业部成了证券业务上的好帮手,她与证券的老总也成了老交情。

点评:竞争没有温情可言,但是营销绝对需要温情,以情动人,以情感人,以情服人,就连你的竞争对手也会对你多三分敬重。在案例中,张主任展开了一系列的"温情"攻心:送产品宣传材料、邀请参加剪彩、安排在醒目位置等,人非草木,孰能无情? 更何况张主任一副淡淡的心态,浓浓的真情呢?

【案例二】要卖电先买蛋

美国费城电气公司的推销员威伯到一个州的乡村去推销电,他叫开了一所富有农家的门,户主是位老太太。她一开门见到是电气公司的,就猛然把门关上。威伯再次叫门,门勉强开了一条缝。威伯说:"很抱歉,打扰您了。我知道您对电不感兴趣,所以这一次登门并不是来向您推销的,而是向您买些鸡蛋。"老太太消除了一些戒意,把门开大了一点,探出头,用怀疑的目光望着威伯。威伯继续说:"我看见您喂的明尼克鸡种很漂亮,想买一打新鲜的鸡蛋带回城。"接着充满诚意地说:"我的来航鸡下的蛋是白色的,做的蛋糕不好看,所以,我的太太就要我来买些棕色的蛋。"这时候,老太太从门里走出来,态度比以前温和了许多,并且和他聊起了鸡蛋的事,威伯指着院子里的牛棚说:"老太太,我敢打赌,您养的鸡肯定比您丈夫养的牛赚钱多。"老太太被说得心花怒放。长期以来,她丈夫不承认这个事实。于是她把威伯视为知己,并高兴地把他带到鸡舍参观。威伯一边参观,一边赞扬老太太的养鸡经验,并说:"您的鸡舍,如果能用电灯照射,鸡的产量肯定还会增加。"老太太似乎不那么反感了,反问威伯用电是否合算。威伯给了她圆满的回答。两个星期后,威伯在公司收到了老太太交来的用电申请书。

点评:威伯的诀窍就在于他不急于求成,而是采用了由小到大、招招紧跟的说服方法,"巧登门槛",一步一步具体而又细致地为对方剖析形势,为其出谋划策。逐渐把双方的心理距离拉近,促使老太太态度一点一点地发生改变,就这样由小到大地一步一步逼近预定目标,最终取得说服的成功。

【案例三】货比三家

推销员小曾,打电话给某玻璃制品厂张科长,对话如下。

曾:张科长您好! 我是金釉发化工公司的小曾,我们公司是专业生产玻璃烤漆,玻璃油墨的,我们的产品质量稳定,价格实在,还可以免费赠送样品,希望可以帮助你。

张:我们已买了玻璃烤漆了,不需要了。

曾:我知道每个厂都有稳定供应商的,我刚才所说我们公司的玻璃烤漆产品情况都是实话,反正我们提供的样品也是免费的,你可以货比三家嘛,就算你试了我们的玻璃烤漆觉得我们产品不好,你也不损失什么,何不试一下呢?

张:嗯,好吧,那你寄一点样品过来给我试一下再看吧。

后来推销员小曾给他寄了样品,再经过一番跟进,做成了生意。

点评:这是从用户角度出发的成功推销案例,由此可见推销员的应变能力和口才的重要作用。客户张先生一开始对小曾是有抵触情绪的,大概是因为经常接到类似的推销电话,认为小曾的产品介绍不过是业务人员一贯的宣传手法吧,但后来经小曾分析试用该产品可以带来的好处后,他就心动了,答应试一下产品再谈,这就有了生意成功的基础。

训练

【训练一】如何向男士推销护手霜

把梳子推销给和尚,被人们看似完全不可能的事情,有一位推销员却做到了,原来他之所以推销成功是因为和尚可以向顾客介绍梳子是经过开光的,还有可以把梳子放在顾客的房间以供顾客使用,就是这两点让和尚接受推销员的推销。因此,推销员在推销产品时要针对不同的对象,迅速找出产品适合客户需要之处,站在你谈话对象的立场上融入真情去介绍产品,这样才会有好的效果。假如你是一名推销员,你如何向男士推销一款护手霜?

【训练二】如何应对顾客的拒绝

针对以下几种推销拒绝情景设计应对口才:

1."对不起,我没空。"

"请问您是李经理吗? 我是联想电脑公司的推销员,我们公司是做电脑的……"

"哦,我知道了,今天很忙,没时间,下次吧。"

2."我需要考虑一下。"

"材料我们是看过了。但是这件事情关系重大,我们还得在考虑考虑。"

3."我想再多比较两家供货商。"

"经理,您好! 我来过几次了,您好像对我们公司不是很满意。能了解一下是什么原因导致您有这样的看法呢?"

"同类的产品我用过不少,没有一个我们满意的,我不相信你们能做得比他们好。"

4."我想买,但价格太贵了。"

"李经理,您好,又来拜访你了。我这次来主要是想谈合同的事情。我们的资料您也看过了,产品您应该是比较满意的。"

"产品你们做得是不错,就是太贵了,要知道有几家公司的同类产品就比你们的便宜不少嘛。这样吧,把价格再降 30%,我们可以考虑。"

【训练三】模拟推销

每位同学上讲台进行 3～5 分钟的模拟推销。

1. 内容：(1)推销一种商品；(2)推销一门技术；(3)推销一个地方；(4)推销自己。

2. 形式：可以一个人面向全体同学进行推销，也可以两个人模拟讨价还价的过程。

【训练四】这个推销员为什么陷于失败

推销员：你们需要卡车，我们有。

客　户：吨位多少？

推销员：4吨的。

客　户：我们要的是2吨的。

推销员：4吨的有什么不好？万一你们货物太多，2吨怎么够？

客　户：我们也得算经济账啊！这样吧，以后我们需要4吨的卡车时在通知你们。

这个推销员失败的原因是什么？如果是你，你打算怎样推销？

【训练五】电话销售说话艺术测试

请完成以下测试，根据您的感觉，在对应答案上面打"√"

测试类型	是	否
1. 说话很有逻辑，层次感很强		
2. 能够将很难解释的专业词汇用通俗易懂的方式形容		
3. 非常重视词汇的力量，总是精心选择表达的词汇		
4. 善于使用前奏，比如"为了帮您找到最合适的产品……"		
5. 讲话中间有很多数字证据和客户见证，还有专家证明		
6. 说话很幽默，关键时候能够让对方会心一笑		
7. 说话总是站在别人的角度，而不是自己的角度		
8. 对比、比喻等修辞手法是我常用的		
9. 总是照顾客户的面子，不时赞美客户		
10. 善用提问，并且客户愿意正面回答我的问题		

测试评分：

8～10个"是"，你是一位很懂说话艺术的人，和你交谈不仅开心，而且最后客户总是不知不觉买了你的产品；5～7个"是"，你是一个会说话的人，总体表现不错，只是细节要注意；0～4个"是"，你的说话总是抓不住重点，而且没有说服力！

第十章 柜台口才

真情胜过滔滔不绝

在交谈中，感情的真切流露要比讲究语言华丽更重要。评价一个人说话是否有魅力，其标准不是他的讲话多么流畅，多么滔滔不绝，而是他的感情是否发自内心的真诚。

有一天，一家电器商店来了一位顾客，这位顾客被一台音色清纯透亮、低音浑厚、震撼力强的音响吸引住了。

这时，一位男销售员热情地迎上来，脸上挂满了职业的微笑，主动介绍这款音响。你不能不为他的话叫好：他的介绍既在行又流畅，从音响的性能优势到结构特点，从价格对比到售后服务，不但语言精彩，而且身势语非常丰富。

开始，这位顾客被销售员热情而精彩的介绍打动了，对产品又增添了几分好感。顾客本想提出一些问题，可是售货员连珠炮似的介绍使顾客没有提问的机会。销售员在介绍自己商品优点的同时贬低别家的商品，好像他的商品是世界上最好的！

售货员的这种表现让这位顾客很不满意，尤其是售货员为了显示自己商品的好而贬低其他商店的商品时，这让顾客对他的动机产生了疑问：他如此急切的推销自己的商品，这商品是不是有问题呀？有了这样的疑虑，开始产生的好感一扫而光。可是顾客又不好意思转身就走，恰巧这时店里又来了一位顾客，趁着售货员和新来的顾客打招呼的空儿，他"逃"出了商店。

这家商店请了一位"训练有素"且"内行"的售货员，但是这位售货员的最大缺点就是不懂得说话的奥妙。他的过分热情扑灭了顾客的购买欲望，吓跑了顾客，这值得这位售货员深思。

成功的售货员并不一定口若悬河，只有善于表达真诚，才能把自己的商品推销出去。因为当你用得体的语言表达自己的真诚时，你就赢得了对方的信任，对方可能因为信任你而对你的产品发生兴趣，从而买下你的产品。

优美的语言，通常能给人以美的感觉，显现出美的魅力。营业员是代表企业或商店直接与顾客打交道的，他们在接待顾客时所使用的柜台语言如果运用得当就会使顾客感到自然、舒服、愉快，在美的享受中体验购物的愉悦；反之，如果柜台语言运用不当，则会使顾客产生厌烦，对该商店望而却步。可以说柜台语言艺术的优劣，直接反映出待客水平的高低。柜台服务语言，不仅可以体现出一个人的道德情操及文化修养，同时也会直接影响到企业或商店的信誉，是经营成败的重要环节，所以说营业人员的语言修养与商品质量同样重要。柜台语言艺术是商业与艺术的结合，销售人员要从以下三个方面来进行修炼：

1. 服务性。服务性特点，是柜台口才最基本的特点。要做到文明经营、热情待客，营业员就必须树立良好的服务意识，使顾客真正体验到，到你这儿来购物是一种交流、一种放松、一种享受，使他们乘兴而来，满意而归，下次继续光顾。营业员是企业或商店的一个门面，应该在心中时刻牢记"顾客就是上帝"、"宾客至上，服务第一"的服务理念，做到全心全意为顾客提供热情优质的服务。

2. 随机性。柜台口才并不是固定不变的，它具有随机性的特点。为了做好服务工作，营业员在工作过程中要注意观察顾客的不同特点，在接触顾客时，应该充分注意服务对象的年龄、性别、职业、身份、性格、心理、文化素养、风俗习惯等特点，因人而异地进行服务。此外，还要根据服务过程中出现的不同情况随机应变，帮助顾客轻松购物。

3. 时效性。营业员在向顾客打招呼、介绍商品或接受顾客的询问时，一定要在恰当的时机利用有限的时间完成。例如，向顾客打招呼是一门艺术，微妙之处在于时间掌握得恰到好处。招呼打早了顾客会觉得尴尬，招呼打晚了则有怠慢顾客之嫌。当顾客在柜台前停留时、当顾客在柜台前慢步寻找商品时、当顾客抚摸商品时及当售货员与顾客目光相遇时等，都是售货员打招呼的良好机会。

第一节　愿您成为柜台上的能手巧匠

营业员是企业或商店的一个门面,他们无形中为这个企业或商店起着宣传广告的作用。营业员的仪表举止体现着自身的素质、修养和可信程度。实际上顾客在选择商品的过程中也在选择营业员,他们往往通过营业员的言谈举止、仪表来判断某位营业员能否为自己提供满意的服务。通常情况下,一名营业员如果具备以下素质要求,就能成为柜台上的能手巧匠。

一、讲究礼貌,尊重顾客

尊重顾客是营业员取得成功的重要条件,要树立顾客至上、以礼敬人、以诚感人的服务观念。在服务过程中要使用礼貌用语,对待挑三拣四、只问不买的顾客也要以礼相待。

二、着装得体,精神饱满

营业员必须严格遵守着装的规定,不管是否穿着统一的制服,都要使自己的着装整洁、大方、得体。切忌脏、乱、奇、短、紧、露。假如某商场有几名营业员衣冠不整地站在柜台后面,顾客在这里购物时会感到不舒服、不安全,这就直接损害了企业的形象。

营业员还必须要有良好的精神风貌。在招待顾客时不能显得有气无力、懒懒散散,应该表现得精神饱满,文雅而有朝气。

三、热情待客,微笑服务

营业员在服务时,还要做到热情待客,微笑服务。要做到这点就要尽量做到"三到",具体就是"顾客到、微笑到、敬语到"。微笑可以赢得高朋满座,产生最大的经济效益。世界上很多著名的企业家都深晓微笑的作用,给予很高的评价,奉其为治店的法宝、企业的成功之道。举世闻名的泰国东方饭店,曾数次摘取"世界十佳饭店"的桂冠,其成功的秘诀之一,就在于把"笑容可掬"列入迎宾待客的规范。以微笑接待顾客,会使顾客感到温暖,产生"宾至如归"的感觉。

四、了解产品,巧妙推销

营业员站在销售的第一线,对于自己推销的产品知识和产品利益点应该有一个全面的了解。在向顾客推销的过程中,要善于用通俗的语言表达出来。当你具有丰富的产品知识时,对顾客提出的各种问题就能轻易作答,充当顾客的购买顾问,让顾客买到满意的产品,这样不仅为顾客提供了产品,还提供了附加价值——良好的服务。

第二节　柜台语言艺术的基本要求

柜台语言来源于我们的生活语言,但又有别于生活语言,它是商业与艺术的结合。销售的成败除了与商品的质量等特性有关外,在很大程度上还取决于营业员语言的艺术和技巧。

一、接待招呼语言准确、得体、热情

营业员在销售时,一定要做到"三声",即"来有问声、问有应声、走有送声"。接待顾客时,如何同顾客打招呼,如何向顾客介绍商品,是柜台语言的重要方面。

1. **语言要做到准确**。营业员在说话时一定要做到"发音准确,选词明确,用句正确",避免引起顾客的误会。营业员讲话发音要符合普通话的语音要求,做到清晰传递。选词、用词明白、准确、不含糊,除了要讲究词法以外,还要注意针对特定时间、特定场合、特定对象的不同而选用。少用修饰语、倒装句、难懂的句子。

2. **语言要得体**。语言得体指的是语言要根据说话和听话人的身份和说话的场合,做到表达时言词恰当,交际时文明雅致,也就是我们平时所说的"量体裁衣"、"看人下菜"。比如称呼语,对国内的顾客应根据年龄与性别的不同分别称为"先生"、"同志"、"大叔"、"大伯"、"大爷"或"大娘"、"大婶"、"大姐"、"小姐"等;对外国顾客则一般把男子通称为"先生",把女子通称为"小姐"、"太太",如了解对方已婚的可称为"太太"或"夫人"等,要做到热情妥帖,亲切得体。

3. **语言要热情**。一位销售专家说:"热情在推销中占据的分量在95％以上,营业员会因为过分热情而失去一笔交易,但会因为不够热情失去一百笔交易。"因此,在招待顾客时,语言一定要热情,特别是在面对顾客的各种提问时,解答要热情,不能流露出不屑一顾,甚至是讽刺挖苦的言语和表情。送客时也要热情,俗话说"买卖不成情义在",无论是顾客挑拣半天一样东西没买,还是高高兴兴满载而归,都要说一声"欢迎再来"、"再见"或"您慢走"。

二、文明服务语言礼貌、真诚、周到

文明服务在现代社会越来越重要,已成为第三产业普遍遵循的法则。这就要求营业员的语言要礼貌、真诚、周到。礼貌对于一个营业员来说,是任何时候都要做到的,营业员直接代表企业或商店形象,如果对顾客傲慢无礼,顾客自然不会再度光临,甚至可能还会做反面宣传;真诚是人与人成功交往中的一个重要因素,"无商不奸"的做法已逐渐被诚信经营所取代,在柜台语言中也同样如此。比如,不要对一位年纪较大的顾客说:"您这么年轻,这件衣服真适合您。"顾客一听就知道你在说假话,会从心底产生一种厌烦心理。此外,在服务时还要尽量做到语言周到,比如顾客看上了一种商品,但目前没有顾客想要的那种色彩,营业员可以告诉顾客原因,以及那种颜色大概什么时间到货等信息,以方便顾客作出选择。

三、销售语言精练、生动、富有魅力

现代生活节奏加快,人们崇尚"时间就是金钱,效率就是生命"的信条。因此销售语言还要求简明扼要,不使用多余的词句,繁琐的语言不但会浪费顾客的时间,还会引起顾客的反感。此外,生动活泼、富有魅力的语言也会使顾客容易接受,乐于接受。比如接待年龄小的顾客时,在称呼上就可以用"小朋友"、"小姑娘"、"小弟弟"、"小妹妹"等,听起来亲切,富有魅力。

第三节　柜台语言的技巧

柜台语言艺术实际上包含两个方面,一方面要求营业员要具备一定的柜台语言,另外一方面又要求营业员在接待顾客时要掌握使用这些柜台语言的技巧。只掌握一定的柜台语言是远

远不够的,还必须灵活运用,把两者有机结合起来,这样才能让顾客听起来自然、舒服、愉快,而这两者的有机结合,正是柜台语言艺术技巧之所在。

一、亲切大方,明确中肯

所谓亲切大方、明确中肯就是语言要亲热随和,明确诚恳。营业员在接待顾客时说话一定要彬彬有礼、亲切大方。比如在顾客进入商店时用恰当的称呼和顾客打招呼:同志、老大爷,您需要什么? 这样亲切大方的招呼就拉近了营业员和顾客之间的距离。

营业员的语言还要尽量做到明确中肯,不说明显的假话、谎话。比如,顾客试穿衣服时征求旁边营业员的意见,营业员尽量要做到明确中肯,不能为卖出一件商品而昧着良心说假话。"您这么高大的身材,穿这件衣服太紧了,颜色也老气些,您看那件怎么样?"像这样明确中肯的意见很容易给顾客留下深刻印象。

二、以褒代贬,体贴入微

在涉及顾客的缺陷或短处时,营业员在语言上还要能体贴入微,以褒义的词语来代替贬义的词语。如在卖衣服时,对很瘦的女士,不要说她瘦,而是说她身材"苗条";对较胖的女士,不要说她胖,而要说"丰满";对很胖的男士,不要说他肥或胖,而要说他"块儿大";对身材较矮的女士不要说"矮",而要说"娇小";对老年人要说"发福"等。营业员要尽量在语言上做到以褒代贬,体贴顾客,这样才能让顾客有一个好的购物心情。

三、真话曲说,委婉文雅

在一些特殊情况下,还要求营业员用委婉文雅的语言代替某些真话。商品是为了满足人们的需要而生产的,但是不可能每件商品都量身定做,同一件商品不一定合适每一个人,当顾客选择了并不适合自己的商品时,营业员应及时提醒,避免顾客盲目消费。在规劝过程中,营业员要拿捏好尺度,真话曲说,既要起到规劝的作用,又不失文雅。对顾客的缺陷和忌讳应用委婉语,不要直说,如不要说"您太矮了,穿这条裤子不行",不要对女同志说"您这么胖,我们店里没有这么大的"等之类的话。

四、巧于修辞,生动形象

在柜台语言中,使用生动的带有修辞色彩的语言有时会产生意想不到的效果。生动是指营销语言要新鲜活泼,能绘声绘色、活灵活现地表现事物和思想感情。营销活动,很大程度上是一种"劝服"行为,如果劝服语言死板呆滞,令人感到味如嚼蜡,那么商品质量再优秀也难以被顾客认识和认可,推销效益将无从谈起。因此,在营销活动中,有时候把话说得风趣、生动,会比直截了当效果更好。例如,一位营销员在市场上推销灭蚊剂,他滔滔不绝的演讲吸引了一大堆顾客。突然有人向他提出一个问题:"你敢保证这种灭蚊剂能把所有的蚊子都杀死吗?"这位营销员机智地回答:"不敢,在你没打药的地方,蚊子照样活得很好。"这句玩笑话使人们愉快地接受了他的推销宣传,几大箱子灭蚊剂很快就销售一空。

五、揣摩心理,投其所好

营业员在服务时需懂得揣摩顾客心理,按照顾客的喜好,为顾客提供一套最合适、最优质的服务。要针对顾客的年龄、性别、职业、阶层、民族等不同情况进行服务,如年轻人追求新奇的心理,老年人念旧的心理,女同志重价钱,男同志重质量,同是女青年,一般青年好艳丽,知识分子爱淡雅等。营业员话说得好,就能使本来就想买的顾客坚定其信心,使本来还犹豫的顾客作出决定;如果话说得不好,就会产生相反的效果。如青年人买东西时,应突出其款式新颖,说:"这是今年最流行的最新式样。"对老年人,则重点介绍其质地坚固,便宜实惠,说:"这是老牌子产品,多年来一直很畅销。"对大款型的顾客推荐商品时说:"先生,这是目前市场上最流行的名牌皮鞋,您穿上一定很气派!"对喜欢时髦的女士说:"小姐,您的这身穿着,再配上世界名牌'金利来'的腰带和小挎包,一定锦上添花,光彩照人!"等此类语言,必定会让顾客心花怒放。

六、巧妙"逐客",妙语暖心

在工作中,营业员会碰到一些无法满足顾客要求的情况,这时要用妙语巧妙"逐客"。顾客要求退货时,营业员一定要问清情况,婉言谢退,切不可态度蛮横,随口一个"不行"来回绝顾客。要做到这一点,营业员首先要详细了解商场有关商品换货退款的规定,并耐心细致地向顾客说明。仔细检查商品,向顾客讲清楚不能退货的理由,如确属商品质量问题,即使商场没有规定,营业员也要根据情况,及时向主管领导反映,争取妥善解决问题。即使不能退货,只要你热情礼貌,言之有理或尽力而为了,大多数顾客也会理解或接受的。

七、以理驭情,理直气和

营业员在工作中难免会碰到一些蛮横不讲理的顾客,这时候就要求营业员能很好地控制住自己的情绪,千万不要和顾客大吵大闹,尽量心平气和地跟顾客讲明道理,取得顾客的谅解。比如在一家大商场里,一位顾客上来就大声吼叫:"你,你××的卖的什么衣服,才穿几天就掉色了,我要退货!"如果营业员不够冷静,不能控制自己的情绪,其结果肯定是和这位不讲理的顾客大吵一场,不管谁对谁错,对这个商场来说都会造成不好的影响。如果营业员能够心平气和地和顾客进行沟通,就不会导致大吵大闹的结果。

八、谦逊有礼,善于及心

在柜台服务语言中,对顾客谦逊有礼,要善于把话说到顾客心坎里去,使顾客听着顺耳,你的意见就很容易被接受了。例如,一位老大爷拿一张没留密码的定期存款单到了储蓄柜台前,要求给他取点钱,但没带身份证。储蓄员费尽了九牛二虎之力给这位老大爷讲道理,效果还是不明显。这名储蓄员不管老大爷怎样火气,保持和颜悦色,并且拿了个纸杯,放上自己的茶叶,倒上水端出来,扶老人坐到椅子上说:"大爷,您的心情我理解。但理解归理解,我也不能违反规定擅自给您办理这笔业务。再说了,您老也不可能支持我犯错误啊,您说是不是?另外,电脑设置密码程序,其目的就是保证储户钱的安全,假如不是这样,谁拿上您的存单都能取,这不是坏事了吗?大爷您说是不是?假如您非常急需用钱,现在天还早,我掏钱咱爷俩打车回去拿身份证还来得及。"这一番话下来,老大爷的火有点消了。他喝了两口水,明显地露出愧疚的面容……

九、多用选择问句,给顾客留有余地

顾客在购物时,一般都喜欢自己做主,挑自己最喜欢的商品,因此营业员在提供服务时一

定不能私自替顾客做主,把自己的意愿强加于顾客头上,应多用一些选择问句,让顾客自己进行选择,体会做主人的感觉,高兴而来,满意而去。比如,顾客在看上一款衣服时,营业员可以问:"这种款式有黑色和红色两种,请问您喜欢哪一种?"

十、思路灵活,善于周旋

营业员在工作时遇到一些突发情况,要思路灵活,巧妙地和顾客进行周旋,在周旋的过程中伺机解决问题。比如,有时顾客拿了商品却忘记付钱,这时需要营业员采用恰当的语言提醒顾客。有时为了避免顾客难堪,不直接把话说出来,而是有意绕个圈子,委婉说出,不露痕迹,既表现得文明礼貌,又能取得良好效果。例如,一位老大娘买牙刷,由于营业员又去忙着接待别的顾客,老大娘道谢后就走了。这时营业员才想起钱还没有收,看到大娘离柜台不远,就提高声音,十分亲切地说:"大娘——您看——"老大娘还以为什么东西忘在柜台上了,便走了回来。营业员举着手里的包装纸,说:"大娘,忘了给您包装了,这可是入口的东西。"说着,熟练地包装起来,边包装边说:"大娘,这牙刷每支1元,共2元钱。""呀,你看看,我忘记给钱了,真是对不起。"营业员巧妙地使用了一个迂回术,既让老大娘记得付款,又没有使对方难堪。

第四节　柜台口才的七个禁忌

一、热情过度

"杰米扬"式的推销员是让人难以忍受的。在购买过程中,尤其是大宗货,顾客如果不是事先就考虑好的,一定会有一个思考的过程。他要考虑买回去是否实用? 这个价格是否在他能接受的范围内等等。恰当地、简明扼要地介绍是必需的,但是,如果推销员热情过度,老在顾客背后喋喋不休地说,顾客会感到厌烦,购物的兴致就会消失。美国杜邦兄弟公司的销售原则是:"能用一句话说清楚的,不用10句话说清楚。"也就是说,推销员的任务在于介绍产品而不在于替顾客思考。一个好推销员决不会忘记,选择权掌握在顾客手上,而不掌握在他的嘴上。

二、不考虑顾客的自尊心

推销员:"这是我们新进的 PentiumPRO200 型计算机,软驱 1.44"(内存 32M,硬盘 2G,显示器 15′平面,其他配件还有八速驱十 SB16 位声卡)。

顾客:对不起,我不太熟悉这些。

推销员:您不懂电脑,来买什么呀?

顾客:我想了解一下再买。

推销员:您回去买书,了解了再来吧。

推销员:您买不买,想好了吗?

顾客:我再看看别的。

推销员:是不是这个价钱太高了?

顾客:我还得比较一下。

推销员:那边有便宜的。

上面这两段对话,推销员都没有听懂顾客的潜台词,冒冒失失地一张嘴就伤了顾客的自尊心。第一段对话里,顾客要买电脑,但又不很熟悉电脑术语,推销员不仅不改换说法,反而变本加厉地讥刺顾客不懂电脑,顾客要是涵养好也就罢了,如果涵养不好的,马上就会和这个推销员吵起来。但不管涵养好坏,这个顾客永远不会再踏进这家曾让他尴尬的电脑商店了。第二段同样如此,"逼"着顾客承认自己没钱买,就算顾客真的想买也不买了,因为他觉得丢面子。这两种推销方式都是不考虑顾客的心理,或是卖弄专业词汇,或是强买强卖,这是推销中的大忌。没有一个顾客会因为你嘲弄了他,他反而会买你的东西。

三、与顾客正面冲突

顾客:我想问一下西达牌的冰箱质量怎么样?

推销员:我卖了20年冰箱,还没听说过这个牌子。

顾客:我是昨天在电视上看到的。

推销员:我可没看到过,我们这儿从来不进乱七八糟的杂牌子冰箱。

顾客:这个价钱是不是高了点?

推销员:没钱别买,便宜的那边有的是。

顾客:你怎么说话的?

推销员:就这么说,爱买不买!

上面这段对话同样是我们在生活中常见的,推销员面对顾客的意见,不但不接受,反而针锋相对地与之冲突,只顾口头上沾光,把顾客气跑了。如果你是老板,你敢雇用这样的推销员吗?

其实接受顾客的意见很容易,如果我们把上面这段话稍微改动一下就会产生另一种效果。

顾客:我想问一下西达牌的冰箱质量怎么样?

推销员:对不起,我不太清楚,我们这儿目前还没有进过这个牌子的冰箱。

顾客:我是昨天在电视上看到的。

推销员:是吗?那就该是个新牌子,我们这儿也进了一些新牌子的冰箱,请您看一下。

顾客:这个价钱是不是高了点?

推销员:这是目前市场的标准价格,如果你要买的话,我们当然可以优惠一些。

顾客:我还觉得贵。

推销员:那就先请您看一下其他的,也许您能接受。

利用转化处理法是一种有效的顾客异议处理方式。它的优点是:推销员能正视顾客异议,在肯定顾客异议的基础上加以转化,并不是回避顾客异议,因而能促成合作;这样可以调动顾客的积极性,化消极因素为积极因素,化阻力为动力,获得一箭双雕的推销功效。利用转化处理法是用顾客之矛攻顾客之盾,使顾客在最关键的问题上转变看法,进而转换态度,可以使顾客变得无法再提出新的异议,促使推销进入成交阶段。

四、提问不讲策略

请看下面一段对话:

推销员:为找货源,我差点跑断了腿。寻找仓库,又费了我好多时间,找车皮跑运输,我又搭进不少人情。现在市场下跌,我们一再减价又要损失一笔,可你们还是不买,这让我回去怎么交代？

顾客：又不是我非要买，是你要卖给我的，你说那么多，我还不想买呢！

这个推销员的毛病在于不能把顾客的需要和利益放在第一位，站在顾客的立场上说话。整篇话讲的虽然全都是事实，但全是强调自己的困难，与顾客的利益不沾边。成功的推销员应该为顾客着想，使顾客体会到推销员的服务精神，又处处觉得有利益可得。"为顾客着想"是唤起顾客兴趣的好办法。假如同是上面的情况，换成下面这种说法，效果就会大不一样了。

推销员：如今生意难做，为您备货就得跑点路，为了使您的货不受损失，储备和运输都格外小心。为了让您早日提货，跟运输部门得搞好关系，这批货您肯定能很快脱手，因为进货价格低，市场有些疲软也保您能赚上一笔。您要是还想多买点，还可以再为您破例杀价，您的意见如何？

顾客：当然很好，我没什么意见。

在看下面这两个例子。

推销员：是您自己拿回去呢？还是给您送回去？

推销员：您的饮料里要加鸡蛋吗？

上面这两句话都属于不考虑顾客心理的提问，询问不仅仅是为得到答案，而且要带有强烈的诱导性，如果我们改动一下上面的两句话，效果就会好些。

推销员：是给您送回去呢，还是您自己拿回去？

推销员：您的饮料里要加一个鸡蛋呢？还是加两个鸡蛋？

其实很简单，人们一般在选择性问话中总是将着重强调的内容放在后面，这实际是诱导对方尽量采用后一种方案。这种问话看起来像语言游戏，实际上是经过深思熟虑的，在现实运用中很有效。

五、不客观地介绍商品

在清初的《笑笑录》里记载了这样一个故事，说绸缎庄里刚招进一个小伙计，有一天客人来买结婚用的绸缎，小伙计说自己店里的货颜色不太合适，又一直没进新的，可以去对面店里买，客人道谢后就走了。这把站在一旁的老板可气坏了，痛骂小伙计没心没肺，不会做生意，当场解雇了他。

又过了几天，客人又来买绸缎，发现小伙计不在店里，问了一下，知道小伙计在对面店里干活，客人扭头就走，到对面店里又买了一大批货。老板很纳闷，为什么客人独独看上一个不会做买卖的小伙计，于是托人去问，客人想了想说："因为他诚实。"

没有人希望自己的商品不能满足客户需要，但也不能因此丧失了客观性，不顾实际，一味地将自己的商品吹得天花乱坠，无所不能。这样做反而会使顾客觉得你不可信，不愿意与你打交道。你如果站在顾客的立场上说话，多提一些建议，第一次买卖也许做不成，但是信誉建立起来了，顾客觉得你可信，他会考虑再来的。"信誉是第一通行证"，不只对生产厂家如此，对推销者同样是这样。

六、不懂得聆听顾客的表述

口才说到底是一种交流，自己表达，也要听别人表达，聆听是一门艺术。如在推销中，对顾客发表的议论，要积极地听，这样会使顾客获得情感上的满足。而且，从聆听中推销员还可以获得大量信息而利于推销。推销心理学认为，顾客谈得越多，他的购买兴趣越大。

"听"与"听见"是两回事,"积极地听"与"消极地听"也是不一样的,不要总把注意力集中在商品身上,因为商品是相对静止的,顾客是时刻在变化的。积极地听可以增加信息,减少误会,增加实现愿望的机会。即使顾客说话过于啰唆,也要耐心听完。另外,可以中间插上一两句问话,一是表示在听,二是没有听清的地方要问,以促使顾客继续说下去。

七、自说自话,机械回答

顾客:嗨,您这儿的"雪花"冰箱质量怎么样?

推销员:这是自动除霜,高节能,大容量的。

顾客:您自己觉得怎么样?

推销员:这是自动除霜,高节能,大容量的。

顾客:我是问您自己使的话,您觉得怎么样?

推销员:这是自动除霜,高节能,大容量的。

上面这个例子有些夸张,但类似这样的情况却是常见的,一些推销员简直像个机器人,除了会背枯燥乏味的专业词汇之外,说不出一句有感情的话来,缺乏与顾客的情感交流,用"职业外套"把自己包得太严实了。没有人喜欢跟机器人对话,太职业化、不近人情的推销员会让人头痛。顾客在购物前拿不准主意的时候,喜欢把推销员当成朋友,一起商量一下怎么办,如果推销员通过很有人情味儿的谈话,表达自己与顾客相同的感受,然后再顺着顾客的心愿传达有利推销的情感,生意就做成了。反之,如果推销员像个机器人一样缺乏与顾客交流的愿望,只能让顾客望而却步。

案例

【案例一】"你真不会讲话"

在某商场的某品牌售衣专柜里,一位顾客看中了一件毛衣。这位顾客和售货员的交谈如下:

顾客:这件衣服有没有小一点的?

售货员:这件刚好,你瞧多靓啊! 你腰比较粗,再小就太紧穿不下了。

顾客:我腰粗吗? 你这是什么态度,这衣服这么大才显得腰粗呢! 你到底会不会卖衣服啊?

售货员:我卖衣服已经五六年了,看过的客人太多了,我一看就知道你应该穿几号的衣服,如果再小一号会让你的小肚子包得紧紧的反而难看。

顾客:你这人真是没有审美观念,算了! 算了! 不买了,真不会讲话。

售货员:不买你干吗试穿衣服!

点评:很多买卖的成败不是由于商品的原因,而是由于售货员使用了一些不得体的语言使顾客听着别扭或刺激到顾客。上例中的售货员犯了几个错误:一是说话不得体,说顾客腰比较粗,让顾客听着不舒服;二是不注意倾听顾客的意见,和顾客进行无谓的争论;三是忘了"买卖不成情义在"这句话。以后这位顾客可能再也不去这家店了。

【案例二】一场急风暴雨化为乌有

一位消费者在一家知名品牌皮鞋专卖店买了一双鞋,穿了不足 20 天就开线了。这位消费者提着皮鞋气冲冲地走进专卖店，把鞋往柜台上一扔，说道："这是什么烂鞋？穿了 20 天就出问题，去把你们的负责人叫来！"

售货员见这阵势，马上说："师傅，您别着急，慢慢说。"那位消费者气一点儿没见消，嚷道："你们的鞋有问题，我要到消费者协会告你们！"售货员还是温和地说："您不慢慢说，您一肚子的冤气我也不清楚呀。"那位消费者一听在理，便讲了购鞋的经过，并拿出了购货发票。听完消费者的诉说，售货员马上说："可不是嘛，这事碰上谁，谁也得气个够呛。那好，你等着，我去办公室汇报一下，看怎么处理。"说完便提着鞋进了办公室，不足一分钟，售货员出来了，问消费者："师傅，这鞋的线是有问题，真是对不起，如果您愿意退货，我现在就给您退，不愿意退货呢，您再换一双也可以。"这时顾客也感到有点不好意思了，说："退啥退，换一双就得了，反正也得穿。"一场急风暴雨几分钟就化为乌有。

点评：这位售货员并没说什么漂亮话，但她做到了在顾客发脾气时没有和顾客进行争吵，而是耐心听取了顾客要说的话，并作出回应，尤其是那句"这事碰上谁，谁也得气个够呛"，站在顾客的立场上，一下子就把那位气得红头涨脸的顾客说得脸上露出了笑容。此外，她对整个事情的处理也非常迅速合理，给顾客留下了深刻的印象。

【案例三】当顾客想到其他地方看看再决定购买时怎么说

一位女士来到一家五光十色、琳琅满目的首饰店，在她目不暇接之时，一位营业员走过来说："小姐，请问您想看看什么？""我想看看手链。""我给您拿。"营业员随即拿出一组香耐尔公司设计的手链给她看，她看过之后对营业员说："麻烦您放起来，我想到其他商店看看再说。""没关系，如果您需要，我们随时恭候您的光临。"营业员面带微笑，语气轻柔，态度可亲，女士听了心里很高兴，想了想说："我看还是在你们这儿买了。"营业员立刻拿出一组手链，耐心地介绍每一款手链的材料和设计特点，并给她提供了许多良好的建议，在给女士包装手链时，还仔细地告诉她有关手链的日常保养事项。这位女士临走时对营业员深有感触地说："说实在的，我原本打算到几家店子看看比较之后再决定买的，是您的话打动了我的心，所以我决定在你们这儿买了。"

点评：喜欢"货比三家，货挑数遍"是中国人购物的一大特点，在柜台销售中，常常遇到只看不买的顾客——他们要事先看了好几家的货之后才决定买与不买，尤其是家具和首饰类的商品。在这种情况下，营业员自然不能拉着顾客不让人家走。这时候，营业员应主动向他们推荐有关商品，并对商品的性能、优点作详细的介绍，使他们相信，如果购买这种商品就能满足他们的需要，如此一来，顾客自然被吸引住了。

训练

【训练一】哪种柜台语言好

在柜台销售中，同一种意思可能有很多种不同的说法。试比较下列例子中的几种说法，你认为哪种好？哪种不好？为什么？

例一 招待问候顾客

甲：你要干什么？

乙：你要买东西吗？

丙：您好,您要看看什么?

丁：我能为您做点什么?

例二　当顾客试看多次不买时

甲：试来试去的,你倒是买不买?

乙：买不起就别看!

丙：看你这样就不像是买东西的。

丁：不买不要紧,谢谢您的光临,假如您还需要我帮助的话,可以随时招呼。

例三　当商品缺货时

甲：没有。

乙：卖完了。

丙：真不巧,这种货刚卖完,您看这种行不行?

丁：货已经没有了,你去别的店找吧。

【训练二】如何应对顾客异议

在柜台销售过程中,顾客常常会产生异议,即对营业员说些不明白、不同意或反对的意见。顾客有时因表示异议而打断营业员的话,或是就某个问题拖延等,作为一名营业员,你的顾客对你说以下话语,你该如何应对?

客户说：它真能值那么多钱吗?

客户说：价格太贵了。

客户说：暂时没有钱(没有预算)。

客户说：别的地方更便宜。

客户说：家具样子并不好看。

客户说：这件衣服太时髦了,我都四十几岁了怎么穿得出? 不要! 不要!

……

【训练三】柜台语言成败原因分析

能说会道是营业员必须具备的一项能力,试比较以下两种情况,说说两位营业员失败和成功的原因是什么?

营业员甲

一位顾客到了沙发卖场,问营业员甲：你们的价格比同类其他品牌的高啊。

营业员甲：因为我们的沙发坐上去更舒服。

顾客又问：你的沙发为什么更舒服?

营业员甲：因为我们的沙发是香港设计师设计的。

顾客又说：人家某某品牌还是意大利设计师设计的呢,价格也没有你的高。

营业员甲语塞,不能回答。

营业员乙

顾客问营业员乙：你的沙发好在哪里?

营业员乙：我们的设计是更加人性化的设计,比如靠背、扶手的高度,腹部的突出等,更好地吻合了人体休息时最舒适的姿势,您坐上去更自然更舒适更放松;

还有我们的面料是当前最流行的沙发面料,这种面料不吸灰尘,容易洗涤,让您的生活更轻松,不会因为经常清洗沙发而烦恼;

还有我们使用的是实木框架,最大的特点是环保无污染。您也知道,现在居室装修最关注的是环保和健康,尤其是对孩子的身体……

我们使用的弹簧……

我们的售后服务……

……

【训练四】情景模拟演练

模拟情境训练。学生分别扮演售货员和顾客,两人一组在课堂上进行演练。

【训练五】怎样推销降价的皮鞋

某商场的鞋帽柜上有两双因一点小问题而需要降价处理的皮鞋。一位中年知识分子顾客看到之后问:"这鞋为什么这么便宜? 不是真皮的吧?"请你设计应对词,并设法卖一双鞋给他。

【训练六】如何劝说他们购买高价钻石

一位暴发户和老婆来到一家珠宝店,看到一颗精美绝伦的钻石,爱不释手,但是 8 万元的标价实在令刚从贫寒中走过来的他们难以接受。请你设法劝说他们俩购买。

【训练七】测试与训练

高明的商品说明术

测试项目:

(1)对方关心的是哪些事?

(2)对方担心什么?

(3)对方希望听到哪些内容?

(4)怎样强调对方想陈述的商品的魅力?

(5)针对对方的需要,具体需说明哪些重点?

(6)怎样立刻陈述优点、特征?

(7)如何将说明目录等并排横放在对方面前?

(8)怎样预留发问的余地?

提起商品说明,很多人都认为片面地列出优点就够了,其实不然。同样一件商品,不同的人就会有不同的关心角度,所以我们吸引顾客的重点也要跟着改变。训练方法如下:

(1)先让对方说话,找出他关心所在。

(2)从对方的眼神、质问内容等,可以看出他想听些什么,了解后将说明重点集中在该处。

(3)你想陈述的优点不一定与对方的需求一致,视对方的需求改变陈述重点。

(4)最佳的做法是列举实例。

(5)简洁入题,开场白过长会使对方感到厌烦。

(6)引诱对方提出质问,再将优点说出来。

第十一章　餐旅口才

导入

不同的导游

　　有两个中国台湾省观光团到日本伊豆半岛旅游,路况很差,到处都是坑洞。其中一位导游连声抱歉,说路面简直像麻子一样。而另外一位导游却诗意盎然地对游客说:"诸位先生女士,我们现在走的这条道路,正是赫赫有名的伊豆迷人酒窝大道。"

　　口才是导游员从业的第一武器,是导游员职业化水准的第一标志,是导游员在导游行业中腾飞的翅膀。一句话,导游员具备较高的口才水平,对吸引顾客发展旅游业至关重要,有利于提高旅游产品的质量。

　　旅行社、宾馆、饭店的服务工作是高尚的,服务人员的心灵也应当是高尚的。服务工作是一门艺术,服务员也应有一定的素质要求。归纳起来,服务员要树立五个意识:现代管理意识、服务意识、主人翁意识、竞争意识、自强意识,有较强的语言表达能力和交流沟通能力,对自身的工作充满自豪感和责任感。接待工作是餐旅服务业的日常性工作,它涉及顾客的利益问题,也涉及客人的尊严、感情等心理敏感问题,对此,我们绝对不能掉以轻心。对于一个初来乍到的客人来说,他对该企业的第一个印象,就是服务人员给的。"见微知著",一个友好、亲切的表示和接待,往往使客人铭记于心。因此,给客人以热情亲切又礼貌周全的接待是至关重要的。

导训

第一节　让顾客宾至如归

　　宾馆、饭店、旅行社等服务业与工商企业不同,它主要不是销售有形的商品,而是提供无形的商品服务。服务人员要通过语言与客人交流,使客人身心愉悦,享受到优质的服务,有宾至如归的感受。因此,服务人员的素质能力就显得尤其重要,特别是口才,更是餐旅服务人员的基本技能。如何能让客人有宾至如归的感受,下面从三个方面谈谈待客之道。

　　1. **微笑服务**。俗话说:"没有微笑莫开店。"美国希尔顿旅馆是全球最大规模的旅馆之一,几十年来,从一家扩展到遍布世界五大洲都市的连锁集团,其经营成功的秘诀之一,就是服务员微笑的魅力。该总公司董事长唐纳·希尔顿认为:"如果缺少服务员美好的微笑,正好比花园里失去春天的太阳和春风。假若我是顾客,我宁愿住进虽然只有残旧地毯却处处见到微笑的旅馆,也不愿住进只有一流设备而不见微笑的地方。"

　　2. **以诚相待**。真诚是处理人与人之间关系的基本原则,在服务业中尤其重要。只有以诚相待,才能赢得顾客的信任与支持,才能消除彼此之间的隔阂。

　　3. **体贴入微**。优质服务往往体现在细节上,优秀的服务员不但要做到"想客人之所想",而且要做到"想客人之所未想",在客人尚未提出疑问和要求前就替他安排好。

态度决定成败,细节成就辉煌。这是餐旅服务业的至理名言。

第二节　接待语言技巧

一、车站、机场或码头接待语言技巧

1. **提前到达**。迎送人员必须准确掌握客人乘坐的飞机、火车、船舶抵达的时间,并提前 15 分钟到达等候,让客人一到达就能见到你。不能让客人在场站团团转,不知所措。

2. **书写欢迎牌子**。如果客人与你素不相识,或是接待参加会议会员,最好手举一块写着"欢迎您,×××先生"或"欢迎您,参加××××会议的代表"等字样的牌子,这样既可以防止辨认不出,又能增添客人的自豪感。

3. **热情问候,自报家门**。客人来后,应先对他说"您路上辛苦了"或"欢迎您光临"这类的问候语,接着就自报家门,有名片的话递上名片。介绍完毕应随手接过客人的行李,但客人随身的公文包之类不必代提,因为里面可能有他的证件和贵重物品等。

4. **及时介绍膳宿和活动安排**。客人到后,首先关心的事有两桩:一是膳宿问题,二是活动安排。因此,接到客人后要马上向他介绍食宿安排,诸如旅馆在何处、附近交通情况、餐厅开饭时间以及其他生活设施问题。然后递上一张事先准备好的客人活动日程表,让他及早了解活动进程,并据此安排自己的私人活动。

5. **简短交谈,活跃气氛**。客人刚到一地,总对下列话题感兴趣:与应邀参与的活动有关的情况,当地风土人情、气候、物产、物价与风景旅游点等,当地最近发生的重大事件,当地知名人士的情况等。接待人员应准备各种话题,与客人适当交谈,进一步活跃气氛,给客人愉悦的感觉,避免冷场。

6. **让客人及时休息**。客人旅途劳顿,到达住宿地后接待人员不必久留,让客人及时休息。道别时别忘了向客人告知与你联系的方法,说好下一次见面的时间和地点。

二、客房接待语言技巧

1. **掌握常客进出动态和爱好**。客房接待员和柜台保持密切联系,随时掌握顾客进出的动态。对于常客,要熟记他的姓名、特征、民族风俗、特别要求和个别的嗜好与习惯。如一位纽约商人是曼谷东方饭店的常客,有一次他在星期五住进饭店,发现饭店把他的房间安排在二楼靠近楼梯的地方,他非常感动,因为基于宗教的原因,他不能在星期五搭电梯。日本人初次见面,互相鞠躬,一般不握手,给别人赠送礼物,礼品的件数切勿为"9",否则会有把别人看做强盗之意。所以在接待客人时一定要注意这些问题。

2. **热情接待初来的客人**。接待初次来的客人的技巧,是尽快从柜台工作人员手中获得顾客的基本资料。可能的话,应站在电梯口迎接客人,引导顾客进入他的客房,为顾客打开电灯,简单而迅速地介绍客房内的设施、使用方法及注意事项。接待的术语可以是"欢迎您光临,王先生,我是服务员×××,请跟我来"。

3. **帮助客人提东西,与客人作简单寒暄**。服务员通常左手帮客人提东西,右手用手势引导客人,走在右前方或左前方一步处,和客人做简单寒暄。例如:"王先生是开车来的吗? 您辛苦了。我们的设备很好,希望您喜欢。"

三、餐厅接待语言技巧

1. 礼貌用语,"请"字到底。

迎宾员:在每个顾客还未走进大门时,就要面带微笑,用十分亲切的语气说:"欢迎光临,里面请!"而在顾客离去时要面带微笑亲切地说:"您慢走,欢迎您再来!"别忘记60度的弯腰礼!

服务员:当看到顾客进来时就要迎上前去,把他们带至他们满意的位置,同样要面带微笑双手递上菜单,用不紧不慢的语速说:"您好,请问您要点什么菜?"客人在选择时,不要忘记适时为你的餐厅推销招牌菜:"您可以试试我们的××××,它是用××××做的,既营养又美味,有很多回头客!"点完之后,要说:"好的,请您稍等,我们很快上菜。"

收银员:当顾客来结账时,要面带微笑,询问座号,然后说:"谢谢,您的菜金是×××!"收完钱后,要说:"谢谢,这是找您的钱!"当然这些都不是固定不变的,要看具体的情况,但是面带微笑,亲切的语气,"您"、"请"、"谢谢",都是必不可少的!

此外,要注意做到:

"三轻":走路轻,说话轻,操作轻。

"三不计较":不计较宾客不美的语言,不计较宾客急躁的态度,不计较宾客无理的要求。

"四勤":嘴勤,眼勤,腿勤,手勤(脑勤)。

"四不讲":不讲粗话,不讲脏话,不讲讽刺话,不讲与服务无关的话。

"五声":客来有迎声,客问有答声,工作失误道歉声,受到帮助致谢声,客人走时有送声。

"六种礼貌用语":问候用语,征求用语,致歉用语,致谢用语,尊称用语,道别用语。

"文明礼貌用语十一字":请,您,您好,谢谢,对不起,再见。

"四种服务忌语":蔑视语,否定语,顶撞语,烦躁语。

2. 做顾客的参谋。要把顾客当做自己的朋友来诚实款待,千万不可抱着敲竹杠的心理,否则只能做一次性生意,不会有回头客。例如,当顾客拿不定主意点什么菜时,服务员可以为他介绍菜谱,训练有素的服务员会根据宾客的言行举止来判断宴请的大致规格和档次,从而可以根据客人的喜好、就餐人数的多少提供点菜的参考意见。做好顾客的参谋,要替顾客着想,可以说:"你们有6位客人,8菜一汤应该足够了。如果不够还可以再加,点多了浪费就不好了,您说呢?"或者:"今天的花蟹小了点儿,要不换个青蟹吧?我们饭店的清蒸蟹味道也很不错哦!"

3. 讲究服务礼仪。客人进餐时,服务员要站立在一旁,随时准备为客人服务,如上菜、斟茶倒酒、撤换碗碟等。上菜时报菜名要清晰,如果是重点推介的菜式更是要让每位客人都听清楚,给客人留下深刻印象。要注意使用礼貌用语,如"对不起,打扰您一下,给您上菜";"菜上齐了,请各位慢用";"很抱歉,您点的菜今天卖完了,您要不要换个别的菜";"请您买单,一共是×××元,谢谢"。上菜时要注意先后顺序,间隔时间不要太慢,也不要太快,前者让客人久等,后者有催促客人的嫌疑。要注意客人的一些进餐忌讳,如有的地方习惯把鸡头、鱼头对着主宾,有的地方忌讳将盘里的鱼翻身等。

第三节 导游人员应具备的素质

一、导游人员的角色定位

导游工作人员在其业务活动中往往同时扮演以下多个角色:

1. **向导**。导游人员要在景区景点内引领游客沿着最佳游览路线活动,这是导游最古老、最基本的职能。

2. **讲解员**。导游服务的中心内容是导游讲解,即向游客传递关于旅游目的地及所参观景点的自然、历史、文化、政治、经济以及民俗风情等信息,满足游客到旅游目的地消遣、娱乐、审美、求新、求异、增长见识、陶冶情操等心理需求。

3. **宣传员**。导游人员担负着向游客宣传我国悠久的历史文化和改革开放成就的职责,担负着增进不同国家、不同地区人民之间彼此了解,进而促进世界和平的神圣使命。

4. **服务员**。在旅游活动中,导游人员担负着安排游客饮食起居、娱乐购物等旅行生活的职责,同时扮演着生活服务员的角色。游客在旅游过程中遇到生活问题,都需要导游人员协助处理。

5. **安全保卫员**。在旅游活动中,导游要时刻关注游客的人身和财产安全,不断给予他们善意的提醒。在危急情况下,要挺身而出,采取果断措施,保护游客的生命和财物不受损害。

6. **促销员**。导游人员在进行导游讲解的同时,也是在对自己所在的旅行社及旅游目的地的人文、风俗和景观景点进行促销。如果游客对导游服务满意程度高,他们就会向自己周围的亲朋好友做宣传,从而提高旅行社及旅游目的地的知名度,稳定和扩大客源。

7. **"民间大使"**。对于接待入境旅游团的导游人员来说,他们的一言一行都关系着国家的形象。在游客的心目中,导游人员是一个国家的代表,是该国人民的友好使者,是"民间大使"。

二、导游人员的从业素质

职业素养和职业道德是一个行业的从业者必须重视的内容。导游行业曾经出现导游变"导购",热衷于强迫游客购物的行为,曾经遭到社会各界的强烈批评,大大降低了导游行业的美誉度。一般来说,导游人员应具备以下一些基本从业素质:

1. **高尚的思想品德**。具体包括这样一些内容:第一,具有爱国主义意识;第二,遵守社会公德;第三,遵纪守法;第四,具有敬业精神。

2. **合理的知识结构**。具体包括以下几个方面的知识:第一,政治、经济和社会知识;第二,史地、文化和民俗知识;第三,政策法规知识;第四,心理学和美学知识;第五,旅行交通、食宿等业务知识;第六,客源地(国)知识。

3. **较强的业务能力**。主要包括以下能力:第一,语言表达能力;第二,导游讲解能的;第三,人际交往能力;第四,组织协调能力;第五,应变能力或紧急问题处理能力。

4. **身体和心理健康**。首先,导游必须具备充沛的体力,才能应付长途奔波和长年累月的野外工作。其次,导游人员还要具有积极健康的心态、超强的心理承受能力以及良好的自我心理调适能力。这样才能克服工作中遇到的种种困难,始终保持良好的精神风貌,给游客留下美好的印象。

三、导游人员的职业形象

导游人员的职业形象是指导游人员在工作中呈现出的与其所从事职业相匹配的外部特征,即导游人员的仪容、仪表、仪态和礼节、礼貌等。导游人员的素质是隐性的,而导游人员的职业形象则是显性的、外在的,更容易被游客所察觉,因此务必要十分注意。一名合格的导游人员应当是优良的素质和良好的形象的完美结合。

四、导游服务的基本原则

导游服务所面向的是具有多种多样需求的游客,涉及面比较广,各方面利益相互交叉、相互影响,游客的需要能否完满实现在很大程度上取决于导游的服务。为此,导游服务必须坚持两大原则:

1. 满足游客合理需要的原则。主要包括以下几个方面:

(1)努力维护游客的合法权益;(2)认真落实接待计划,提供有针对性的服务;(3)实行规范化服务与个性化服务的有机结合;(4)满足游客个性需要应建立在合理可行的基础上。

2. 注重经济和社会效益的原则。(1)有助于提高旅游目的地和旅行社的形象和声誉;(2)有利于增进不同地区或国家人民之间的理解和友谊;(3)有利于推进不同地区或国家之间的文化和科技的传播与交流。

第四节　导游妙语添游兴

导游是为旅游者提供向导、讲解及相关旅游服务的人员,导游通过语言与旅游者交流,语言是导游最重要的基本功。有人在评价语言在导游过程中的意义时说:"语言活,则旅游活;语言死,则旅游死。"这是很有道理的。通过导游讲解,使大好河山的静态变成动态,使沉睡了千百年的文物古迹栩栩如生,使优雅的传统工艺品惟妙惟肖,从而使旅游者感到旅游生活妙趣横生,留下经久难忘的印象。导游工作要求每个导游具有比较扎实的语言功底,而讲解语言的技巧对提高导游服务质量至关重要。

一、巧用声音

意大利一位著名演员上台表演数数字的节目,从 1 数到 100,当时观众认为这个节目平淡无奇,实在没有意思,可是这位演员一念,竟把全场观众吸引住了。观众听到的仿佛不是枯燥的数字,而是一个发自内心的倾诉,使人大为感动。这位演员表演成功的诀窍很简单:在数数的时候,巧妙地运用了声音的技巧,充分发挥了它的传情作用。因此,要使自己的语言收到"声入心通"的效果,就要善于运用声音的技巧。

1. **掌握语调**。在导游活动中要善于运用语调变化。语调平平的导游讲解,听起来缺乏生气,味如嚼蜡。在导游讲解中,有高潮,也有低潮。在高潮时,音色应明亮些、圆润些,在低潮时,音色应深沉些、平稳些。导游的语音、语调等都要与自己积极向上的情绪"合拍",使用的语调最好是不高不低和具有谅解性的,并适当以情发声,以声带情,使之声情并茂而无矫揉造作之感。

2. **调节音量**。音量是指声音的强与弱。在导游过程中,如何调节好自己声音的音量,是语言表达的又一技巧。首先,要根据游客多少及导游地点、场合来调节音量。游客多时,音量要以使离你最远的游客听清为度,游客少时音量则要小一些。在室外讲解,音量要适当大些,在室内则要小一些。因此,导游平时要注意练声,从低音到高音分级练习,以便在不同的情况下,掌握说话音量的大小。其次,要根据讲解内容调节音量,将主要信息的关键词语加大音量,强调其主要语义。

3. **控制语速**。导游讲解,如果一直用同一种速度往下讲,像背书似的,不仅会缺乏情感色彩,而且使人乏味,令人昏昏欲睡。因此,导游讲解应善于根据讲解的内容、游客的理解能力及反应等来控制讲解语言速度。

放慢语速:需要特别强调的事情,想引起游客注意的事情,严肃的事情,容易招致疑惑误解的事情,以及数字、人名、地名、人物对话等。

加快语速:众所周知的事情,不太重要的事情,故事进入高潮时等。

讲解语言速度的快与慢是相辅相成的,必须注意节奏急缓有致。讲太快了,像连珠炮似的,听者竖起耳朵,集中注意力听,时间一长,精神高度紧张,特别容易疲劳,注意力自然就会分散。相反,太慢了,不能给人以流利舒畅的美感。一般来说,讲解的语速应该掌握在每分钟200个字左右。

4. 注意停顿。 停顿是导游讲解中短暂的中止时间,中止时间的长短难以规定秒数。导游讲解时,并不是讲累了需要休息一下,才停顿片刻而沉默,而是为了使讲解能收到心理上的反应效果,故而故意把话头中止,沉默下来,假如一直滔滔不绝地说个不停,不但无法集中游客的注意力,而且也会使讲解变成催眠曲。反之,如果说话吞吞吐吐,老半天才说出一句话,或在不该停顿的地方停顿了,不仅会分散游客的注意力,而且容易使人产生语言上的歧义。

二、活用修辞

修辞是增强表达效果的有效手段。恰当地运用修辞,能使导游语言鲜明生动,更趋艺术化。下面介绍几种在导游语言中常用的修辞手法。

(一)比喻

(1)使抽象变形象的比喻。如:"苗家姑娘特别喜欢唱歌,她们的歌声就像百灵鸟的声音一样清亮动听。"歌声在这里是一种抽象的概念,这一比就形象化了。

(2)使人(物)形象鲜明的比喻。如:"相传八仙之一的何仙姑,长得十分有姿色,她最喜欢穿绿色的衣裙,亭亭玉立,就像一株吐艳的荷花。"

(3)使景物形象化的比喻。如:"从岳阳楼观赏洞庭风光,你就会觉得,洞庭湖就像一只偌大的银盘,远处的君山就像一只镶嵌在其中的青螺。"

(4)丰富想象的比喻。请看描写镜泊湖吊水楼瀑布的一段文字导游:"在浓阴蔽日的密林中走不多远,你就可以看见气势磅礴的大瀑布,它像轰雷、骤雨、飞珠、崩玉,雪浪花似的泡沫,跳荡着、咆哮着,溅起的水珠儿,蘑菇云似的冲向天空,然后化作轻纱般的薄雾,在阳光照射的特定角度下,你可以看见彩虹般的景色。"这些比喻,给人以无穷的遐想,给人以身临其境的美感。

(5)使语言简洁明快的比喻。如:"莲蓬的形状是个圆锥体,底朝上,尖端和茎子连接着,顶上有许多小窟窿。"这段话如果用比喻,就可简化为:"莲蓬的形状就像一个喷壶嘴。"既简练明快,又具体形象。

(二)比拟

比拟,是根据想象把物拟作人,把人拟作物,或者把甲物拟作乙物的修辞手法。在导游语言艺术中,最常用的是拟人。

(1)使情景交融的比拟。如:"看,山上的迎客松正在微笑着,向我们伸出了热情的手,欢迎各位远道而来的客人呢。""迎客松"是植物,赋予人的思想感情之后,会"微笑",会"伸出了热情的手",这样就增添了形象性。

(2)烘托气氛的比拟。如:"舜帝南巡时,他的两个妃子娥皇、女英追踪到了洞庭山。在这里,她们得到了舜帝死于苍梧的消息,顿时,两个妃子悲痛欲绝,泪水顿作倾盆雨,满山的翠竹也和她们一起发出了阵阵揪心的呜咽声。"这里把"翠竹"人格化,烘托出悲痛的气氛,使人为之心动。

(三)夸张

在导游语言艺术中,夸张可以强调事物的特征,鲜明地表现出导游员的情感,引起人们的共鸣。同时,夸张还能唤起人们丰富的想象。如:"瞧,这湘绣被面上的芙蓉花,似能散发一种浓郁的芬芳,招引着一只只纷飞的蜜蜂和蝴蝶。"这里用夸张的手法形容湘绣技巧的高超,引起人们美好的想象。夸张的表现形式主要有以下几种:

(1)通过比喻进行夸张。例如:"龟蛇酒喝了延年益寿,几盅下肚就会产生飘然若仙的感觉。"这里用"飘然若仙"来夸张地讲述龟蛇酒的功效,使人对龟蛇酒产生一种神秘感。

(2)通过比拟进行夸张。如:"海水湛蓝湛蓝的,蓝得使人见了恨不得变成一条鱼,钻进波浪里尽情嬉戏。"

(3)通过神化进行夸张。如:"三国时期,张飞和关羽曾在这礁晓峰下棋,忽然上有一巨石落下,关公抬头看见,顺势将手中一颗棋子扔过去,把即将下落的巨石阻在半山腰。张飞见了大声喝彩,不料喝彩的声浪把边上另一块巨石冲断了一半。现在,就在他们下棋的石桌边,还有一块'喝断石'。"

在运用夸张的修辞手法时,必须注意两点:一是要以客观实际为基础,给人以真实感;二是要明确,显豁。

(四)引用

引用,是指用一些现成的语句或材料来说明问题。在导游语言艺术中,它能使语言生动活泼,丰富多彩。说话中引用名人名言、古今中外典故、寓言、谚语、诗句文章,往往能生动感人,并能增强说服力。引用可分为明引、意引、暗引。

(1)明引。即正面明白地引用原句,又叫"正引"。它的特点是出处明确,说服力强。如:三塔寺,建于唐开元年间,是历史上大理的第一座大寺院。明末阮元声在《南诏野史》中写道:"佛一万一千四百,屋八百九十,铜四万零五百五十斤。"可见当时规模之大。

(2)意引。即只引原话(原文)的主要意思,而不引原话的词句。例如:中国园林是由建筑、山水、花木等组合而成的综合艺术。明代的唐枢在比较黄鹤楼、岳阳楼孰胜时说:"岳阳胜景,黄鹤胜制。"

(3)暗引。即把别人的话或语句,直接组织在自己的话里,不注明出处。这能修饰自己的语言,并增添一定的感染力。例如:现在的杜甫草堂,仍在杜甫当年"八月秋高风怒号,卷我屋上三重茅"的旧址上。一千多年来,规模几度变更,但"清江一曲抱村流,长夏江村事事幽"的田园风光仍旧依然。这里的一花一木一溪一水无不洋溢着诗情画意。

(五)映衬

映衬,是把两个相关或相对的事物,或用一事物的两个方面放在一起,让它们相互衬托,相得益彰。在导游讲解时,可从内容和形式两个方面运用映衬手法。

(1)运用映衬,巧妙安排讲解内容。例如,天下观日出的胜地很多:海南"天涯海角"地处中国最南端,那里碧波万顷,水天相接;泰山地处华东,眼底一马平川;这里是南岳祝融峰的观日台,地处南国,眼下却是千山万望。在这里看日出,别有一番景象。这里,导游员用天下闻名的观日出胜地进行对比映衬,可以激发游客的兴趣。

（2）运用映衬，使讲解形式多样化。在讲解的表达形式上，语气可先轻后重，语速先慢后快，语调先低后高，或反向映衬。比如："只听得'轰隆'一声巨响……"在处理"'轰隆'一声"一词时，采取先轻后重的映衬手法，其效果要比大吼一声"轰隆"要好得多。

三、讲解手法

导游讲解的语言艺术形式，对于取得良好的导游效应具有十分重要的作用，在导游讲解过程中，每个合格的导游员几乎都有自己一套娴熟的导游方法和技巧，而且各有特色。这里，根据导游语言所基本具备的理、物、趣、神四个特点，列举一些实例，着重从语言艺术的角度，介绍几种常用的讲解艺术手法。

（一）描绘法

描绘法，就是运用具体形象、富有文采的语言对眼前的景观进行描绘，使其细微的特点显现于游客眼前。在旅游过程中，有些景观没有导游员的讲解和指点，很难发现其美的所在，唤起美的感受。而经过导游员一番画龙点睛或浓墨重彩似的描绘之后，感受就大不一样。例如：在景色如画的苏州西湖洞庭山的石公山上，一位导游员对游客描绘说："朋友们，我们现在身在仙山妙境，请看，我们的背后是一片葱翠的丛林，面前是无边无垠的太湖。青山绕着湖水，湖水映着青山。山石伸进了湖面，湖水'咬'住了山石，头上有山，脚下有水。真是天外有天，山外有山，岛中有岛，湖中有湖，山如青龙伏水，水似碧海浮动。"接着，他跌宕有致地吟道："茫茫三千顷，日夜浩青葱，骨立风云外，孤撑涛声中。"这位导游员情景交融的描绘，使游客就像在观看彩色宽幅风景影片的同时，又听着优美的画外音。

（二）简述法

简述法，就是用准确、简洁、冷静的语言，把景观介绍给游客，使他们在具体欣赏品味景观之前对景观有一个初步的印象。请看实例：导游员引领着游客来到岳阳楼前，在登楼之前，导游员介绍说："这就是驰名中外的岳阳楼，它与武昌的黄鹤楼、南昌的滕王阁合称江南三大名楼，素有'洞庭天下水，岳阳天下楼'的美誉。它原是三国时代东吴时鲁肃训练水师的阅兵台。唐代建为岳阳楼，宋代由巴陵县令滕子京主持重修，整个楼阁为纯木结构，重檐盔顶，1984 年落架大修后重新开放。现在楼高 20 米，由 4 根楠木柱支撑，楼顶就像古代将军的头盔。全楼没有一颗铁钉，这在力学、美学、建筑学、工艺学等方面都有杰出的成就。现在，楼内藏有清代刻的《岳阳楼记》雕屏，大家要想领略'衔远山，吞长江，浩浩汤汤，横无际涯（《岳阳楼记》）'的风光，请随我登楼观赏。"

（三）感慨法

感慨法，就是用寓情于景、富有哲理性的语言激发游客的情绪，使他们得到一种愉悦的启迪。请看实例：在号称"海天佛国"的普陀风景区，导游员带着游客登上佛顶山，俯瞰大海。这时，导游员在一旁启发似的感慨道："朋友们，眼前这锦鳞片片，白帆点点的水面就是东海，多少年来，这海拥抱着、冲刷着佛顶山，以它特有的气势启迪着人们：海是辽阔的，胸怀无比宽广，海是厚实的，什么都能容纳，海是深沉的，永远那么谦逊……常看大海，烦恼的人会开朗，狭隘的人会豁达，急躁的人会沉稳……"听着这些充满人生哲理的话语，游客们欣赏到的又岂止是山水美景？

（四）述古法

述古法，就是向游客叙述有关历史人物、事件、神话故事、轶闻典故等，以丰富游客的历史知识,使他们运用形象思维更好地了解眼前的景观。请看实例:坐落在武汉月湖畔的古琴台,导游员采取述古式的导游手法后,游客对琴台的了解就深入透彻多了。导游员说:"这座古琴台相传是春秋战国时期的著名音乐家俞伯牙鼓琴的地方。有一次,楚国的俞伯牙坐船遇风,阻隔在汉阳,在这里,他遇见了一个叫钟子期的人,伯牙知道钟子期喜欢听琴,就用十弦竖琴弹了两支曲子,一曲意在高山,一曲意在流水。钟子期听完,很快把乐曲的含意说了出来,伯牙十分钦佩,两人从此成了莫逆之交。一年后,钟子期病逝,俞伯牙十分难过,特此到钟子期的墓前弹奏了一曲'高山流水',弹完后就把琴摔掉了,发誓不再鼓琴,这就是后人所说的伯牙摔琴谢知音。北宋时,为了纪念他们,就在当年他们鼓琴、听琴的地方建了一座琴台,取名伯牙台。"游客们纷纷被导游员述古式的讲解所打动,再看古琴台时,感受就不一样了。

(五)逗趣法

逗趣法,就是用幽默风趣的语言进行导游讲解,让游客在乐趣中得到精神享受。例如:在苏州西园的五百罗汉堂里,导游员指着那尊"疯僧"塑像逗趣说:"朋友们,这个疯和尚有个雅号叫'九不全',就是说,有九样毛病:歪嘴、驼背、斗鸡眼、招风耳朵、癞痢头、烧脚、鸡胸、斜肩脚,外加一个歪鼻头。大家别看他相貌不完美,但残而不丑,从正面、左面、右面看,你会找到喜、怒、哀、乐等多种感觉……另外,那边还有五百罗汉,大家不妨去找找看,也许能发现酷似自己的'光辉形象'。"风趣的话,逗得游客乐此不疲,游兴顿增。

(六)猜谜法

猜谜法,就是根据旅游景观的内容和特点,以谜语的形式引发游客的兴致。请看实例:有位导游员在杭州九溪十八涧对游客说:"这儿的路处处曲,路边的溪水叮咚响,远近的山峦绿葱葱。清代文人俞樾到这里时,诗兴大发,挥笔写道:'曲曲环环路,叮叮咚咚泉,远远近近山……'前面已用了叠词,朋友们猜猜看,第四句写树时,俞樾用的是什么叠词?"游客们议论纷纷,有的说"郁郁葱葱树",有的说"大大小小树",最后在导游员的启发下猜出是"高高下下树"。大家都惊叹俞樾用词的精妙。这"高"和"下"贴切传神,写活了沿山而长的树林。游无锡蠡园时,导游员让游客先看春、夏、秋、冬四个亭中的春亭,指着匾说:"春亭挂的匾额是'滴翠',表达了春天的形象,有特色。那么,夏、秋、冬三个亭子会用什么题匾呢? 各位朋友是否能猜中?"一石激起千层浪,游客边猜边看,猜中的笑逐颜开,未猜中的纷纷敬佩题匾者的文笔之妙。

(七)玄虚法

玄虚法,就是指在导游员讲解中故意用停顿和"吊胃口"或"卖关子"来故弄玄虚,以吸引游客。请看实例:一位导游员在讲解虎丘塔的建造年代时说:"虎丘塔究竟有多少年呢,几百年还是几千年? 说法一直不一致。这事直到 20 世纪 50 年代初才弄清楚。"导游员停了下来,大家在想,是怎样搞清楚的呢?"有一次,建筑工人在加固塔基的时候,他们在塔内一个窟窿里,发现了一个石头箱子。"导游员停了下来,然后说:"工人们把它搬出来,打开一看,里面还有一个木头小箱子,大概有这么大……"导游员比划着,"再把小木箱打开,里面有包东西,是用刺绣的丝织品包着的,解开一看,是一包佛经,取出这包东西,只见箱底写着年代,你们猜是什么年代?"游客纷纷猜测,过了一会儿,导游员说:"这年代是中国北宋建隆二年,也就是公元 961 年。由此可见,虎丘塔距今正好是一千多年的历史,而苏州的丝绸刺绣工艺至少也有上千年的历史。"玄虚式的导游讲解把本来不怎么吸引人的建塔年代说得有声有色,令人着迷。

(八)悬念法

悬念法,就是根据不同的导游内容,有意识地创造连环套似的情境,先抑后扬地提出问题,以造成"欲知结果如何,且听下回分解"的悬念,使游客由被动地听讲解变为主动探寻,以激起欲知其究竟的好奇心和求知欲。例如:在导游定陵时,可分为门前、展室和地宫三大部分。在门前,讲概况,末尾点出发掘年代,要想知道发掘过程吗?请到展室来。在展室,主要讲述发掘过程,末尾点出地宫内所葬何人,要想知道是怎样入葬的吗?请随同一起下地宫。这样整个导游过程就环环相扣,引得游客非听非看不可。

(九)类比法

类比法,就是用游客熟悉的事物进行类比,帮助游客理解和加深印象。由于地理、历史、民族、文化以及宗教信仰的差异性,导游员要把每个游览点解释得使游客容易理解,一听就明白,并不是易事。因此,导游员有时必须借助类比的手法。比如:一批日本游客在参观乾陵壁画时,导游员指着侍女壁画对日本游客说:"中国盛唐时期美女的特征和在日本高松冢古坟里发现的壁画非常相似。"到此的日本游客仔细一看,发现的确如此,经过对比,从而对乾陵壁画有了具体的了解。在讲解西安半坡文化村时,如果导游员加上这么一句话:"半坡人的生活在很大程度上和当今美国居住在'保留地'的印第安人的生活习性很相似。"这样讲解,美国游客就会恍然大悟。

案例

【案例一】导游妙语对对联

导游员要熟悉并积极介绍旅游区的地理环境、风土人情、民间传说,知识面要广,反应要敏捷,尽量让游客赏心悦目,过得愉快,增加知识。一位海外侨胞回广西观光,在旅游过程中,有意考一考导游小姐,给导游小姐出了一上联让其对下联:"灵川金秀",这是以广西县名撰联,对下联也应以地名作对。导游小姐沉思片刻,脱口而出:"钟山凌云"。侨胞暗暗称奇,又出一联:"梧州观苍梧",导游小姐沉吟良久,终于又对出下联:"马山看巴马"。侨胞一听,不禁对她刮目相看,但兴致未尽,再吟一联:"灵山富川永福",此联乃歌颂家乡八桂人杰地灵,山川秀丽,难度更大,不料导游小姐应声回答:"来宾临桂都安"。侨胞闻言大喜,啧啧称赞不已,游兴大发,流连忘返。

点评:口才不仅仅是"口"上之才,而且是"耳"才、"眼"才、"脑"才和"心"才,这话确非虚言。

【案例二】隆布里娜,你在南宁还好吗

隆布里娜是法国默索特大学的人文学教授,精研法国传统文化,而且到过世界上许多地方去转悠采风,因此在她的言谈中时时流露出高卢民族的优越感,有时还非常令人恼火。

有一次,她到南宁采风,接待人员陪同她浏览市区景点。在参观广西文物苑时,隆布里娜就以其"法国式的高雅"发牢骚:"这里并不能完全领略到中国最大的少数民族的全部风采。"我方接待人员说:"夫人,这就像在法国巴黎一样,那里同样不能包含高卢民族的全部内涵。"

在南宁的两天时间,隆布里娜见到了许多她在法国经常可以见到的"老朋友"——其中包括法国香槟酒、巴黎香水、皮尔·卡丹时装等,因此她时不时惊呼:"MaFoil!"(法语:我的天哪!)仅从这点上看,地理所当然地下了结论:南宁市与世界文明发展的潮流中心(她是隐喻巴黎),其实相距并不遥远。明白了她的这层意思后,我方接待人员说:"南宁市人民的确是在奋力向现代化迈进,这一点用城市的经济文化建设就足以证明,但更能体现南宁人民本质内涵的

则是那种永不停歇的奋斗精神,而不是您说的那些高档商品。"

隆布里娜的优越感还有许多:她认为法语是世界上最优美最严密科学的语种,她觉得法国大餐是世界上最文明也最富于文化品位的饮食,她感到法国时装如果停滞就会使世界少了一半以上的生命色彩……我方接待人员也针锋相对:集形音义为一体的汉语、汉字是世界上色彩最丰富的语言,中国有超过五千年以上的文明发展史,中国的饮食打遍天下无敌手,有些菜名本身就是"文化",如"霸王别姬"。任何一位小姐穿上中国旗袍出入社交场合就会使其他时装黯然失色……

陪同隆布里娜在南宁市区逛了半天,也就唇枪舌剑斗了半天嘴。最后,双方还是找到了共同点,用她的话说:"中国人民同法国人民,应该成为真正的'基姆沙比'(印第安语:好朋友)。"第二天,隆布里娜老太太拎着我方接待人员送给她的绣球,喜滋滋地乘车到金秀瑶族自治县考察去了。

点评:像隆布里娜这样的老太太、法国教授,她对法兰西文化情有独钟,充满自豪感、优越感,是可以理解的,但她对世界文明多样性的认识明显存在偏见。"外国的月亮比中国圆"或"中国的月亮比外国圆",都是一种片面的认识。我们坚持改革开放,吸收世界上一切文明的优秀成果,同时保持自己民族文化的精华和本色,促进人类的共同发展。我方接待人员不卑不亢,本着友好的态度,以渊博的知识,与隆布里娜这样的老太太"唇枪舌剑"一番,是必要的,也很有分寸,最后找到共同点,让她高兴地到金秀瑶族自治县去考察,效果就很好。这个例子再一次证明:德识才学是口才的基础,缺一不可。

【案例三】导游幽默语言

一辆旅游车行驶在一段坑坑洼洼的路上,游客纷纷抱怨,这时导游说道:"现在请大家稍稍放松一下,我们的汽车正在给大家做按摩,时间大约为十分钟,不另收费。"一句话逗得众人大笑。

一位导游在陪美国客人游览长江三峡时幽默地说:"瞧,那就是神女峰,神女一般来说是羞于见到外国人的。今天,她被各位朋友真诚而纯洁的友谊所感动,特意出来与大家见面。上帝保佑,你们真幸运啊!"客人们听了都拍手叫好。

一位导游在对游客说明游览长城的注意事项时,说:"长城地势险要,要防止摔倒。希望各位不要在城墙上做奔跑式的跳跃运动。另外,也不要头也不回一股脑儿地往前走,一直走下去就是丝绸之路了。有人走了两年才走到头,特别辛苦。"游客听了都哈哈大笑。

点评:幽默语言能给游客一份愉快的心情,能使导游摆脱尴尬,缓和气氛,也能增添游兴,寓教于乐。幽默是一种品位,一种人生态度;幽默是一门艺术,一门学问。生活中那些幽默的人,总有着很好的心情,也总是收到人们的欢迎和喜爱,让大家可以享受更多的生活情趣。

训练

【训练一】接待工作情景演练

请根据下列餐饮中的工作环节设计手势及礼貌用语,并在班上进行演示。

带位——拉椅——开位——斟茶——斟酒水——收茶杯——撤换骨碟——换烟灰缸——上汤——分汤——加汤——上菜——撤换菜碟——上茶——上水果——买单——送客

【训练二】客人顺手牵羊怎么办

某五星级酒店的小宴会厅里,一位服务小姐正在为一批客人服务。酒至半酣,宴会主人见餐桌上的银制餐具非常精美,顺手拿起一把羹匙塞进自己西装内侧衣袋里。这一情形正好被服务小姐看到了,怎么办呢? 请你为服务小姐想个办法,做到既不伤害客人情面,又让客人"赔偿"酒店的餐具。

【训练三】接待工作技巧分析

请你根据下列案例进行分析,说说接待客人的技巧。

一天,巴黎希尔顿大酒店来了一位美国女客人,她进房安顿好行李后就匆匆离去参加商务活动了。值班公关经理吩咐服务生马上将女客人下榻的房间窗帘、地毯、床单和桌布换成大红色。女客人回来见状非常高兴,便问公关经理如何知道自己喜爱红色的,经理脸色灿烂地说:"我看您的皮鞋、提包和帽子都是红色的,因此我猜想您对红色有浓厚的兴趣。您的商务繁忙,一定希望有个自己喜欢的舒适环境,休息得好些。现在这样布置,您喜欢吗?"女客人大喜,随即取出支票,开了一张支票,作为小费赠送,该小费为一万美元。

【训练四】服务情景模拟练习

模拟情景练习。由同学扮演不同角色,模拟下列情景进行练习。

1. 到飞机场接一位国际贵宾。
2. 宾馆服务员如何应对客人对客房不整洁的抱怨?
3. 酒店服务员如何应对客人对饭菜不满的抱怨?
4. 导游如何应对游客对旅行社实际做法和宣传不符的抱怨?

【训练五】撰写导游词

用描绘式语言描述你所在地的一处著名景点,写成导游词,并在班上进行演示。

【训练六】怎样为游客做生日

假设你是某旅行社的导游,正接待一批回乡探亲的台湾游客,在游客到达目的地的当日,一个偶然的机会,你听说这天恰好是其中一位游客的生日。得知这个消息后你打算怎么办?

【训练七】服务语言艺术评析

分析下面李小姐的语言技巧,加强沟通能力和应变能力的修炼。

说话圆润出精彩

某家旅店的服务员,发现房客何夫人前一天晚上已结了账,可今天仍然住在房间里,而这位何夫人又是经理的好友,怎么办呢? 如果直接去问何夫人何时起程,就显得不礼貌,但如果不问,又怕夫人赖账。大家商量决定由一位善于说话的公关部李小姐去和何夫人谈谈。李小姐敲开了何夫人的房门,说:"您好! 您是何夫人吗?""是啊! 您是谁?"何夫人回答说。"我是公关部的,您来几天了,我们还没有来得及看您,真不好意思。听说您前几天身体不舒服,现在好点了吗?""谢谢您的关心,好多了。""听说您昨天晚上已经结了账,今天没走成。这几天天气不好,是不是飞机取消了? 您看我们能为您做些什么?""非常感谢! 昨晚结账是因为我不想账积得太多,先结一次也好,这样走时就轻松了。我在这儿还要住几天,大夫说,我的病还需要观察一段时间。""何夫人,您不要客气,有什么事只管吩咐好了。""谢谢! 有事我一定找你们。"李小姐去找何夫人谈话,目的是要弄清楚,到底是走还是不走? 如果不走,就要弄清楚对方结账的原因。但这个问题不好开口,弄不好既得罪何夫人,又得罪经理。李小姐的话说得非常圆润,先是寒暄了一下,然后又问何夫人需要什么帮助,一副非常关心的表情,而何夫人深受感动,不知不觉中就说明了原因。

李小姐语言技巧高超,巧妙地得到了满意的答案。

【训练八】自我测评
与客户沟通能力自我诊断

测试项目:

1. 积极性。

(1)在拥挤的交通工具上,拨开人群时是否会说声"对不起"?

(2)每天上班时,是否会以明朗的声音先向别人打招呼?

(3)是否能面带笑容跟不好应付的人说话?

(4)冷场时是否设法使场面热络起来?

(5)是否动不动就说"行不通"、"还是放手吧"?

2. 共鸣性。

(1)是否能坦白地将想到或感觉到的表现出来?

(2)听话时是否也顾及到态度、表情、声调?

(3)对方错误时是否能先听他辩解?

(4)是否尽可能努力地站在对方的立场?

(5)是否经常注意对方对自己的观感?

3. 表现力。

(1)是否清清楚楚地知道自己想说些什么?

(2)说话前是否先整理内容,确实地安排好谈话结构?

(3)是否配合对方选择用语,并留意使用易懂的字眼?

(4)是否强调高潮与重点,并反复说出重要处?

(5)是否会经常发生离题、重复、跳脱以及没有充分说出自己观感等现象?

4. 应对力。

(1)是否努力配合当场的状况,不一味地受限于准备好的内容?

(2)是否仔细观察对方,一面谈话一面确认他的反应?

(3)是否能将瞬间的盛怒等情绪立刻压抑下来?

(4)是否能在瞬间说出机敏的言辞?

(5)是否有过临时变更预定、措手不及之苦?

5. 说服力。

(1)必要的说服是否能立刻进行,不往后拖延?

(2)说服之前是否先了解对方的情况、事情、条件等?

(3)是否仔细倾听对方的辩词?

(4)是否花时间作事前交涉及沟通?

(5)会不会因对方不同意你的说法而立即火冒三丈?

第十二章 谈判口才

导入

柯伦泰谈判买挪威鲱鱼

柯伦泰这位能干的女谈判家被任命为苏联驻挪威的全权贸易代表。上任不久,柯伦泰为购买挪威鲱鱼跟精明的挪威商人展开了一场很具戏剧性的谈判。

第一步:以抑对扬——卖方漫天要价,买方海底还价。

挪威商人漫天要价:"卖价五位数,就这个价!再低了,宁愿烂掉!"

柯伦泰不动声色,只伸出左手一个中指:"一位数,超过这个价,我到别处去进货!"

"什么?"挪威商人瞪圆了眼睛并调侃她:"这个价只配去买鲱鱼骨头。"他是个贸易谈判老手,一副稳操胜券的模样。

柯伦泰伸出左手小指:"不,刚才我搞错了,你的鱼价格还要压低一成!"这一招大大出乎挪威商人的意料。柯伦泰拉大反差,扩大矛盾,以此加重自己的谈判筹码,又夺回了主动权。

第二步:缓步推进——卖方真戏假做,买方假戏真做。

挪威商人伸出手指叩叩桌面,提高了嗓门:"这不是开玩笑!"

"是你逼着我开玩笑。如果你诚心诚意想做成这笔生意,我可以出两位数的价钱!"

挪威商人耐着性子和柯伦泰讨价还价,柯伦泰只作出很少的让步,而这种让步远远没有达到挪威商人的预期,谈判就要陷入僵局了。

第三步:以退为进——卖方寸步不让,买方以退为进。

突然,柯伦泰一脸苦笑,极艰难地挤出了以下的话:"我也不能伤害你们的感情。好吧,我同意你们提出的价格。"

挪威商人顿时精神抖擞。

柯伦泰露出尴尬的神情继续说:"如果我们政府不批准这个价格,我愿意用自己的工资来支付差额。不过,请各位原谅,这只能是分期付款。哎,看样子可能要还一辈子的债啦!"

话音刚落,挪威商人个个面面相觑,谁都没有想到她使出如此厉害的杀手锏。

为了做成这笔生意,他们只得将鲱鱼价格降低到苏联政府能够接受的最低价格。

柯伦泰不愧为一名精明能干的女谈判家,她成功了。怎样才能成为一名高明的谈判家?如何取得谈判的成功?请听一听谈判专家的忠告:"一个完美的谈判家,应该心智机敏,而且具有无限的耐性;能巧言掩饰,但不能欺诈行骗;能取信于人,但不能轻信他人;能谦恭节制,但又刚毅果敢;能施展魅力,而不为他人所惑;能拥巨富、藏娇妻,而不为钱财和女色所动。"(弗雷德·查尔斯·艾克尔《国家如何进行谈判》)

世界就是一张谈判台。在生活和工作中,我们每个人都在自觉或不自觉地扮演某种谈判角色,演出一出又一出人生戏剧。谈判能力是人的一种重要生存能力,是人的职业生涯发展一种重要职业能力,我们需要刻苦训练,精心养成,并付诸实践。

导训

第一节　世界就是一张谈判台

　　谈判是涉及某一问题的各方为了解决问题而进行平等协商、洽谈,以求达成协议的言语活动。谈判是社会生活中不可缺少的交往协调方式,大到国际会议上外交使节的接触会晤,小到市场上顾客和商贩间的讨价还价;正式的有谈判桌前的紧张磋商,随意的有夫妻间商量如何分配家务等。可以说,谈判无时不在,无处不有,不论你是无意识的,还是有意识的,谈判都存在。正如美国著名谈判专家赫本·柯恩教授说:"现实世界就是一张谈判台,不管你高兴不高兴,你已经坐在谈判席了。"

　　谈判是一个满足双方需要的沟通与合作的过程,谈判必须具有合作意向和愿望,需要坚持公平、平等、互惠的原则。但由于双方的利益和角度不一样,双方的利益需要既矛盾又统一,这就要求双方不断地调整、妥协,有时还需要经过必要的论争、交锋,最终达成一致意见。谈判不仅只是握手、签字、鲜花和酒宴,也不是只凭胆量、气势就能稳操胜券,它需要勇气、智慧、知识、经验、策略和口才。

第二节　成功谈判"二十计"

　　谈判有许多策略,它们是人们从实践中总结出来的,这里重点介绍二十种。了解这些,使用者在于用心领会,防范者在于注意谈判时不上当吃亏。

　　1. **打探计**。打探计是为了探测对方虚实,以便攻防布局。投石问路是向对方进行试探,它在谈判中常常借用提问的方式来摸索、了解对方的某些实际情况。

　　2. **反弹计**。针对对方投石问路想知道更多情况的心理,进行有意识的引导,提出反建议,把对方投的"石子"轻松地扔还给对方。比如说:"您想知道的情况就是这些,您要的数量多的话,就可以享受优惠价格,这个条件可以接受吧?"

　　3. **赞美计**。人总是喜欢被赞美的,谈判中,恰当地运用赞美的方法,投其所好,有时可以收到意想不到的效果。赞美要注意形式和内容,要有分寸,不流于谄媚,不伤人格。

　　4. **面子计**。人人都爱面子,尤其在大庭广众之下,更是如此。为了使对方明显感到有众人在场(如会议、娱乐、宴会场合),不便于争执,那么就运用面子计,故意当众讨价还价,逼对方顾及面子而接受你的方案。

　　5. **退让计**。有些让步看起来是商谈者违背了自己的需要,其实这是他为了争取长远利益的需要,抛弃某些眼前的无关紧要的利益与需要而采取的一种谈判策略。不要让步太快,要让对手在争取到己方的每一次让步中都付出艰辛的努力。也不要作无谓的让步。

　　6. **泡蘑菇计**。谈判时遇到一种锋芒毕露、咄咄逼人的谈判对手,以柔克刚的"泡蘑菇"是一种有效的策略。对于对方所提出的种种盛气凌人的要求采取回避、周旋的策略,搞几个回合的拉锯战,或也提出令对方难以接受的强硬要求与之相对抗,但态度上不要像对方那样气势汹汹,以免双方一下子就谈崩了。

7. **偏离主题计**。实际商谈中,偏离主题也是一种策略,是为了在一些小的问题上让步,而让对方作出更大的让步。比如,你关心的是运输问题,而对方的兴趣可能在价格条款上,这时你可以把双方的议题引到付款条件的问题上,避实就虚地进行讨论,转移对方的注意力,你则可以利用这点时间另找其他对策,延缓对方要采取的行动,以实现己方最终要达到的目标。如果你的对手采取了这一策略,你必须非常警惕,随机应变,你可以说:"请你把这个问题再说一遍"、"我不明白你的问题"、"那已经是另外一个主题了。"

8. **回避计**。有时谈判会突然出现意想不到的事或话题,对之回避反而有利于谈判顺利进行。比如,我方与美方的一次商务谈判已进入尾声,双方只是就一些细节反复协商。这时,美方有人送来一封信,我方首席谈判代表打开一看,信封内容空空如也,原来送信人疏忽了,信没有装入信封。美方送信人十分尴尬。这时我方代表为回避这件事,缓和气氛,微笑着说:"没有消息就是最好的消息。"这句话是美国人常用的一句谚语,说得双方的代表都面带笑容,谈判得以顺利进行。

9. **装聋作哑计**。这是为了回避对己方不利的问题。在谈判中,正确的答复未必是最好的答复,应答的艺术在于什么应该说,什么不应该说。对有些问题不值得答复,可以表示无可奉告,或置之不理,或转移话题;对有些问题,回答整个问题,倒不如只回答其中的一部分;对有些问题不能作正面回答,可以采用答非所问的回避方法。

10. **诱导计**。这种谈判计策,立足在"导",着眼在"诱",使你在谈判中掌握主动,主导谈判的方向。诱问是实施这一谋略的重要手段。诱问是谈判者紧紧吸引对方思考自己提出的问题,诱导对方接受自己的观点,或引出对方藏而不露的观点,从而故意向对手提问的一种问话方式。比如,"这种产品功能还不错吧"、"你能评价一下吗"等。

11. **突击计**。利用此计打破对方的心理定势和逻辑框架。谈判时,避开对方正常的心理期待,从一个平常不太可能的角度进行突击,这就有可能让对方的思维、判断脱离预定轨道。等到对方的心理逐渐适应你的思维逻辑,再转而实施正面突击,常常会出现转机。突击与迂回结合更有力量,做到持之有据,言之有理,估计是对方没有考虑过的,或至少是考虑得不周全的,从而引起对方的注意,并加以思考,改变原来的思维定势或预期值。

12. **沉默计**。此计与"装聋作哑计"有所区别。谈判时沉默是给对手一个心理缓冲和准备,造成对方产生"是否过分"的疑虑。沉默不仅可以增强语言的效果,也可以用来对付谈判对手。比如,你提出一个诚恳的建议,而对方要给你一个完全的回答,这时候,你应当等下去。

13. **装弱计**。此计把自己装扮成一个需要帮助的弱者,如偶尔说"我不知道"、"我不懂"、"帮帮我"、"我不清楚你的意思"等,将这些词句适当插入你的话语中。人们为了虚荣和自尊的需要,往往对弱者表现出异乎寻常的大方。

14. **缓兵之计**。此计是在有实力后盾的基础上,掌握对方心理,让对方在你的"退一步,进两步"的策略中采取你满意的行动,以"缓"的态度办"急"的事情。

15. **吹毛求疵计**。谈判中,讨价还价时,对方的目标超高,要价往往居高不下,这时给对方的商品挑剔毛病,就等于贬低商品的价值,使其"高价"失去应有的基础。对对方的商品吹毛求疵时,要深刻了解该商品,对其毛病能挑到点子上,使对方服气,以实现自己的谈判目标。

16. **窥测暗示计**。对方不经意的暗示往往是你乘胜追击的有利时机。当进入谈判状态,必须掌握"倾听对方"的技巧,不只注意对方说了什么,更重要的是对方说漏了什么。当对方的言词含混不清时,也就得到了暗示,这便是及时问清楚对方真正意图的时候。在交涉中别太突出,应站在人后冷眼旁观,注意观察,仔细聆听,此所谓"旁观者清",只有在冷静的思考状况下,才能获知对方在语言之外的心态以及各种潜在的趋势。

17. **先苦后甜计**。人们往往对辛苦得到的东西总是倍加珍惜,所以善于谈判的人开始"咬紧牙关"毫不松口,濒临破裂才给对方尝到一点甜头。在谈判中先用苛刻的虚假条件使对方产生疑虑、压抑、无望等心态,然后逐步优惠或让步,使对方满意地签订合同,你从中获得较大的利益。

18. **狐假虎威计**。谈判中,需要寻找一些借口,使自己在谈判中更具灵活性。说出"后台老板",增加对方的压力,就是一种巧妙的借口。

19. **激将计**。这是谈判者通过一定的语言手段刺激对方,激发对方的某种情感,由此引起对方情绪波动和心态变化,并使之朝己方所预期的方向发展。激将法要取得好的效果,则要善于掌握心理刺激的"度":有的"稍许加热",有的则"火上浇油";有的"点到即止",而有的却要"穷追猛打";有的可以"藏而不露",有的则需要"痛快淋漓"。

20. **模糊计**。巧妙使用模糊的语言,以大智若愚和含糊其辞的谋略回避对方锋芒,摆脱困境。谈判中使用模糊语言,一定要注意语言环境。在不该用的地方,用了模糊语言,就会影响效果。

以上是人们在实践中总结的成功谈判二十计。当然,无论用什么计策,具体的实施能否取得最佳的谈判效果,还要谈判者根据不同的情况而定,都要有利于维护自己的正当利益,有利于实现自己的谈判目标。

第三节　谈判语言技巧

谈判是互相商谈解决某一问题的口头言语行为。谈判的语言技巧主要是指倾听、发问、答复、陈述的技巧。

一、倾听的技巧

倾听,就是认真地听。在面对面的谈判过程中,需要积极地倾听。具体地说,倾听是耳到、眼到、心到的综合心理行为,在谈判过程中,只有认真积极地倾听,才能真正了解对方的欲望和需要,掌握对方的情绪和心理的细微变化,并表示重视对方的利益,使对方感到被尊重,才能促使谈判成功。有人曾经说过:"造物主之所以赐给我们两只耳朵一张嘴巴,恐怕是希望我们多听少说。"不管这种说法是否有根据,但"多听少说"确实是谈判人员的必备修养之一。

1. **没有成见地听**。成功的倾听者,必须心胸开阔,没有偏见,没有先入为主的观念。即使对方说一些你不感兴趣的话或某些语言激怒了你,你不应该因此就听不下去,或者试图打断对方的话,当即予以反驳,应该先让对方把话讲完。

2. **专注地听**。倾听的主要方法是专心注意听对方所说的话,思想集中在倾听上,不要把精力花费在寻找对策上;发现含糊或不明确的地方,可以向对方提问,让对方重说一遍或解释清楚。

3. **察言观色地听**。在倾听的时候,要密切注意对方说话的姿态、表情、眼神,观察对方人员相互暗示的动作。掌握这些细微的变化帮助我们了解对方的意图,了解他们的情绪和心理。

4. **听言外之意**。在倾听的时候,不仅要从对方"说什么"来了解他们的观点,而且要从对方"怎么说"来分析其态度的变化,从而捕捉到对自己有用的信息。"怎么说"包括言语的表达方式、习惯用语(口头禅)、重复、语气、语调,还包括如何称呼对方等。

5. **聪明的沉默**。适当掌握听与说的比例,在需要时采用聪明的沉默,迫使对方先开口,阐明他的观点,从而为你提供更多的信息和暗示。

二、发问的技巧

谈判的目的是通过语言交流实现自己的谈判目标,分得更多的"蛋糕"。倾听是发现对方需要和意图的主要手段,而恰当的提问是引导谈判的方向、驾驭谈判进展的工具,所以谈判高手往往是会提问的专家。

发问是种很有力量的谈判手段,运用发问技巧必须遵循和注意下列三条基本原则:

1. **"问什么"的原则**。必须有针对性地发问,通过发问使自己掌握对方的信息。

2. **"怎么问"的原则**。所问的问题不能有压迫感,如果采取强硬的方式会使对方怀疑你的动机,甚至招致对方反感,从而得不到期待的答复。须知谈判中,双方地位是平等的,一方有提问的权利,另一方有拒绝回答的自由。

3. **"何时问"的原则**。要把握发问的时机,使谈判能沿着你的思路进行,从而掌握主动权。

三、答复的技巧

谈判实际上是由一系列的你问我答或我问你答构成的,在整个问答过程中,谈判各方都会受到非及早作出答复不可的压力,常常又因为某种原因而无法针对问题提供恰当、满意的回答,解决的办法是在谈判之前做好充分准备,充分估计到可能遇到的各种情况并构思好应付的对策。此外,还要注意以下的要领:

(1)答复之前必须清楚了解问题的真正含义和意图,获得足够的思考时间。

(2)谈判中正确的答复不一定是最好的答复,有时追求正确的答复可能是很愚蠢的行为。根据具体情况,可以"避而不谈"、"答非所问"、"局部答复"或借故"资料不全"、"请示上级"拖延时间答复。

(3)谈判中答复的艺术不在于答复本身正确与否,而在于知道哪些应该说,哪些不应该说。

(4)回答问题时,要特别注意不要给对方追问的机会,尤其是对于一些比较敏感关键或棘手的问题,必须运用一定的技巧,使对方难于追问或失去追问的兴趣。

四、陈述的技巧

谈判中,分歧和矛盾是客观存在的,为了消除分歧,达成合理的协议,在讲究谈判策略的同时,如何陈述己方的立场、意见、方案、结论,说服对方接受自己的观点、方案是十分重要的。可以说,陈述的技巧就是说服的技巧,它是谈判口才的核心。

陈述的基本技巧是:

1. **宣以互利,言之有据**。牢牢抓住双方都有利这一点,并要以足够的事实作为论据。

2. **吃透对方,有的放矢**。要了解对方的经营特点、经营作风、性格特点等,加以区别对待,有的放矢,从实际情况出发决定谈判策略和表达方式。

3. **恰如其分,不卑不亢**。谈判者对己方商品或服务的特点和价值都应了如指掌,并要简明生动地加以介绍,但要避免过分的夸大和渲染,以免引起对方的不信任感。切忌采用让对方开恩的乞求方法,因为那样会使自己的人格和声誉贬值。

第四节　商贸谈判的语言艺术

谈判是双方所作的意见交换、看法的磋商,是一个"短兵相接"的过程。谈判既是一个紧张思维的过程,又是一个要求具有高度语言运用艺术的过程,在这一过程中,语言的叙述、问答、辩驳、论证、说服等功能被加以综合运用,并得到最大限度的发挥。谈判的成败,以及如何在最有利的条件下达成协议,取得圆满的结果,在很大程度上取决于语言的技巧和艺术。

1. **文明礼貌,有理有节**。谈判双方不管力量怎样悬殊、强弱如何不均,就其关系来说是完全平等的。双方必须互相尊重。谈判者必须使自己的语言表达文明礼貌、分寸得当,使谈判双方始终处于一种尽可能的友善气氛中。有经验的谈判者常借助于高超的技巧,富有文采的语言,既创造和谐、礼貌的气氛,又明确表达自己的主张和观点,维护自己的原则立场。如周恩来总理在一次宴会上,谈到中日关系时,引用一句中国的谚语"前事不忘,后事之师",既显得大度,不失友好,又明确暗示我方的原则性立场。中美断交20多年后,尼克松总统首次来华访问,说了一句:"我们都是同一星球的乘客。"巧妙地表明中美建交具有共同的基础,缩短双方的心理距离。

2. **投石问路,巧探真情**。了解谈判对方,是保证谈判获得成功必不可少的条件。除了倾听、观察对方外,谈判者通过漫谈、提问、幽默、吊胃口等方法,投石问路,是探视对方想法和目的,获得重要信息的更为直接的有效方式。

3. **循循善诱,启发暗示**。如何使谈判在尽可能对自己有利的情况下达成双方能够接受的协议,关键之一就在谈判者能否在谈判中掌握主动,主导谈判方向,左右谈判的进展。诱导是达到这一目的行之有效的手段。诱导多采取以问句为主的表达方式,无疑而问,目的是开启对方的思路,紧紧吸引对方沿着自己一方的思想轨道去思考问题,循序渐进,诱导对方接受自己的观点。但应不露痕迹,使对方感到是他自己在拿主意、做参谋。

4. **形散神聚,牵牛鼻子**。谈判中有时双方会各执一词,相持不下,导致僵局的出现。一旦出现这种情况,谈判者必须灵活应对,寻找突破口。打破僵局的方式多种多样,从语言角度来说,转换一下话题,调节一下紧张的空气是有效的手段。这种转移话题打破僵局的方法如运用得好,常常使谈判绕了一个圈子,多走一些弯路之后又成功地到达终点,达到双方都能接受的协议,这里应注意:

(1)转移的话题必须视具体情况、具体对象"因地制宜"、"就近转移",不能随心所欲,风马牛不相及。

(2)预定的目标不变,因此转移话题主题也不能变,虽然不涉及正题,但必须与正题有关,不管绕多少圈子,转多少弯子,牛鼻子始终不能放,做到"形散神不散"。

(3)话题转移要取得理想的效果,语言的表达必须做到情理交融,刚柔并济,既有感染力,又有说服力。

(4)转移的话题展开要循序渐进,环环相扣,符合逻辑,自然而然地向正题靠拢,在对方不知不觉中使彼此相左的意见逐渐纳入共同愿望的轨道。

5. **据理力争,辩驳结合**。为了使谈判最终得以成功,有时要采取"丢卒保车"的战术。在小问题上做些让步,这在一定情况是必要的,但原则要坚持,谈判的"底线"不能逾越,不能一味谦让。即使双方为此发生争执(这是常有的),也要摆事实讲道理,辩驳结合,据理力争,维护己方的正当利益。

6. 留有余地,分寸得当。谈判的过程是智力、技能竞争的过程,受到人的思想情绪、谈判内容、周围环境等多种因素的制约。谈判过程一般说来是复杂多变的,节外生枝,出现始料未及的情况是经常的事。因此,谈判中特别是开始时,说话一定要注意分寸,留有余地,不能说"满口话",要使说话具有一定的弹性,给自己留下可以进退的余地。运用模糊语言是经常使用的留有余地的重要谈判手段。

谈判是一个复杂的过程。语言艺术手段只是谈判整体艺术中的一个重要组成部分,一项谈判要获得成功,还须有赖于谈判者渊博的知识、灵活清醒的头脑、娴熟的谈判谋略、惊人的洞察能力、处事果断负责等素质。这一点,商贸谈判人员一定要理解,并在实践中不断提高自己的综合素质和能力。

案例

【案例一】妙语连珠的对话

在 2009 年 7 月 27 日首轮中美战略与经济对话开幕式上,中美官员致词时妙语连珠,谚语、俗语、流行语信手拈来,在让人们感受两国合作决心的同时,也领会到东西方文化交流的魅力。

奥巴马:"开辟通道,避免'茅塞'。"

美国总统奥巴马在致词中引述中国先哲孟子的话说,山径间的小路,经常有人行走便踏成了一条路;过一段时间没有人去走它,又会被茅草堵塞了。(孟子的原文是:"山径之蹊间,介然用之而成路;为间不明,则茅塞之矣。")

奥巴马进而阐述说,美中目前的任务,就是开辟一条通向未来的道路,避免猜疑和分歧的茅草堵塞道路。

希拉里:"人心齐,泰山移"。

美国国务卿希拉里在率先致词时说,美中均面临经济复苏、气候变化等一系列重大挑战,但正如中国谚语所言,"人心齐,泰山移",两国有必要找到共同点,合作应对 21 世纪的共同挑战。

盖特纳:"风雨同舟"。

美国财政部部长盖尔纳在致词时表示,美中两国面临从促进全球可持续发展增长到应对气候变化等诸多挑战,这需要双方持续的政治意愿和前所未有的合作。

"当前危机下,我们正共同行动,"盖特纳说。稍作停顿,他补充说:"这句话用中文来说,那就是'风雨同舟'。"

全场为之莞尔。

其实,这种文化交流中的共鸣和契合何止一处。

戴秉国:"Yes,We can."

中国国务院戴秉国在致词时说,中国和美国,好比都在同一条被狂风暴雨不断侵袭的大船上,利益交融、休戚相关、安危与共,只能顺应时代发展的潮流,同舟共济、和谐共处、合作共赢。

"我们能做到吗? 我要说,我们一定要努力做到,也一定能够做到,"戴秉国说,"借用奥巴马总统曾经说过的一句话,Yes,We can(是的,我们能)。"

"是的,我们能",是奥巴马参加总统竞选时提出的标志性口号。听到从戴秉国口中说出这熟悉的话语,与会者不由抚掌欢笑。

点评:中美两国官员引用对方熟悉的谚语、名言,显示两国建交 30 年来,双边关系日益深化,尤其是文化交流日益密切,这正成为两国关系的一个积极促进因素。

仔细品味两国高层的这些言语,其实包括一个共同的主题,那就是中美两国携手,互利双赢,将有助于克服前进中挑战,有利于增强人们的信心。

谈判开始时,要避免剑拔弩张的气氛,这就需要掌握入题的技巧。这种时候,一般采取迂回入题的办法,可以消除这种尴尬状况,平息自己的情绪,使谈判气氛变得轻松、活泼,为谈判成功奠定一个良好的基础。

【案例二】上海东方明珠电视塔电梯合同是怎样达成的

中国天津奥的斯电梯有限公司南方区域总经理刘群与上海东方电视台关于电梯项目的谈判令人印象深刻。奥的斯电梯是世界电梯业的鼻祖,市场占有率世界第一,全球十大最高建筑物,用它的有 8 个;全球前 200 位最高建筑物,用它的有 60 多个。上海东方明珠电视塔是中国建筑物的制高点,如能用上奥的斯电梯,其意义非比寻常。由于奥的斯电梯价格稍贵,因此东方明珠电视塔的业主看到各公司报价单以后,几经选择,准备挑选日本某家电梯。刘群以夺取"制高点"的决心和信心,在几乎没有一丝希望的情况下介入谈判。上海人精明,但也十分讲究质量,而刘群谈判的重点就是质量。在谈判中刘群问:"日本这家电梯公司有没有做过这么高速的产品?其产品是否装用过这么高的建筑物?在哪里?希望你们去看看。如果没有,你们是不是准备把上海这座亚洲第一、世界第三的高塔拿去当试验品呢?这样的试验值不值?我看还是慎重一点、牢靠一点的好。"由于刘群这五个进攻型的发问,业主方面犹豫了,但接下来要求奥的斯电梯的价格向日本公司看齐。这时刘群详细把两种电梯所用的钢板、导轨材料一一作了比较。日本电梯是"空心导轨",因为它节约钢材,所以价格便宜。而奥的斯电梯全是实打实的一流钢材,价格固然贵一些,使用的寿命却会更长。经过"货比货",刘群说:"奥的斯电梯比别的电梯贵 15%,绝对是正常的。你要降,我们可以把美国总部的人请来,看能否再降一点,但做到我们稍微亏一点可以,如果非要跟日本电梯看齐,肯定不可能。"后来,美国人飞来了,按"不计利润"的最低价格,签下了总价为 1000 多万美元的货单。奥的斯电梯控制了亚洲的最高点,这本身就是一笔无形财产;它的 70% 的利润产生于售后维护保养服务之中,销售不赚,而服务有赚。这个中国最高建筑物电梯的合同,终于谈成了。

点评:从谈判策略来看,刘群主要运用"诱导计"、"突击计"与"激将计"等,用五个诱问打破对方的心理定势和逻辑框架,在谈判中杀出一匹"黑马",从被动到主动,主导了谈判的方向。刘群的问与答都十分巧妙,做到持之有据,言之有理,从而引导对方的注意,并加以思考,改变原先"购买日本电梯"的思维定势和"价格向日本公司看齐"的期望值。刘群的答复"如果非要跟日本电梯看齐,肯定不可能",使对方难于追问或失去追问的兴趣;而价格问题不好谈,以"把美国总部的人请来"为由,拖延答复,也是明智之举。

训练

【训练一】比较两种不同说法的优劣

在谈判活动中,处理同一问题可能会有甲乙两种不同的说法。试比较下列四例中的甲说与乙说,你认为哪种好？哪种不好？为什么？

例一　介绍本公司产品

甲：本公司的产品质量优良,世界一流。

乙：本公司的产品先后获经贸部荣誉证书、部优产品称号和国际"尤里卡"金奖。

例二　促进外商投资

甲：我认为,中国的投资环境将进一步改善。

乙：中国领导人讲过,中国的投资环境会进一步改善。

例三　宣传本公司的经济实力

甲：本公司资金雄厚。

乙：中国人民银行把本公司信用等级评为 AAA 级(特级)。

例四　促销本公司产品

甲：本公司的饮料是现代饮料。

乙：本产品是曾被美国宇航局特选的太空饮料。

【训练二】倾听能力训练

在谈判中要善于听弦外之音,抓住对方话语的真意及时调整相应的策略,请把下面七种说法可能暗示的信息指出来：

(1)你所给的期限太短,我们很难接受。

(2)我无权议价。

(3)根据公司的政策,我们是不打折扣的,就算我们曾经打过折扣,它也绝不会大到10％!

(4)在这个幅度的购买量,我们的价格是 50 元/千克。

(5)这是很合理的价格。

(6)这些是我们标准的签约条件。

(7)到目前为止,我们仍无意更改付款条件。

【训练三】新生日常生活用品采购谈判训练

某院校总务处要为新生组织 1200 套床上及日常生活用品,其中每套包括蚊帐、棉被、床单、草席、枕头、枕巾、塑料盆、桶各一个,请你收集有关资料和信息,尽快向日杂公司提出一个具体的谈判意向书,并事前模拟一次谈判。

【训练四】谈判策略技巧分析

分析下面的例子,指出他们采用了什么谈判策略技巧。

光达服装公司最近设计了一种秋装,一上市很畅销。据此,公司准备购进一大批布料大批量生产。随后有几家毛纺厂的推销员前往该公司展开销售谈判。公司派出材料科人员同客户洽谈。谈判人员同甲厂洽谈,详细了解该厂的情况,布料的花色、质地、价格,却不拍板成交,说："贵厂的产品我会向公司领导推荐,只要质量好、价格合适我公司会考虑的。"谈判人员同乙厂、丙厂洽谈也是同一做法。通过与这几家厂的谈判,摸清了各自情况,经过比较权衡,最后确定丙厂为重点谈判对象。经过双方的深入谈判,最后达成了销售协议,光达公司买到质高价低的布料,提高了经济效益。

【训练五】选择谈判方案训练

某单位公开出售一辆旧轿车,根据市场行情,他们确定最低售价5万元。当天下午,就有一家公司来人,愿以6万元购买,您如何与之谈判?下面是可能选择的几个方案,你选择哪一个方案,为什么?

(1)立即成交。

(2)请他三天后再来谈。

(3)跟他讨价还价。

【训练六】测试与训练

把握谈判的内容,从容应变

测试项目:

(1)你说话的目的是什么?

(2)希望对方如何接受?

(3)用什么方法将所要表达的内容传达给对方?

(4)怎么说才能避免误解与曲解?

(5)若干目的掺在一起时,是否能掌握最终的目的是什么?

自我训练:

(1)用一句话归纳出想说的要点;

(2)将重点按项目分别整理出来;

(3)利用多方面的检讨,让自己先深入了解内容;

(4)将带给对方哪些正、负的影响也应检讨;

(5)若有相关的事项,应事先检讨并整合;

(6)在日常生活中,看法及判断决不倾向单方面;

(7)从整体的角度为各部分定位。

分析听者:

(1)听者的地位、经历。

(2)听者的年龄构成、性别结构。

(3)对主题的知识了解多少、需要作何种程度的背景说明?

(4)对主题兴趣、关心程度、利害程度为何?应如何进入主题?

(5)听众想听些什么?

(6)专门术语(技术用语)的使用频度?

(7)针对听者的地域特性,有哪些方面应特别注意?

(8)听者之中是否有关键人物?是谁?

(9)有多少听众?

(10)注意说话的时间带及前后状况。

提示:分析听者可按两阶段进行——事前作准备和边说边掌握听者的状况变化。忽视其中任何一阶段将无法吸引听众的心和作出正确的判断。

附录一 普通话实训

一、推广普通话

《中华人民共和国国家通用语言文字法》规定，国家通用语言文字是普通话和规范汉字。普通话是现代汉语的标准语，是现代汉民族的共同语，也是中华民族大家庭的共同语。所谓普通话是指以北京语音为标准音，以北方话为基础方言，以典范的现代白话文著作为语法规范的现代汉民族的共同语。这个定义是从语音、词汇、语法三个方面来对普通话加以规范的。

需要注意的是，汉语除了民族共同语普通话外，还有方言。方言是客观存在的，有其自身的使用价值。推广普通话并不是要消灭方言，而是为了消除方言隔阂，以利于社会交际。推广普通话是要求会说方言的公民，还要会说普通话。而且也并不是要求公民在所有的场合都说普通话，只是在一些公共场合，如学校、机关、服务场所等说普通话。

二、普通话水平测试

（一）普通话水平测试的内容和范围

1. 语音：声母、韵母、声调。

2. 词汇：声母、韵母、声调、变调、轻声、儿化。

3. 语法：区分普通话词汇和方言词汇、分辨普通话量名词短语与方言的不同、普通话句子语法和方言句子语法的差异。

4. 语言表达：朗读短文。

5. 命题说话。

（二）普通话水平测试等级标准

普通话水平测试是判定应试人掌握普通话的规范程度和运用普通话能力的口语考试。普通话水平划分为三级六等：

一级：甲等　　　97 分以上
　　　乙等　　　92 分以上，97 分以下
二级：甲等　　　87 分以上，92 分以下
　　　乙等　　　80 分以上，87 分以下
三级：甲等　　　70 分以上，80 分以下
　　　乙等　　　60 分以上，70 分以下

（三）普通话水平测试对象

《中华人民共和国国家通用语言文字法》第十九条第一款规定："凡以普通话作为工作语言的岗位，其工作人员应当具备说普通话的能力。"第二款规定："以普通话作为工作语言的播音员、节目主持人和影视话剧演员、教师、国家机关工作人员的普通话水平，应当分别达到国家规定的等级标准；对尚未达到国家规定的普通话等级标准的，分别情况进行培训。"

广西壮族自治区实施《中华人民共和国国家通用语言文字法》办法中第十条规定，下列人员的普通话水平应当达到以下等级标准：

1. 公务员为三级甲等以上，在乡镇机关工作的公务员可以为三级乙等。

2. 自治区级广播电台、电视台的播音员、节目主持人为一级甲等;设区的市广播电台、电视台的播音员、节目主持人为一级乙等以上;县级广播电台、电视台的播音员、节目主持人为二级甲等以上。

3. 影视话剧演员为一级乙等以上。

4. 教师为二级乙等以上,其中从事语文教学的教师和对外汉语教学的教师不得低于二级甲等;县级人民政府驻地以外的乡镇、村学校的教师可以为三级甲等以上,其中从事语文教学的教师不得低于二级乙等。

5. 普通高等学校、中等职业学校的学生为三级甲等以上,其中汉语言文学专业、师范类专业以及其他与口语表达密切相关专业的学生不得低于二级乙等。

6. 公共服务行业的播音员、解说员、导游员、话务员等特定岗位人员为二级乙等以上。

(四)普通话水平测试的项目和评分

试卷由五个部分构成,总分为 100 分。

1. 读单音节字词(100 个音节,不含轻声、儿化音节)。占总分的 10%,即 10 分,限时 3.5 分钟。

目的:测查普通话声母、韵母和声调的发音。

2. 读多音节词语(100 个音节,其中含双音节词语 45~47 个,三音节词语 2 个,四音节词语 1~0 个)。占总分的 20%,即 20 分,限时 2.5 分钟。

目的:测查声母、韵母、声调及变调、儿化韵和轻声的读音。

3. 选择判断。占总分的 10%,即 10 分,限时 3 分钟。分三种判断:词语判断,量词、名词搭配,语序或表达形式判断。

目的:重点测查掌握普通话词汇、语法的程度。

4. 朗读短文(在广西《普通话培训与测试》中规定的 50 篇朗读短文中任选一篇)。占总分的 30%,即 30 分,限时 4 分钟。

目的:测查用普通话朗读书面材料的水平,重点测查语音、连续音变、语调(语气)等。

5. 命题说话(在《普通话水平测试用话题》中规定的 30 道说话题中任选一题)。占总分的 30%,即 30 分,限时 3 分钟。

目的:测查在无文字凭借的情况下说普通话的水平和达到的规范程度。

三、广西主要方言及民族语言

1. 桂柳话:又称西南官话、桂柳官话、官话、桂柳方言,使用于广西西北部,如桂林、柳州、河池、来宾、贺州等市以及百色的一些县市。

2. 白话:又称粤方言,使用于广西东部、南部,分四大片:邕浔片,以南宁白话为代表;广府片,以梧州白话为代表;勾漏片,以玉林白话为代表;钦廉片,以廉州白话为代表。

3. 客家话:在陆川、博白等地使用。

4. 壮话:在武鸣、天等、都安、大化等地使用。

四、普通话训练

(一)声母辨正

1. 没有翘舌声母 zh、ch、sh。

广西的桂柳话、白话、客家话、壮话、平话都没有这一套声母字,这套声母字是广西人学习普通话的难点之一。

(1)对比训练。

①字的对比。

孜——知	仔——纸	字——挚	醉——赘	参——搀	惨——铲
崔——吹	嗓——晌	隧——睡	散——闪	撒——傻	曹——潮

②词语的对比。

自愿——志愿	自动——制动	仿造——仿照	物资——物质
宗旨——中止	资助——支柱	鱼刺——鱼翅	三哥——山歌
从来——重来	擦嘴——插嘴	乱草——乱吵	一层——一成
私人——诗人	近似——近视	搜集——收集	死记——史记

(2)绕口令训练。

①知道就知道,不知道就不知道;不要知道说不知道,也不要不知道装知道;一定要做到老老实实、实事求是、不折不扣的真知道。

②长虫围着砖堆转,转完了砖堆钻砖堆。

③隔着窗户撕字纸,先撕横字纸,后撕竖字纸,撕了四十四张湿字纸。

④四是四,十是十,十四是十四,四十是四十;谁说四十是十四,就打谁十四;谁说十四是四十,就打谁四十。

⑤紫瓷盘,盛鱼翅。一盘熟鱼翅,一盘生鱼翅。迟小池拿了一把瓷汤匙,要吃清蒸美鱼翅。一口鱼翅刚到嘴,鱼刺刺进齿缝里,疼得小池拍腿抠牙齿。

2. 念不准 r 声母。

广西方言区人和民族语言区人念声母 r 时,读音有三个:①半元音[j];②平舌音[z];③边音 l。

(1)朗读字。

冉	瓤	攘	壤	饶	扰	绕	睿
妊	冗	蹂	蠕	汝	褥	蕊	闰

(2)朗读词语。

染缸	饶恕	扰攘	绕远儿	惹眼	热源	人烟	忍让
仍然	日月	荣誉	柔韧	入夜	如愿	软弱	闰月

3. 混淆 j、q、x。

广西方言区人和民族语言区人说普通话遇到 j、q、x 声母的字时,发音存在三种情况:

(1)j、q、x 与 z、c、s 及 zh、ch、sh 三套声母合为一套(白话)。

(2)j、q、x 读成 g、k、h(柳州话、壮话)。

(3)j、q、x 读成近似 z、c、s 的"尖音"。

[正音记字]

(1)朗读词语。

借书	签字	主席	苏醒	测试	采茶	故居	开窍
可靠	下降	庆贺	喜气	接济	进取	酒精	前线
基建	极其	加强	坚决	家长	超群	世界	雪花
缺点	确实	闲暇	纤细	琴弦	想念	混淆	歇息

（2）绕口令训练。

①七加一,七减一,加完减完等于几？七加一,七减一,加完减完等于七。

②田连贤前天从前线回到家乡田家店,只见家乡变化万千,繁荣景象在眼前。连绵不断的青山,一望无边的梯田,新房连成一片,高压电线通向天边,家乡美如画,天堂美景在人间。

③清早起来雨淅淅,王七上街去买席,骑着毛驴跑得急,捎带卖蛋又贩梨。一跑跑到小桥西,毛驴一下失了蹄,打了蛋,撒了梨,急得王七眼泪滴,又哭鸡蛋又骂驴。

（3）记忆方法。

在普通话里,舌尖前音 z、c、s,舌根音 g、k、h 不与 i、ü 开头的韵母相拼,凡方言里的此类音节,应念成 j、q、x。

4. 混淆 f 和 h。

广西桂柳方言区人常把 hu 念为 fu,如"老虎"念为 lǎofǔ,桂林方言区人还少了韵头 u,如"花"念为 fā,"坏"念成 fài,"会"念成 fèi,"欢"念成 fān,"荒"念成 fāng。

广西各地白话中都有 f 却没有 h。

（1）对比训练。

①字的对比。

发—哈　　烦—寒　　方—夯　　粉—很　　冯—横　　父—户
防—杭　　愤—恨　　饭—汗　　扶—壶　　夫—呼　　斧—虎

②词语的对比。

理发—理化　　发钱—花钱　　舅父—救护　　附注—互助　　防虫—蝗虫　　斧背—虎背

（2）朗读句子。

①谁言寸草心,报得三春晖。

②春蚕到死丝方尽,蜡炬成灰泪始干。

③等闲识得东风面,万紫千红总是春。

（3）绕口令训练。

①洪湖荷花好绘画,画好洪湖画荷花。

②黄虹飞,翻粪肥,肥混粪,粪混灰,不知是灰混粪还是肥混灰。

③红凤凰,黄凤凰,粉红墙上飞凤凰,凤凰飞,飞凤凰,红黄凤凰飞北方。

5. 混淆 n 和 l。

桂林方言区人 n 和 l 相混,一是字的读音相混,如"男女"与"褴褛"同音,"牛油"与"流油"同音;二是两个声母发音方法的界限不清,n 有口音色彩,l 有鼻音色彩。

（1）对比训练。

①字的对比。

那——辣　　讷——乐　　奈——赖　　馁——磊　　内——类
孬——捞　　挠——牢　　脑——老　　闹——烙　　南——蓝
难——兰　　囊——狼　　你——里　　逆——立　　聂——裂
鸟——了　　尿——料　　妞——溜　　碾——脸　　念——恋
娘——凉　　奴——炉　　努——鲁　　怒——路　　挪——罗
糯——洛　　暖——卵　　女——吕　　虐——略

②词语的对比。

脑子——老子	男鞋——蓝鞋	大怒——大路	浓重——隆重
女客——旅客	一年——一连	难住——拦住	水牛——水流
无奈——无赖	南宁——兰陵	男女——褴褛	小牛——小刘
留念——留恋	泥巴——篱笆	允诺——陨落	鸟雀——了却

(2)绕口令训练。

①门外有四辆大马车,你爱拉哪两辆就拉哪两辆。

②老龙恼怒闹老农,老农恼怒闹老龙,龙怒龙恼农更怒,龙闹农怒龙怕农。

③大柳河旁有六十六棵大青柳,大青柳下有六十六个柳条篓,有六十六个入伍六个月的新战士学编篓。教编篓的是大柳河乡大柳河村的六十六岁的刘老六。

6. 没有送气声母(p、t、k)和塞擦声母(j、q、zh、ch、z、c)。

说壮话的人常把送气音字念成不送气音(b、d、g),也发不好 j、q、zh、ch、z、c 声母的字音,用 x 代替 j、q,用 s 代表 z、c 和 zh、ch,如"请假 qǐngjià"念成 xǐngxià,"称赞 chēngzàn"念成 sēngsàn。

(1)对比训练。

①字的对比。

b—p	八一趴	波一坡	被一佩	抱一炮	办一判
p—b	喷一奔	胖一棒	碰一蹦	扑一捕	飘一标
d—t	打一塔	怠一太	单一贪	导一讨	敌一提
t—d	透一豆	汤一当	添一颠	桶一懂	图一读
g—k	嘎一卡	哥一科	改一凯	搞一考	够一扣
k—g	坑一耕	康一刚	跨一挂	快一怪	馈一贵
j—q	加一掐	界一切	叫一窍	仅一寝	讲一抢
q—j	欺一积	签一尖	秋一揪	趋一居	亲一金
zh—ch	招一抄	知一痴	庄一窗	追一吹	帐一唱
ch—zh	戳一捉	踹一拽	穿一专	蠢一准	冲一中
z—c	租一粗	做一错	最一脆	宗一葱	尊一村
c—z	刺一自	凑一揍	翠一醉	层一增	菜一再

②词语的对比。

b—p	败兵一派兵	鼻子一皮子	部位一铺位	辫子一骗子
d—t	淡化一碳化	肚子一兔子	毒药一涂药	稻子一套子
g—k	米缸一米糠	怪事一快事	工地一空地	孤树一枯树
j—q	犟人一呛人	精心一倾心	坚强一牵强	掬水一渠水
zh—ch	直到一迟到	仗着一唱着	侄子一池子	质子一赤子
z—c	座位一错位	在场一菜场	自序一次序	大字一大刺

(2)绕口令训练。

①吃葡萄不吐葡萄皮,不吃葡萄倒吐葡萄皮。

②白猫黑鼻子,黑猫白鼻子。黑猫的白鼻子,碰破了白猫的黑鼻子。白猫的黑鼻子破了,剥个秕谷皮儿补鼻子;黑猫的白鼻子不破,不必剥秕谷皮儿补鼻子。

(二)韵母辨正

1. 混淆撮口呼(ü、üe、üan、ün)和齐齿呼(i、ie、ian、in)。

广西方言中客家话及部分白话区(钦州、合浦、北海、百色)、壮话大都无撮口呼韵母,易把撮口呼韵母念成齐齿呼韵母,如"区 qū"念成"qī","绝 jué"念成"jié","源泉 yuánquán"念成"yánqián","军训 jūnxùn"念成"jīnxìn"。

对比训练。

i—ü	移—鱼	鸡—居	七—区	西—虚	你—女
	体育	继续	谜语	地区	起居　器具
ü—i	履历	聚集	距离	曲艺	举例
ie—üe	耶—约	聂—虐	列—略	节—决	切—缺
	灭绝	解决	孑孓	节约	谢绝
üe—ie	确切	决裂	血液	诀别	学业
ian—üan	烟—渊	尖—捐	千—圈	先—宣	件—倦
	演员	厌倦	眼圈	健全	减员　线圈
üan—ian	元件	捐献	眷恋	权限	宣言　悬念
in—ün	因—晕	今—军	琴—群	心—熏	信—讯

2. 混淆前鼻韵母(an、en、in、ian、uan、uen、üan、ün)**和后鼻韵母**(ang、eng、ong、iang、ing、iong、uang、ueng)。

分辨前鼻韵母和后鼻韵母,是说桂柳话、客家话和壮话者的一个难点,部分说白话者(如廉州话、北海话等)也有类似情况。

(1)朗读词语。

an	感叹	展览	汗衫	惨淡	en	深圳	认真	根本	门诊
in	殷勤	拼音	信心	濒临	ian	天堑	变迁	惦念	简练
uan	婉转	软缎	贯穿	宦官	uen	温顺	春笋	馄饨	昆仑
ün	军训	均匀	音讯	进军	üan	圆圈	源泉	原先	厌倦
ang	苍茫	商场	厂房	沧桑	eng	风声	丰盛	省城	增生
ong	笼统	轰动	空洞	工农	iang	向阳	响亮	两样	奖赏
ing	情形	命名	英明	评定	iong	汹涌	熊熊	炯炯	拥有
uang	装潢	状况	狂妄	矿床	ueng	嗡嗡	老翁	水瓮	蕹菜

(2)对比训练。

木盆——木棚	瓜分——刮风	清真——清蒸	安然——昂然
信服——幸福	亲近——清静	金鱼——鲸鱼	烂漫——浪漫
红心——红星	人民——人名	陈旧——成就	弹词——搪瓷

3. 丢失韵头 i、u。

说白话和平话者说普通话时容易把齐齿呼韵母(ia、iao、iang、iong)丢失韵头 i,如"下 xià"念成"sà","香 xiāng"念成"sāng","就 jiù"念成"zòu","凶 xiōng"念成"sōng","穷 qióng"念成"cóng"等。

说白话、平话和桂柳话者说普通话时会把合口呼韵母丢失韵头 u,如"抓 zhuā"念成"zā","怪 guài"念成"gài(白话)","堆 duī"念成"dēi","论 lùn"念成"lèn(桂柳话)"。

[正音记字]

(1)朗读字。

ia　　家加假价夏牙下霞贾卡　　　　iao　　交郊较敲教咬校孝巧胶

iang　　江强乡祥想样枪向讲阳　　　　iong　　炯穷兄胸雄熊用凶永窘

(2)朗读词语。

ia	架下	加价	家乡	晚霞	iao	教养	比较	学校	敲门
iang	强项	想象	向阳	响亮	iong	汹涌	熊熊	炯炯	拥有
uei	堆积	推行	嘴唇	璀璨	uen	海豚	论语	村庄	孙女

(3)朗读句子。

①宽阔的水面上,荡漾着一只只小船,共青团团旗在船头飘扬。

②美,多么令人陶醉;美,印在人们的心内。

(三)语流音变

(1)变调。

变调是指音节与音节连续发音时,某些音节的声调变化。常见的变调主要有:

①上声变调。

上声音节的调型属于降升调,其调值为214,即发音时先由2度降到1度,再由1度升到4度。然而,在语流中,上声音节受后一个音节声调的影响,其调值会发生变化。只有当上声音节单念或处于句子的末尾,没有后读音节的影响时,上声音节才会念其原调。例如:绿岛（lù dǎo）、长短（cháng duǎn）、机警（jī jǐng）。

上声音节的变调有以下几种情况:

a. 上声+非上声→半上+非上声

上声音节在非上声音节(包括阴平、阳平、去声、轻声)前,上声音节的调值由降升调变为只降不升的低降调,变成了半上声,简称"半上"。

示例及认读练习。

上声+阴平

běi jīng	bǎo wēn	chěng xiōng	chǎng kāi	dǎo gē	diǎn zhāng
北京	保温	逞凶	敞开	倒戈	典章
fǎn jī	fěn shuā	gǎn jī	guǎng bō	hǎi guān	huǒ chē
反击	粉刷	感激	广播	海关	火车

上声+阳平

biǎo yáng	chǐ lún	fǎ tíng	gǎi gé	lǔ xíng	jǐng chá	nǎi yóu
表扬	齿轮	法庭	改革	旅行	警察	奶油
qǐ qiú	sǎo miáo	xuǎn zé	bǎn quán	dǎo háng	fěi tú	huǒ chái
乞求	扫描	选择	版权	导航	匪徒	火柴

上声+去声

bǎo hù	fǎ yuàn	jiě fàng	měi lì	qǐng jià	tǎn shuài
保护	法院	解放	美丽	请假	坦率
xiǎng yìng	cǎi sè	gǎn xiè	kǒng bù	nuǎn qì	rěn nài
响应	彩色	感谢	恐怖	暖气	忍耐

b. 上声＋上声→阳平＋上声

两个上声音节相连时,前一个上声音节的调值由降升调变为与阳平调值相当的高升调。

示例与认读练习

běn lǐng	fǔ dǎo	jǔ zhǐ	mǐn gǎn	qiǎn xiǎn	tǔ fěi	chǎn pǐn
本 领	辅 导	举 止	敏 感	浅 显	土 匪	产 品

gǔ lǎo	kě kǒu	niǔ zhuǎn	rǎn zhǐ	zǒu gǒu	dǎo yǔ	hǎo gǎn
古 老	可 口	扭 转	染 指	走 狗	岛 屿	好 感

c. 三个上声相连的变调

三个上声音节相连,根据音节组合情况,可作以下变调:

上声＋(上声＋上声)→半上＋阳平＋上声,如:

zhǐ lǎo hǔ	hěn yǒu hǎo	lěng shuǐ jǐng	dǎng xiǎo zǔ	lǐ chǎng zhǎng
纸 老 虎	很 友 好	冷 水 井	党 小 组	李 厂 长

(上声＋上声)＋上声→阳平＋阳平＋上声,如:

yǎn jiǎng gǎo	zhǎn lǎn guǎn	guǎn lǐ zǔ	gǔ diǎn měi	xǐ liǎn shuǐ
演 讲 稿	展 览 馆	管 理 组	古 典 美	洗 脸 水

要是有更多的上声音节相连,可以根据词语的内部组合情况划分为若干个二字组或三字组,再按上述规律变调。如:"岂有此理",可划分为"岂有"和"此理"。按上述规律,其变调方式为:(上声＋上声)＋(上声＋上声)→(阳平＋上声)＋(阳平＋上声)→阳平＋半上＋阳平＋上声;"展览馆好远"可分为"展览馆"和"好远"两部分,其变调方式为:[(上声＋上声)＋上声]＋(上声＋上声)→(阳平＋阳平＋上声)＋(阳平＋上声)→阳平＋阳平＋半上＋阳平＋上声。

②"一、不"的变调。

a."一、不"单念或位于词末不受后读音节影响,以及"一"作为序数、基数时,不变调,如:

tǒng yī	dì yī	piān bù	jiù bù
统 一	第 一	偏 不	就 不

b."一、不"用在非去声音节前,"一"变读去声,"不"仍念其原调,如:

yì shēng	yì xīn	bù shuō	bù quē	yì tóng	yì lián
一 生	一 心	不 说	不 缺	一 同	一 连

bù máng	bù xíng	yì jǔ	yì zǎo	bù xiǎng	bù zhǔn
不 忙	不 行	一 举	一 早	不 想	不 准

c."一、不"夹在词语之中,读轻声,如:

kàn yi kàn	shuō bu wán	wán yi wán
看 一 看	说 不 完	玩 一 玩

③带叠音后缀的形容词的声调。

由词根附加叠音后缀构成的形容词,叠音后缀的实际读音一般都念阴平,也可以读原调,如:

lǜ yōu yōu	míng huāng huāng	màn tēng tēng	kōng dàng dàng
绿 油 油	明 晃 晃	慢 腾 腾	空 荡 荡

wén zhōu zhōu	máo rōng rōng
文 绉 绉	毛 茸 茸

(2)轻声。

轻声是指在词语、句子中有的音节丢失了原有的调值,变成一种在听觉上显得又轻又短的

<pre>
        luó bo   xiōng di   mián hua
</pre>
调子,如:"萝卜"、"兄 弟"、"棉 花"这些词第二个音节的读音,显得轻短、模糊,便是
轻声。轻声是由于音节读音弱化,在音高、音长等方面产生的一种音变现象,可以视为特殊的
变调,但不是一个独立的调类。

①轻声的调值不取决于轻声音节原来的声调,而是取决于它前面音节的声调。基本规律
是:

a. 非上声+轻声,其调值是短促的低降调,如:

<pre>
yā zi   wō nang   yóu shui   xuán hu   dà fang   zhào tou
鸭 子   窝 囊   油 水   玄 乎   大 方   兆 头
</pre>

b. 上声+轻声,其调值是短促的半高平调,如:

<pre>
yǐng zi   nǚ xu   zhěn tou   mǎ hu   lǎo ye   wěi ba
影 子   女 婿   枕 头   马 虎   老 爷   尾 巴
</pre>

②念轻声的几种情况。轻声音节一般出现在使用频率较高的口语词语中,书面语色彩较
浓的词语以及新词、科技术语一般没有念轻声的音节。轻声音节的出现有以下一些规律:

a. 叠音名词的末一音节一般念轻声,如:

<pre>
bà ba   xīng xing   dì di   tài tai   shū shu   wá wa
爸 爸   星 星   弟 弟   太 太   叔 叔   娃 娃
</pre>

b. 词根附加后缀"子"、"头"构成的名词,其后缀一般念轻声,如:

<pre>
bèi zi   mù tou   cūn zi   tián tou   dāo zi   shé tou
被 子   木 头   村 子   甜 头   刀 子   舌 头
</pre>

c. 附加在名称或人称代词之后表示复数的辅助成分"们"念轻声,如:

<pre>
rén men   xiān shēng men   péng yǒu men   zán men   tā men
人 们   先 生 们   朋 友 们   咱 们   他. 们
</pre>

d. 部分表示方位的词语或语素,如"边、面、上、里、下、头"等,附加在其他词语或语素之后
时,一般念轻声,如:

<pre>
dōng bian   shàng mian   qiáng shang   xīn li   qián tou   wài bian
东 边   上 面   墙 上   心 里   前 头   外 边

hòu mian   wǎn shang   àn dì li   wài tou   qián bian   lǐ mian
后 面   晚 上   暗 地 里   外 头   前 边   里 面
</pre>

e. 结构助词"的、地、得",时态助词"着、了、过",语气助词"吗、呢、吧、啦"等,念轻声,如:

<pre>
chī de   chuān de   yòng de
吃 的   穿 的   用 的

tǎn shuài di jiǎng   fēn xī de shēn kè   kàn le diàn shì   kàn zhe diàn shì
坦 率 地 讲   分 析 得 深 刻   看 了 电 视   看 着 电 视

kàn guo diàn shì   qù ma   kuài ya   tā ne   xíng la   qù ba
看 过 电 视   去 吗   快 呀   他 呢   行 啦   去 吧
</pre>

f. 趋向动词附于中心语之后作补语时,念轻声。若中心语与趋向补语之间插入"得"、
"不"时,"得"、"不"轻读,趋向动词念原调,如:

<pre>
ná qu   chū qu   zhàn zhu   zǒu jìn lai   pǎo kai   kàn de chū   chū bu qù
拿 去   出 去   站 住   走 进 来   跑 开   看 得 出   出 不 去
</pre>

g. 单音节动词重叠,重叠的音节念轻声。当中间嵌入"一、不"时,"一、不"轻读,重叠的音
节仍念原调,如:

kàn kan	shuō shuo	shì shi	kàn yi kàn	shuō bu shuō	shì yi shì
看 看	说 说	试 试	看 一 看	说 不 说	试 一 试

h. 除上述几种情况外，还有很多词语在习惯上读轻声，如：

bō li	bāo fu	fēng zheng	gōng fu	jiē fang	jīng shen
玻 璃	包 袱	风 筝	功 夫	街 坊	精 神
qīn qi	shāng liang	xiān sheng	zhāo hu	háng jia	hé tong
亲 戚	商 量	先 生	招 呼	行 家	合 同
méi mao	míng zi	néng nai	nú cai	pí qi	pián yi
眉 毛	名 字	能 耐	奴 才	脾 气	便 宜
yá men	xué wen	tóu fa	běn lai	mǎi mai	nuǎn huo
衙 门	学 问	头 发	本 来	买 卖	暖 和
kǒu dai	ěr duo	biǎn dan	niǔ nie	zuǐ ba	tǐ mian
口 袋	耳 朵	扁 担	扭 捏	嘴 巴	体 面

（3）儿化。

普通话里的好些词常出现儿化现象。儿化是指在音节的末尾加上一个卷舌动作，使该音
节韵母的发音带上卷舌音的特点。例如："小　孩儿"（xiǎo háir），这里的"孩儿"虽然用了两个汉字来书
写，但在读音上并不念成 hái'ér 两个音节，而是在音节"孩"的末尾带上一个卷舌动作，使"孩"
的韵母 ai 带上卷舌音色彩，成为"háir"这样一个音节。这样的音节被称作儿化音节，儿化音节
的韵母，就叫儿化韵。

儿化韵的音变规律：

a. 韵母或韵尾是 a、o、e、ê、u 的韵母儿化，原韵母不变，只在韵母后面加上卷舌动作，如：

hào mǎr	dāo bàr	dòu yár	pí jiār	nǎo guār	lèi huār
号 码儿	刀 把儿	豆 芽儿	皮 夹儿	脑 瓜儿	泪 花儿
dí mór	fěn mòr	bèi wōr	dà huǒr	chàng gēr	mù pénr
笛 膜儿	粉 末儿	被 窝儿	大 伙儿	唱 歌儿	木 盆儿
tái jiēr	guō tiēr	chǒu juér	mù juér	yǎn zhūr	lí pǔr
台 阶儿	锅 贴儿	丑 角儿	木 橛儿	眼 珠儿	离 谱儿

b. 韵尾是 i、n 的韵母儿化，丢失韵尾 i、n，变成主要元音加卷舌动作，如：

míng páir	chuāng táir	bǎo bèir	wǎn bèir	táng kuàir	guāi guāir
名 牌儿	窗 台儿	宝 贝儿	晚 辈儿	糖 块儿	乖 乖儿
pèi duìr	yī huìr	zhú gānr	huā lánr	péi běnr	bìng gēnr
配 对儿	一 会儿	竹 竿儿	花 篮儿	赔 本儿	病 根儿

c. 韵尾是 ng 的韵母儿化，丢失韵尾 ng，主要元音鼻音化，加卷舌动作，如：

yào fāngr	bāng mángr	bǎn dèngr	má shéngr	jiǔ zhōngr
药 方儿	帮 忙儿	板 凳儿	麻 绳儿	酒 盅儿
chōu kòngr	mú yàngr	shù yāngr	yóu píngr	xiǎo xióngr
抽 空儿	模 样儿	树 秧儿	油 瓶儿	小 熊儿
bèi yǐngr				
背 影儿				

d. i、ü 两个韵母儿化，原韵母不变，在原韵母之后加 er 音，如：

wán yìr	xiǎo jīr	máo lúr	méi qùr	guā zǐr
玩 意儿	小 鸡儿	毛 驴儿	没 趣儿	瓜 子儿

tiāo cìr	méi shìr	shù zhīr
挑 刺儿	没 事儿	树 枝儿

五、普通话水平测试试卷

第_____组　　姓名：_____　　　　性别：_____　　　　总分：_____

（一）读单音节字词（100 个音节，共 10 分，限时 3.5 分钟）

哑 铸 染 亭 后 挽 敬 疮 游 乖 仲 君 凑 稳 掐 酱 椰 铂

峰 账 焦 碰 暖 扑 龙 碍 离 鸟 瘸 密 承 滨 盒 专 此 艘

雪 肥 薰 硫 宣 表 嫡 迁 套 滇 砌 藻 刷 坏 虽 滚 杂 倦

垦 屈 所 惯 实 扯 栽 额 屡 弓 物 拿 粉 葵 躺 肉 铁 日

帆 萌 寡 猫 窘 内 雄 伞 蛙 葬 夸 戴 罗 并 摧 狂 饱 魄

而 沈 贤 润 麻 养 盘 自 您 虎

语音错误每个音节扣 0.1 分	声韵缺陷每个音节扣 0.05 分	声调缺陷每个音节扣 0.05 分，一类声调缺陷最多扣 0.5 分	超时 1 分钟扣 0.5 分，超 1 分钟以上扣 1 分	扣分合计

（二）读多音节词语（100 个音节，共 20 分，限时 2.5 分钟）

广西　壮族　自治区　穷人　吵嘴　未曾　感慨　乒乓球　半截儿

少女　篡夺　牛顿　沉默　富翁　傻子　持续　老头儿　群体　昂首

佛像　全部　乳汁　对照　家伙　灭亡　红娘　觉得　排演　被窝儿

连绵　小腿　原则　外国　侵略　赞美　运输　抓紧　戏法儿　咏叹

愉快　撒谎　下来　昆虫　意思　声明　患者　儿童　症状　机灵

语音错误每个音节扣 0.2 分	声韵缺陷每个音节扣 0.1 分	声调缺陷每个音节扣 0.1 分，一类声调缺陷最多扣 1 分	超时 1 分钟扣 0.5 分，超 1 分钟以上扣 1 分	扣分总计

（三）选择判断（共 10 分，限时 3 分钟）

1. 词语判断：请判断并读出下列 10 组词语中的普通话词语。

(1)朝早　早上头　早上　晨早　　　　　　(2)晚仔　小仔　满仔　小儿子

(3)泥水匠　泥水佬　做屋佬　瓦匠　　　　(4)跳皮筋　跳胶　跳橡筋　跳手筋

(5)螳螂　马螂扛　马猴螂　　　　　　　　(6)太阳　热头　日头子　日头

(7)码头级　台阶　台格　　　　　　　　　(8)扫墓　做清明　拜山

(9)鼻子　鼻哥　鼻公　　　　　　　　　　(10)扁挑　扁担　担挑　担十

2. 量词、名词搭配：请按照普通话规范搭配读出 10 组数量名词短语。

一条　一把　一件　一匹　一扇　一头

菜刀　礼物　提琴　窗户　羊　大衣　绸缎　牛　布　屏风

3. 语序或表达形式判断：请判断并读出下列 5 组句子里的普通话句子。

(1)A. 要请你喝多几杯。　　B. 要请你多喝几杯。　　C. 要请你多喝两杯。

(2)A. 上台发言我紧张过参加测试。　　B. 上台发言我太过紧张了。

　　C. 上台发言我太紧张了。

(3)A. 这个人我不认识。　　B. 这个人我不识。　　C. 这个人我认不得。

(4)A. 这个野果子吃得看没得。　　B. 这个蘑菇能看不能吃。

　　C. 这个蘑菇看得不吃得。

(5)A. 我好像什么都不如表哥。　　B. 我好像没有表哥有料。

　　C. 我好像什么都不够表哥。

语音错误每个音节扣0.1分	词语判断错误每组扣0.25分	量词、名词搭配错误每组扣0.5分	语序或表达形式判断错误每组扣0.5分	超时 1 分钟扣0.5分,超 1 分钟以上扣1分	扣分合计

(四)朗读短文(从下列两篇朗读作品中任选一篇,共30分,限时4分钟)

1. 作品8号。

爸不懂得怎样表达爱,使我们一家人融洽相处的是我妈。他只是每天上班下班,而妈则把我们做过的错事开列清单,然后由他来责骂我们。

有一次我偷了一块糖果,他要我把它送回去,告诉卖糖的说是我偷来的,说我愿意替他拆箱卸货作为赔偿。但妈妈却明白我只是个孩子。

我在运动场打秋千跌断了腿,在前往医院途中一直抱着我的,是我妈。爸爸把汽车停在急诊室门口,他们叫他驶开,说那空位是留给紧急车辆停放的。爸爸听了便叫嚷道:"你以为这是什么车? 旅游车?"

在我生日会上,爸爸总是显得有些不太相称,他只是忙于吹气球,布置餐桌,做杂物,把插着蜡烛的蛋糕推过来让我吹的,是我妈。

我翻阅相册时,人们总是问:"你爸爸是什么样子的?"天晓得! 他老是忙着替别人拍照。妈和我笑容可掬地一起拍的照片,多得不可胜数。

我记得妈有一次叫他教我骑自行车,我叫他别放手,但他却说是应该放手的时候了,我摔倒之后,妈跑过来扶我,爸却挥手让她走开。我当时生气极了,决心要给他点儿颜色看。于是我马上爬上自行车,而且自己骑给他看,他只是微笑。

我念大学时,所有的家信都是妈写的。他除//

2. 作品31号。

八月的一天下午,天气暖洋洋的,一群小孩在十分卖力地捕捉那些色彩斑斓的蝴蝶。这时,我不由自主地想起童年时代发生的一件印象很深的事情。那时我才12岁,住在南卡罗来纳州,常常把一些野生的活物抓来放到笼子里,但那件事发生以后,我这种兴致就被抛得无影无踪了。

我家在林子边上,每当日落黄昏,便有一群美洲画眉鸟来到林间歇息和歌唱。那歌声美妙绝伦,没有一件人间的乐器能奏出那么优美的曲调来。

我当机立断,决心捕获一只小画眉鸟,放到我笼子里,让它为我一人歌唱。

果然,我成功了。它先是拍打着翅膀,在笼中飞来扑去,十分恐惧,但后来它安静下来,承认了这个新家,站在笼子前,聆听我的小音乐家美妙的歌唱,我感到万分高兴,真是喜从天降。

我把鸟笼放到我家后院,第二天,它那慈爱的妈妈口含食物飞到笼子跟前。画眉妈妈让小画眉把食物一口一口吞咽下去。当然,画眉妈妈知道这样比由我来喂它的孩子要好得多。看来,这是件皆大欢喜的好事情。

接下来的一天早晨,我去看我的小俘虏在干什么,结果发现它已经无声无息地躺在笼子最底层,死了。我对此//

语音错漏添每个音节扣0.1分	声韵缺陷视程度扣分0.5/1	语调偏误扣分0.5~1/1.5~2/2.5~3	回读及不流畅扣分0.5/1/2	超时1分钟扣0.5分,超1分钟以上扣1分	扣分合计

(五)命题说话(从下列两个说话题目中任选一个,共30分,限时3分钟)

1. 我喜欢的节日　　　2. 我喜欢的动物(或植物)

语音标准程度扣分0.5~1/1.5~2/3~4/5~6/7~9/10~12	词汇语法规范程度扣分0.5~1/2~3	自然流畅程度扣分0.5~1/2~3	超时扣分1~3/4~6	离题扣分2~3	扣分合计

测试员　　　年　　月　　日　　午

附录二　职业口才技能综合考核方案

一、指导思想和考核内容

职业口才是学生将来从事职业工作所具有的说话能力和艺术,是岗位职业必备的基本能力之一。职业口才不单纯是一个技巧问题,它涉及人的知识、思想、能力和素质、修养,是一个人的综合素质和能力的表现。提高口头语言表达能力,对学生择业和将来从事职业工作具有重要意义。

职业口才技能的考核主要是看学生的自信心、知识面、实际能力,如何应变和反应快慢,思维敏捷、思路开阔清晰与否,表达内容和要点的掌握,语言规范流畅准确程度等。

二、考核等级标准

职业口才技能考核从话题内容("说什么")、话题形式("怎样说",即结构与修辞)、发声能力与情态配合("说得出")三个方面进行,共有 14 项评价标准:构思周密、详略得当、措辞贴切、见解深刻、角度新颖、表意准确、反应敏捷、紧扣题旨、语音规范、吐字清晰、语调适中、节奏合理、表情自然、态势得体。

甲级(8.5~10分):主旨深刻和具有针对性,材料典型新颖,结构严谨巧妙,层次清楚,中心突出,语言准确、规范,声音洪亮,举止仪表自然大方,风度优雅。

乙级(7~8.4分):主旨正确鲜明,材料典型,结构严密,层次清楚,中心突出,语言准确、通俗,语音规范、清晰,举止仪表自然亲切,轻松自如。

丙级(6~6.9分):主题正确,材料能说明观点,结构清楚,语言表达基本流畅,语音基本准确,举止和仪表一般,神态不够自然。

丁级(6分以下):主题一般,材料不能说明观点,东拉西扯,结构混乱,语言表达连贯性差,停顿较多,语音方言土语较为严重,声音微弱,举止和神情不够自然,慌里慌张。

三、考核步骤

(一)学生职业口才能力自我测评(2分)

细读后面 40 个题目,结合自己的情况打分:符合的打-2分,基本符合的打-1分,难以判断的打 0 分,不太符合的打 1 分,不符合的打 2 分,最后自己统计得分,满分 80 分,折算所得分。

1. 看见陌生人,我常感到无话可说。

2. 我每到一个新环境,往往会连着几天不讲话。

3. 假若没有熟悉的人在场,我会十分拘谨,感到很难找到彼此交谈的话题。

4. 我不善于赞美别人,感到很难把话说得恰到好处。

5. 我不善于批评别人,感到很难掌握说话的分寸。

6. 同一个问题,同一层意思,我比较难找到不同的表达方式,来满足不同场合、不同对象的需要。

7. 在遇到别人反对自己的意见时,我只会一再重复自己说过的话。

8. 若与别人交谈,比较难引起对方交谈的兴趣,除一些简单的应酬话外,就没别的词儿了。

9. 我与别人谈话常常有中断的现象,我怕别人说我"固执",所以就知趣地停住了。

10. 我与别人谈话时,常被对方的话题"牵住",自己较难自然而巧妙地改变话题。

11. 我与别人谈话时,不能根据对方的态度,及时调整自己的表达方式和词语。

12. 我说话口齿不够清楚,语音不够准确,方言土语较多。

13. 我说话不讲究抑扬顿挫、声调悦耳,只要表达清楚就可以了。

14. 我说话时,有时口若悬河,不知道该在什么地方"打住"。

15. 与人谈话,能否给人留下一个深刻的印象,这不是我要考虑的问题。

16. 别人讲话,我有时不注意听,我要思考自己的问题。

17. 我讲话只求准确、流畅,说话具有幽默感、情趣和活力是以后追求的目标。

18. 我说话的内容,有时显得空泛,东拉西扯的情况较多。

19. 我说话的语脉不够清楚,表达不够流畅连贯,下句接不了上句,有时中间停顿的时间较多。

20. 我的逻辑思维和概括能力还不够强,很难在一两分钟内把内容要点有条不紊地表达出来。

21. 我说话还达不到"用词妥帖,语句完整,句式和声调有所变化,符合口语习惯"的要求。

22. 我的谈吐还不够文雅,脏言粗语不时出现。

23. 我平时较少在人多的地方讲话,演讲、辩论比赛我更不去沾边。

24. 我说话还没有养成写听讲要点和说话要点的习惯:听讲要点,写时将多变少;说话要点,说时将少变多。

25. 我自己说话还可以,但与人交谈,比较难做到对答如流。

26. 我说服别人的办法少一些,很难从不同的角度多方面去说明一个道理。

27. 我讲话时音量的调控不够好,有时声音"轻如蚊子"。

28. 我有时说话很呆板,嗡嗡叫,显得毫无生气,让听的人很不耐烦。

29. 我回答问题,有时不得要领,不能干脆利落地说明清楚。

30. 我上台演讲,表情、动作还不够自然,免不了有一些摸头抓耳的小动作。

31. 我说话常常是"一肚子水倒出来",该说什么,不说什么,先说什么,后说什么,往往考虑不周到。

32. 我和别人说话少的原因,一是自己讲不出什么新意,二是词语不多,来来去去都是那些话,连我自己听了也会烦。

33. 我平时不太注意,常常说了犯别人禁忌的话,管不住自己的嘴巴。

34. 当我发觉自己的话使别人反感时,感到很狼狈。

35. 我遇到争论的场合,往往是"退避三舍"。

36. 我不太习惯说出自己心里想的事,而情愿慢慢写下来。

37. 我一说话心里就打小鼓,老觉得自己的想法不太对,说出来又怕人家会说笑话。

38. 我觉得自己已经把想说的话全说了,可别人还是摇头,问"你说的是什么意思? 我没听懂",人人都这么说。

39. 我常常忘记别人姓名。

40. 我无法使沉默的人开口讲话。

(二)即兴演讲(5 分)

考生按照《即兴演讲题目》(范围)抽题,当场即兴演讲 3 分钟,评委按《即兴演讲评分标准》打分,然后折算所得分。

1. 我对成功的认识

2. 我对和谐社会的看法

3. 我对"网瘾"的看法

4. 我喜欢……

5. 老师,我想说……

6. 我爱我的专业

7. 求职面试的自我推荐

8. 在……的致辞

9. 假如我是班主任……

10. 假如我是公司的老板……

11. 职业院校学生就没出息了吗?

12. 走出自卑的阴影

13. 贫穷并不可怕

14. 假若我在劳动人才市场上落聘

15. 我最崇拜的一个人

16. 我最快乐的事

17. 我最欣赏的一句名言

18. 先学做人,后学做事

19. ……的推销辞(推销产品、形象、观念、服务等)

20. 我郁闷的事

21. 我的主要竞争优势

22. 我的主要弱点

23. 我们"十年再相会"

24. 家乡的风土人情

25. 我就是我

26. 个人自由命题

即兴演讲评分标准

项　目		具　体　要　求	评　分	实得分
演讲内容	1	观点正确,立意新颖,主题鲜明,引人入胜	1.5 分	
	2	选材典型,精要独到,内容健康、丰富、有时代性,结构严谨巧妙	2 分	
	3	富于真知灼见,有真情实感,突出个性,打动人心	1.5 分	

续表

项　目		具　体　要　求	评　分	实得分
表达效果	语言 1	普通话标准,声音洪亮,不说错字	0.5分	
	语言 2	吐字清晰,讲话流利,准确达意	1分	
	语言 3	语速适当,语调抑扬顿挫	1分	
	表情 1	神态自然大方,精神饱满	0.5分	
	表情 2	动作自然,不矫揉造作	0.5分	
	表情 3	内涵与表情相结合	0.5分	
	效果	以情感人,以情传神,感染力强	0.5分	
其　他		服装整洁等	0.5分	
附加条件		1. 超过3分钟或不足2分钟,倒扣1分		
		2. 演讲过程中每间断一次,倒扣1分(超过3次的不评)		

(三)求职面试模拟问答(3分)

面试试题的类型主要有六种:背景性、知识性、意愿性、智能性、情景性、行为性。

背景性题目,例:请你用一两分钟时间介绍一下你自己的基本情况。

知识性题目,例:请你为××单位提出营销的方案。

意愿性题目,例:请问你为什么要报考我单位?(投射性)如果报酬等条件相当,任你选择,你更加倾向做业务员还是会计员?(迫选性)

智能性题目,例:一些在市场中摸索多年的同志认为,要干好营销工作,人际关系很重要(或处理好原则性与灵活性之间的关系),请你结合应聘的岗位,谈谈自己的想法。

情景性题目,例:你有个朋友生病在家,你带着礼物去看他,正好在楼道里碰见了你单位领导的爱人,对方认为你是来看领导的,因此对方接下礼物并连声道谢,这时你如何向对方说明你是来看朋友的,而又不伤对方的面子?

行为性题目,例:你过去参加过营销的实践活动(或记账实践活动)吗? 说说你的经历和体会。

主考从以下用人单位常提的30个题目中,任选相关或类似的两道题目来考核学生,主要了解考生有关知识、能力和素质情况,评分的主要标准:

1. 思维敏捷,思路清晰,见解深刻和独到。

2. 知识面,分析和解决问题的能力。

3. 反应能力和灵活应变能力。

4. 语言表达规范、流畅、准确。

5. 自信、镇定、积极、主动等心理素质。

面试时用人单位常提的问题

一、经常提及的问题

1. 请谈谈你自己。(通常作为第一个问题提出,帮助你消除紧张心理)

2. 你了解我们公司(单位)吗?(了解你对公司或单位的关注程度)

3. 你为什么选读此专业?(考察你对专业的热爱程度及将来从事该工作的态度)

4. 你都学了什么课程?(讲清与用人单位需要相关的重点课程)

5. 你有什么优缺点?(回答问题的态度比回答的内容更重要)

6. 你是不是打算继续学习?(根据用人单位的情况衡量)

7. 你有什么特长?(据实回答,不可无中生有,更不可过分谦虚)

8. 你对自己的学习成绩和在校表现是否满意?(考察你的自信心和对学校的尊敬度)

9. 你对求职有什么要求?(比如岗位薪水待遇,考察你的价值观和求职心态)

10. 你还有什么疑问?(暗示面试即将结束)

二、不时提及的问题

1. 你为什么想进本公司(单位)?

2. 你喜欢这份工作哪一点?

3. 你对工作的期望和目标何在?

4. 你对本公司(单位)的发展有何建言?

5. 你在学校(工作)中学习到了些什么?

6. 你谈恋爱了吗?

7. 业余时间你都干什么?

8. 你遇到的最大困难是什么?

9. 你爱读什么书?

10. 你喜欢独立工作还是与人合作?

11. 你找工作首先考虑的因素是什么?

12. 到本单位上岗前,让你先到基层一两年,你愿意吗?

13. 你不觉得自己太年轻,缺乏实践经验,难以承担这项工作吗?

14. 你喜欢与什么人交往?

15. 你对我们单位能有什么样的帮助?

16. 你的适应能力和交际能力如何?

17. 你参加过什么样的课外活动,活动能力如何?

18. 学生时代你做过最得意的事情是什么?

19. 你有过失败的事吗?

20. 你平时如何和老师、同学相处?

主要参考文献

[1]马银春.社交礼仪与口才.北京:中国社会科学出版社,2004.

[2]付科.卡耐基口才.海口:海南出版社,1996.

[3]明山.哈佛口才学.北京:经济日报出版社,1994.

[4]李元授,白丁.口才训练.武汉:华中理工大学出版社,1999.

[5]刘美森.管理口才学.南宁:广西人民出版社,1992.

[6]郝士钊.沟通说服口才.北京:当代世界出版社,2006.

[7]郝士钊.商务经商推销训练金口才.北京:当代世界出版社,2006.

[8]憨氏.语言表达培训课.呼伦贝尔:内蒙古文化出版社,2006.

[9]李仲师.口语交际艺术教程.北京:中国商业出版社,1993.

[10]谢海泉.听话与说话学练指导.上海:上海科学技术文献出版社,1998.

[11]郑玮.批评的艺术.北京:中国经济出版社,2004.

[12]郭千水.实用口语训练教程.北京:清华大学出版社,2004.

[13]王箕裘.口才训练教程.北京:中国财政经济出版社,2001.

[14]刘磊.口才圣经.北京:中国戏剧出版社,2008.

[15]郝士钊.推销训练口才.北京:当代世界出版社,2011.

[16]刘书琴.公关口才特训.广州:暨南大学出版社,2005.

[17]何书宏.演讲与口才知识全集.北京:北京工业大学出版社,2005.

[18]黄干才.简明职业口才.南宁:广西民族出版社,1997.

[19]舒丹.实用口才必备手册.北京:中国电影出版社,2005.

[20]赵菊春.口才实用全书.北京:中国物价出版社,1998.

[21]唐戈隆.练说话练口才.北京:中国纺织出版社,2006.

[22]金幼华.实用口语技能训练.杭州:浙江大学出版社,2006.

[23]方位津.实用口才训练教程.北京:首都经济贸易大学出版社,2005.

[24]杨凡用.好口才是练出来的.北京:中国城市出版社,2006.

[25]李智贤.电话销售实战训练.北京:机械工业出版社,2008.